石宙善紀念博物館

DANKOOK UNIVERSITY SEOK JUSEON MEMORIAL MUSEUM

전통 신의 모양새와 짜임새

Style and Artistry of Traditional Korean Shoes

단국대학교출판부

일러두기

1. 이 도록은 단국대학교 석주선기념박물관 제39회 특별전 〈우리나라 전통신, 모양새와 짜임새〉 展의 결과물입니다.
2. 도판 설명은 유물명, 시대, 크기, 소장처, 설명의 순으로 표기하였습니다. 단, 단국대학교 석주선기념박물관 소장품에 대해서는 소장처 정보를 달지 않았습니다.
3. 단국대학교 석주선기념박물관 소장품의 도판 설명은 '단국대학교 석주선기념박물관 편(2003), 『靴鞋履』, 단국대학교출판부'를 일부 참조하였으며, 참고 문헌 정보를 달지 않았습니다.
4. 영문 표기는 국립국어원 한글 로마자표기법을 따랐습니다.
5. 유물의 크기 단위는 센티미터(cm)이고, 발 길이·볼 너비·뒤축 또는 발 길이·볼 너비·높이의 순으로 표기하였습니다.
6.

전통 신의 모양새와 짜임새

Style and Artistry of Traditional Korean Shoes

목 차

CONTENTS

발 간 사

FOREWORD

단국대학교 석주선기념박물관 민속·복식 분야의 특별 전시는 올해로 39년의 전통을 이어 오고 있습니다. 이번에 발간하는 도록에는 제39회 특별전으로 개최된 "우리나라 전통 신, 모양새와 짜임새"를 통해서 소개된 전통 신을 한자리에 담았습니다.

조선 시대를 살았던 조상들이 신었던 신은 오로지 장인의 손끝에서만 완성되는 수공예품입니다. 하지만, 장인의 인명(人名)이 밝혀진 바 없기에 책에 수록된 신 대부분 이무명씨 장인들이 만들었을 것으로 추정됩니다. 그럼에도 수록된 100여 점의 화(靴)·혜(鞋)의 유물 중에는 그동안 쉽게 접할 수 없었던 귀중한 신도 포함되어 있습니다. 500년 전에 살았던 강릉김씨(江陵金氏) 여인의 무덤에서 출토된 결화온혜(結花溫鞋)와 피초혜(皮草鞋)가 있으며, 1820년 김영(金瑩)의 흑피화(黑皮靴)와 같이 조상이 직접 후손에게 물려 준 신과 더불어 국가민속문화재 제265호 영왕비 당혜(唐鞋)와 제22호 윤증(尹拯)의 백피화(白皮靴)와 발막신, 그리고 사명대사가 신었던 운혜(雲鞋)가 바로 그것입니다.

이번 전시회를 통해 집성된 500년간의 신 모음은 석주선기념박물관과 타기관 소장유물의 만남으로 구성했기에, 내용면에서 매우 풍성한 일면을 보여주고 있습니다. 뿐만 아니라 유물 한 점 한 점마다 옛 장인의 솜씨와 패션 감각이 배어 있기에 현대 패션에 견주어도 뒤지지 않는 다양한 모양새와 섬세한 짜임새를 보여줍니다.

전시와 도록이 완성되기까지 많은 기관의 도움이 있었습니다. 먼저 전시회의 예산을 지원해 주신 경기도와 용인시 그리고 우리 대학에 감사함을 전합니다. 더불어 귀한 유물을 대여해 준 관련 기관들에도 감사드립니다. 이번 전시회를 위해 어려운 가운데서 최선의 노력을 경주해 주신 박물관 학예사 및 연구원 선생님들과 단국대학교 패션산업

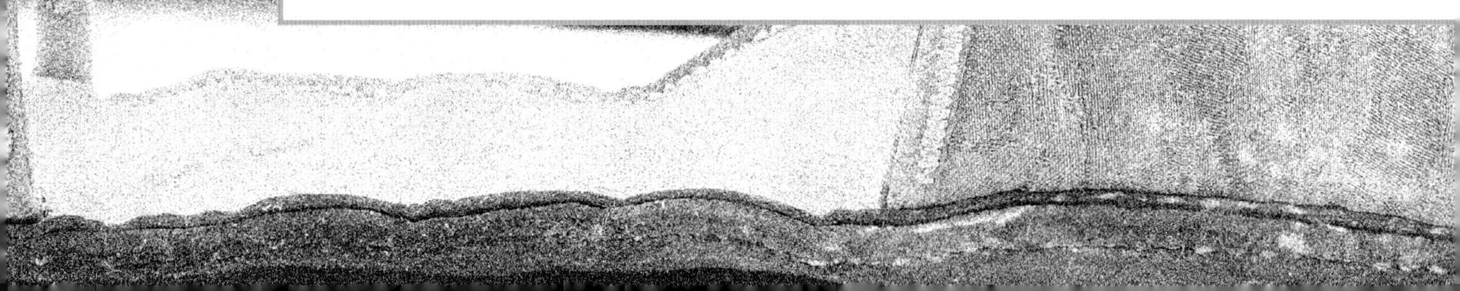

디자인과 학생들께도 감사드립니다.
석주선기념박물관에서 마련한 전통 신 한마당이 COVID-19로 힘들었던 여러분들의 마음에 조금이나마 위안이 되기를 바랍니다.

단국대학교 석주선기념박물관장
박경식

The Seok Juseon Memorial Museum continues the tradition of folklore and traditional attire for the 39th year. This catalogue portraits the artifacts from the 39th exhibition on Traditional Korean Shoes. The valuable artifacts ranging from women's shoes of 500 years ago to traditional shoes from 200 years back are selected from our own museum and other selected organizations.
The shoes of the Joseon Dynasty are traditional handicrafts completed only from the craftmanship of a master craftsman. The arrangement of artifacts owned by Seok Juseon Memorial Museum and collections from other museums makes this exhibition even more meaningful.
The exhibition and catalogue were completed with the help of the ministry of Gyeonggi Province and Yongin city, and we would like to show our gratitude for other related institutions for lending us precious artifacts. Also we are thankful for the curator and researchers of the museum for their hard work. Lastly, we thank the Fashion Merchandise Design Department of Dankook University, who lights up the future of traditional culture industry.

We hope that this exhibition can provide solace from the hardships that COVID-19 has brought to everyone.

Director, Seok Juseon Memorial Museum
Park Kyoung Shik

조영준(2020).
조선 후기 서울의 신발가게.
『전통 신의 모양새와 짜임새』,
단국대학교 출판부, pp.200~206.

1

조선 시대에는 신을 만드는 장인을 국가에서 제도화하여 공장(工匠)이라 불렀다. 신 종류에 따라 혜장(鞋匠), 삽혜장(靸鞋匠), 화장(靴匠) 등으로 세분화되어 있었으며, 개인의 상업 활동도 가능하였다. 공장들은 요역(徭役) 노동자에서 점차 독립적인 수공업자로 전환되어 갔다. 조선 후기에 이르러 사장화(私匠化)되어 국가의 모든 공역에는 사적인 생산에 종사하는 사장들이 동원되는 형식으로 변하였다가 조선 말기에는 관수품의 조달도 공물(貢物) 형태로 만들어 공물주(貢物主)로부터 매입토록 하였다. 독립 수공업자로 변신한 장인들은 신을 파는 가게에 소속되어 신 판매점 주인들인 물주가 물자를 대주면 신을 만들어내며 솜씨를 이어갔다.

신은 재료에 따라 갖신[가죽신], 초혜, 목혜로 크게 나뉘어 분야별 장인이 존재하였고, 조선 후기 서울 시전(市廛)은 이러한 신발의 종류에 따라 각기 판매하는 가게가 별도로 지정되어 있었다. 18~19세기 문헌『시폐(市弊)』,『동국문헌비고(東國文獻備考)』,「산대별단(散貸別單)」,『탁지지(度支志)』,『만기요람(萬機要覽)』,『동국여지비고(東國輿地備考)』,『한경지략(漢京識略)』,『대동지지(大東地志)』,『육전조례(六典條例)』등에서 신과 관계된 시전 명칭이 확인된다. 갖신을 만드는 이전(履廛)·혜전(鞋廛), 짚신이나 미투리 등을 만드는 승혜전(繩鞋廛)·유기목물초혜전(柳器木物草鞋廛), 나막신

조선의 신 장인과 신 가게

Master shoe craftsman and the Shoe store

종류를 만드는 목혜전(木鞋廛), 신발 밑창을 만드는 창전(昌廛)·이저전(履底廛)·혜저전(鞋底廛) 등과 같이 역할이 뚜렷한 신 가게들이 있었다. 그리고 놋갖신[油釘鞋]은 종루전(鐘樓廛)에서만 만들어 팔았다. 이와 같은 시전들은 조선 후기 한성부의 행정구역에도 영향을 주어, 이전·혜전·창전 등에서 유래된 이전계(履廛契)·혜전계(鞋廛契)·창전행랑계(昌廛行廊契)·창전중로계(昌廛中路契) 등의 행정구역이 확인된다. 이외에도 조선 후기 한양 도성 관련 지도에는 각양의 시전이 표시되어 있는데, 신과 관련된 것으로는 이전(履廛)·승혜전(繩鞋廛)이 있다.

The footware of the Joseon Dynasty are handicrafts that are completed only through the hands of a master craftsman. In the former period of the Joseon Dynasty the craftsman were managed by the country. At the later period, they became affiliated with shoe stores continuing their skills as independent handicraftsman where the markets in Seoul(Hanyang) had shops with individually distinct roles. The types of shoes largely classified into three mostly based on the materials. The first kind of material was leather; the second was grass, hemp, or straws. At the time in Seoul(Hanyang), stores were distinctly specialized by the materials in which shoes were made; the Ih-jeon and Hye-jeon for leather shoes, Seunghye-jeon for straw shoes, Mokhye-jeon for wooden shoes, and Chang-jeon, Ihjeo-jeon, Hye-jeo-jeon for shoe soles.
These shoe stores also affected the administrative district of Seoul, therefore there were district names such as 'I-jeon-gye' related to leather shoes, and 'Chang-jeon- haeng-lang-gye" related to shoe soles.

조선경성도 朝鮮京城圖

Map of Seoul

19세기 전반

66.5 × 68.5cm

서울역사박물관 소장

조선 후기의 한양 도성 안을 자세히 그린 지도이다. 종루를 중심으로 운종가 일대의 시전(市廛)이 표시되어 있다. 신과 관련한 시전은 리전履廛, 승혜전繩鞋廛이 확인된다.

A map which depicts in detail the inside of the Fortress Wall of Seoul during the late Joseon Dynasty period.

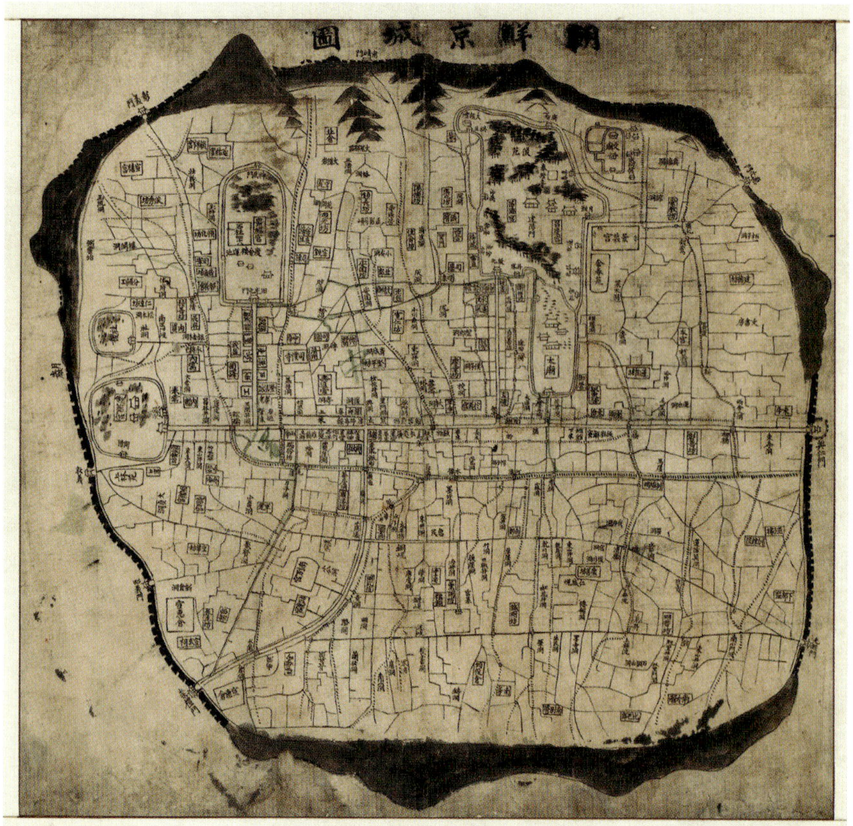

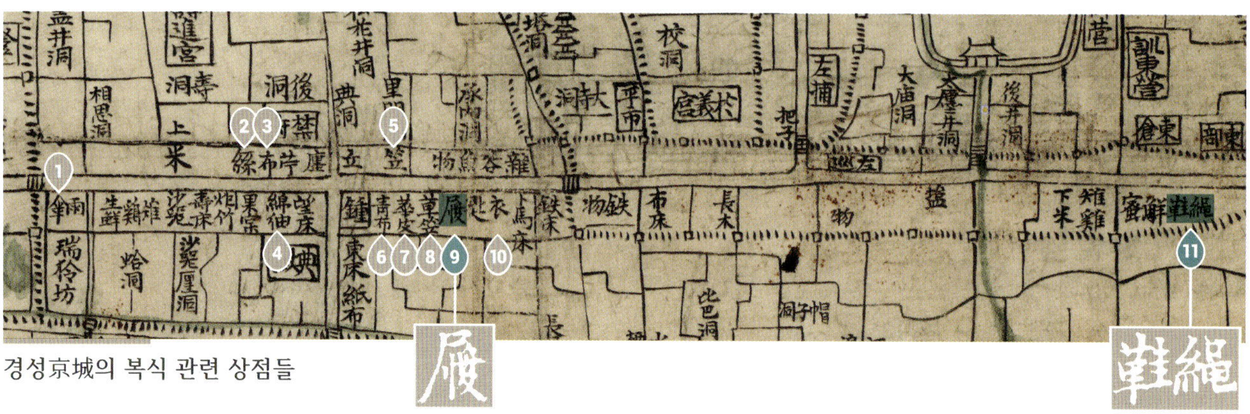

경성京城의 복식 관련 상점들

1 우산전雨傘廛　2 사전絲廛　3 저포전苧布廛　4 면주전綿紬廛　5 입전笠廛
6 청포전靑布廛　7 화피전樺皮廛　8 초립전草笠廛　9 리전履廛　10 의전衣廛　11 승혜전繩鞋廛

청구요람 靑丘要覽

Handbook of Map of Korea

고종 연간(1863~1907년)

27.5 × 20cm, 필사본 2冊, 彩色圖, 김정호 작

서울대학교 규장각한국학연구원
규장각 원문검색서비스

김정호가 만든 우리나라 지도이다. 건(乾)과 곤(坤) 2책으로 만들어졌으며, 책 앞쪽에는 한성부 4대문 안 서울 중심부만을 따로 그린 〈도성전도都城全圖〉가 수록되어 있다. 〈도성전도〉는 '건'에 4판, '곤'에 4판으로 총 8개의 판에 그려졌는데, 『청구요람』 坤에는 〈도성전도〉'아랫부분 1/2에 해당하는 지도가 수록되어 있다. 이 가운데 제6판 승혜전(繩鞋廛)과 제7판 이전(履廛)이 확인된다.

An atlas of Korea made by Kim Jung-Ho. It includes the map <Doseongjeondo> which lays out the capital Seoul and here marks Seunghyejeon(shoe shop specialized in straw shoes) and Ihjeon(shoe shop specialized in leather shoes).

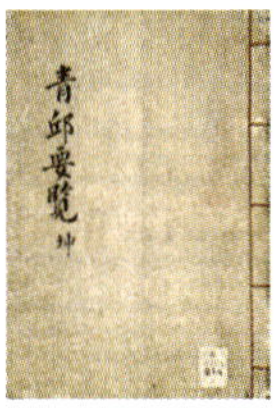

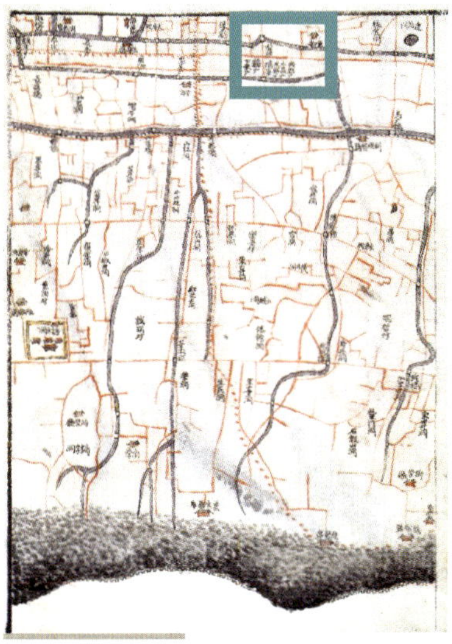

도성전도 제6판 『靑邱要覽』 坤

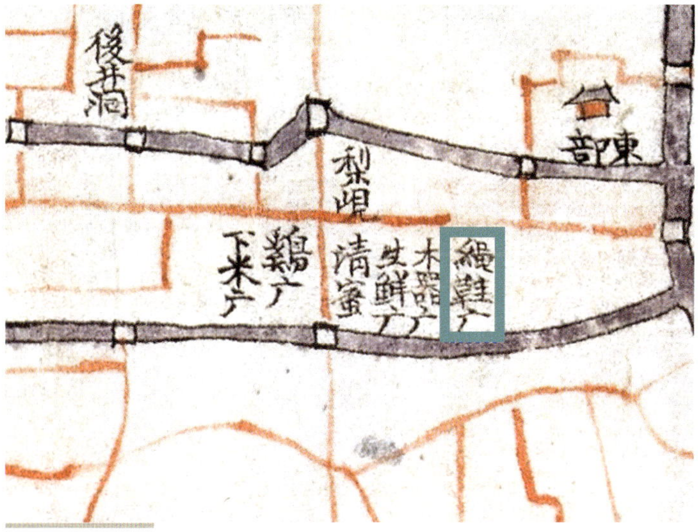

배오개의 승혜전(繩鞋廛)

도성전도 제7판 『靑邱要覽』 坤

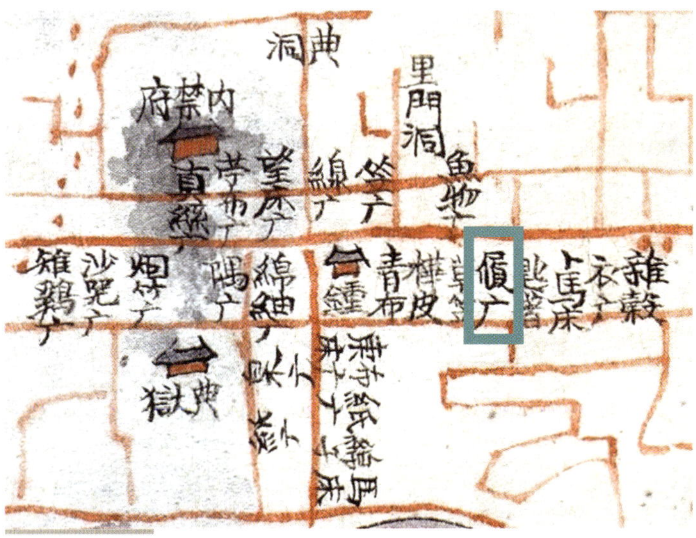

종루 동쪽의 이전(履廛)

도성대지도 都城大地圖

Map of the Great Walled Capital

18세기 후반(1724~1776년)
237.5 × 240cm
서울역사박물관 소장
[서울특별시 유형문화재 제297호]

18세기 한양의 모습을 상세히 담은 지도이다. 조선 후기 한성부의 행정구역은 다섯 부(五部)로 나뉘었으며, 부(部)의 아래에는 방(坊)이, 방의 아래에는 계(契)가 있었다. 계의 명칭에는 시전의 이름이 반영되는 사례가 있었으며, 신발과 관련된 곳으로는 중부(中部) 장통방의 이전계(履廛契)가 있으며, 창전(昌廛)에 해당하는 행랑계(行廊契), 중로계(中路契)가 확인된다.

A map which includes in detail the figure of Hanyang during the 18th century. Indicates the name of administrative districts which originated from the shops related to shoes.

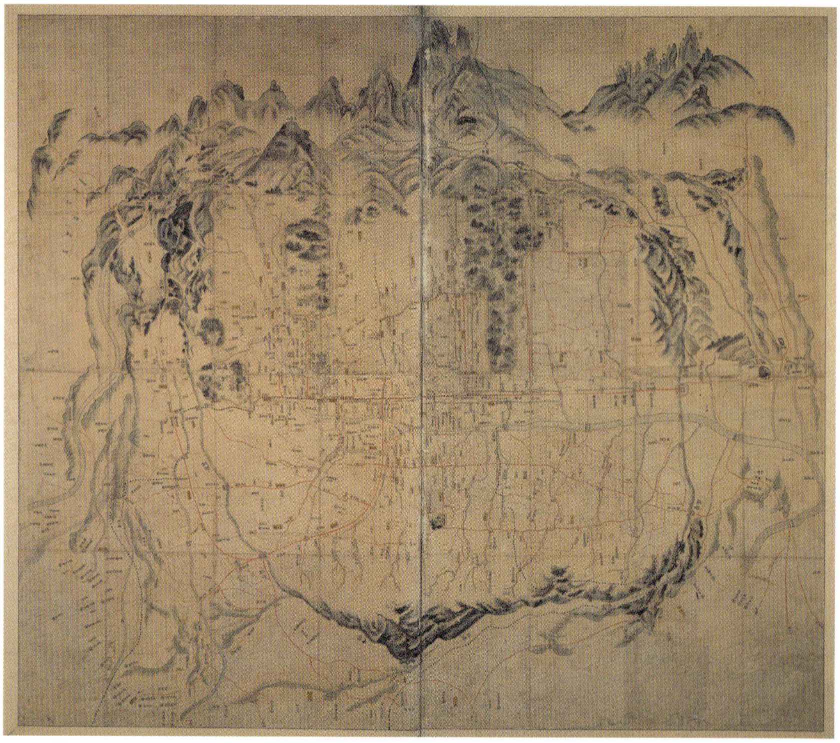

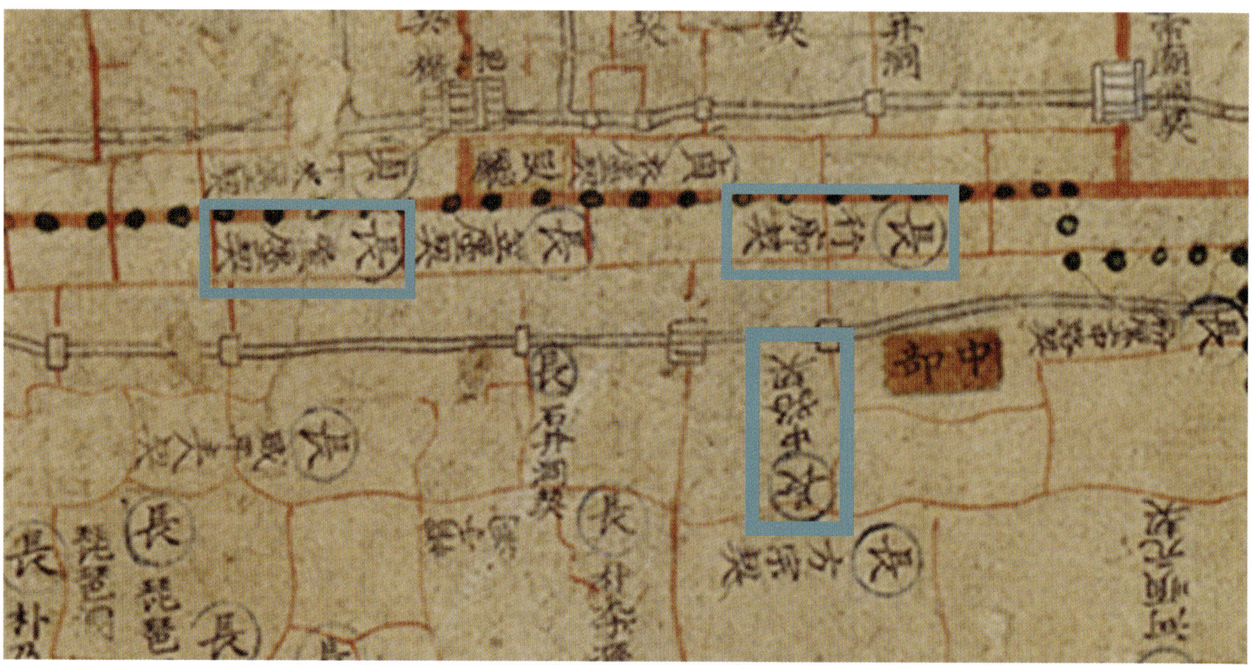

육전조례 六典條例

Regulation of the Six Ministries

1867년

29.5 × 19.5cm

서울역사박물관 소장

육조(六曹) 관아의 사무 처리에 필요한 행정 법규와 사례를 편집한 행정 법전이다. 권4《戶典》〈平市署〉各廛 부분에는 승혜전(繩鞋廛), 창전(昌廛), 이전(履廛) 등과 같이 신과 관련된 시전이 확인된다. 이외에도 권4《戶典》〈五部〉坊里 부분에는 한성부의 계(契) 중에서 신발 관련 시전이 있었던 데서 유래된 행정구역 이름이 있는데, 혜전1계(鞋廛一契), 혜전2계(鞋廛二契), 창전 행랑계(昌廛行廊契), 창전중로계(昌廛中路契) 등이 확인된다.

Indicates the name of administrative districts which originated from the shops related to shoes.

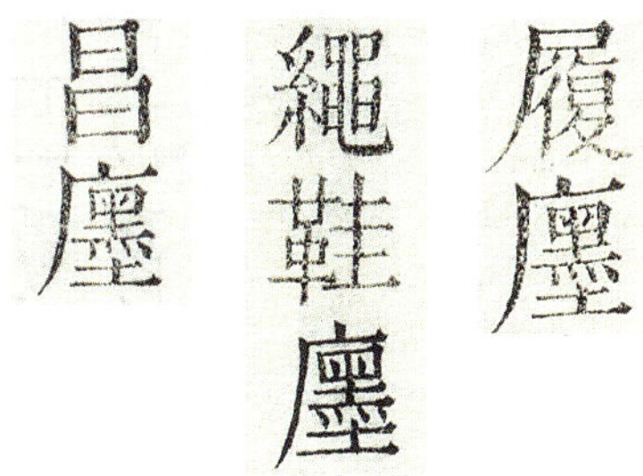

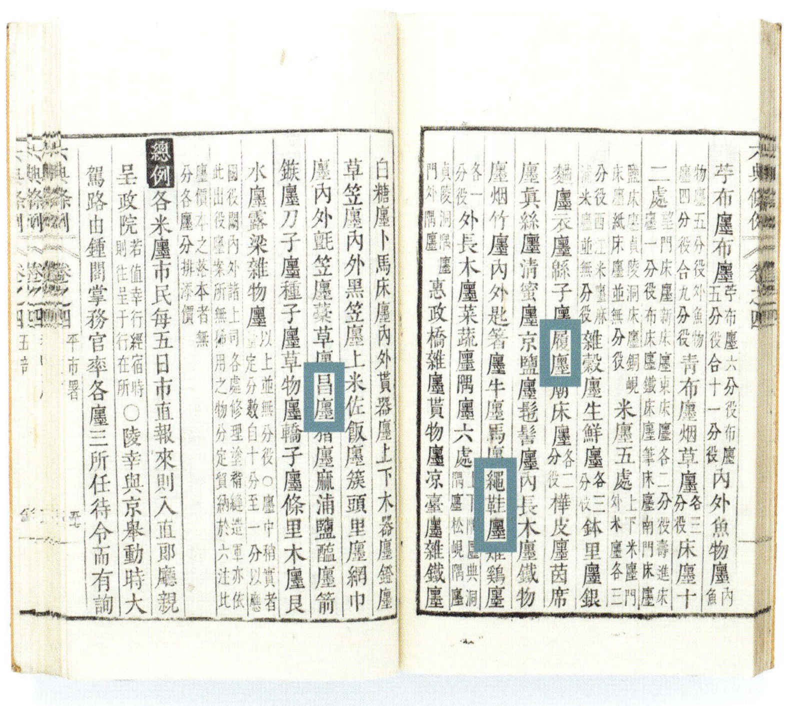

갓신깁고
Leather Shoes Repairman

1890년대
기산 김준근 조선 풍속도[스왈른 수집본]
숭실대학교 한국기독교박물관 소장

유혜와 신골

Yu-hye(Oiled Shoes) & Last

1800년대

발 길이 26.5 cm, 볼 너비 7.3cm,
신골 길이 22.5cm

태사혜 모양의 유혜에 신골을 박아 놓았다. 유혜는 들기름에 절인 가죽으로 만들고 밑창에 징을 박았기 때문에 수분이 스며들지 않아 비오는 날 등의 진날에 신었다. 신골은 신을 완성한 후 더 이상의 변형이 없도록 보관하기 위한 보관용 용도로 쓰였다. 형태는 대나무를 접어 세 가닥 틀을 만들고 삼 노끈으로 단단하게 감아서 만들었으며, 앞 부분은 세 가닥으로 나누어 기둥을 만들고 중간 부위부터 하나로 합쳐 감아 주었다. 뒤축 부분은 다시 망으로 덮어 주었으며 앞의 작은 기둥에 걸쳐 고정하였다.

Yu-hye(oil shoes), waterproof shoes for the rainy season or wet grounds, were made from raw hide that was preserved in perilla oil for one month to protect them from water permeation. The thick sole built allover with closely round metal cleats. The shoe last was constructed of three tightly rolled-up bundles of hemp cord. The front of the last was constructed in six forks by bending the three bundles of hemp cord, the middle of the last became the thickest by uniting all the forks and the rear part was covered with a hemp net and attached with a cord to the one of six forks in front.

당혜와 신골

Dang-hye
(Silk and Leather Shoes) & Last

1850년

발 길이 25.5cm, 볼 너비 6.5cm

흑피(黑皮)에 백피(白皮) 당초무늬 회장이 장식된 당혜에 신골이 박혀 있는 상태이다. 신틀은 삼껍질을 단단하게 엮어 앞골에서 뒷골까지 연결된 ㄴ자 형태의 틀을 만들었다.

Named 'danghye' after the toe and heel were adorned with applique in stylized pattern of dangchomun(honey-suckle). This danghye contains the shoe lasts. The shoe lasts are made of dried hemp skin where it is connected through the front and back by the shape 'ㄴ'.

신 삼는 모양

Straw Shoes Weaving

1890년대

기산 김준근 조선 풍속도[스왈른 수집본]

숭실대학교 한국기독교박물관 소장

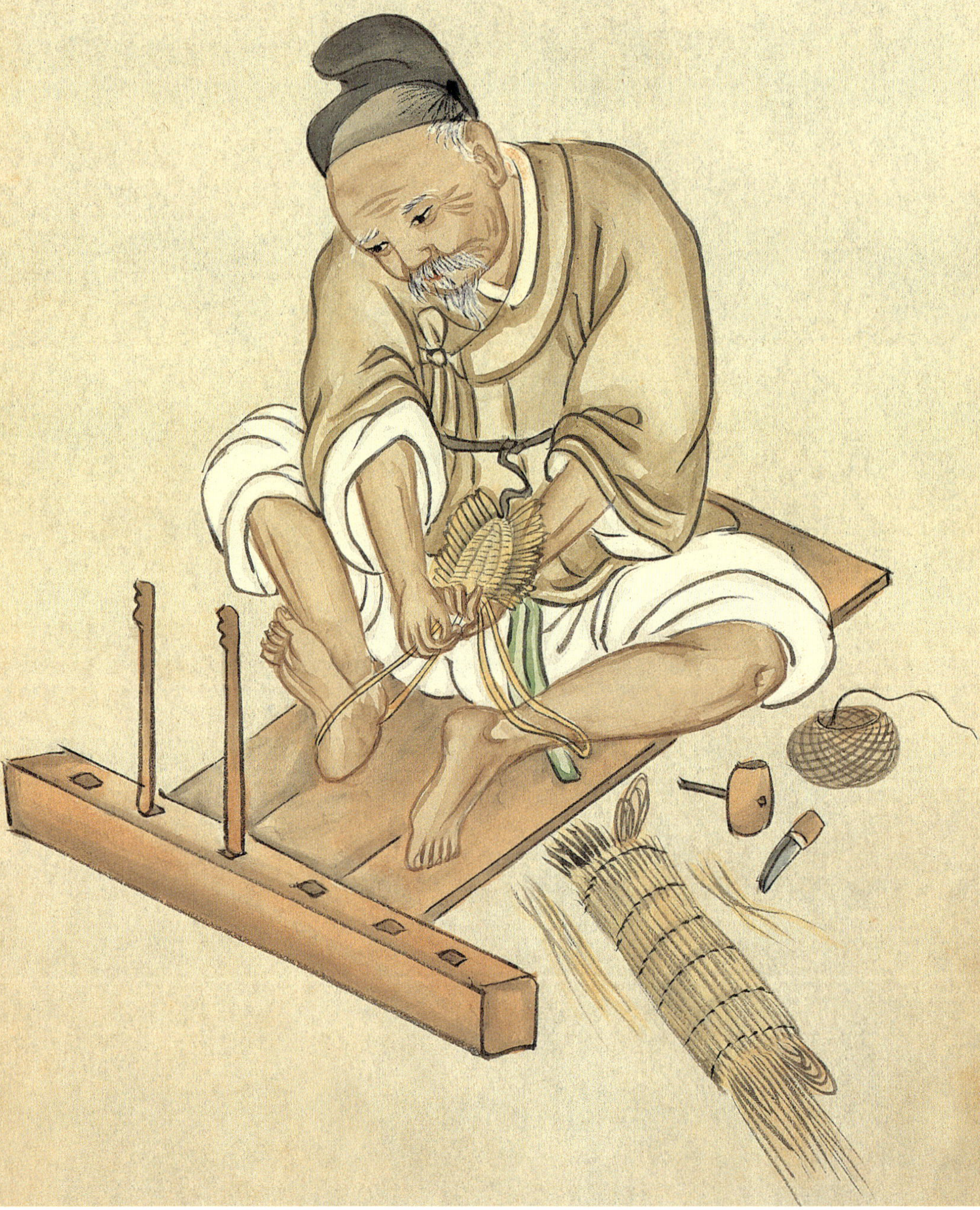

짚신 틀

Straw shoes making tool

1800년대
길이 89.5cm, 너비 상 58cm, 하 43.4cm
온양민속박물관 소장

짚신이나 미투리 등을 삼을 때에 신날을 거는 틀이다. 유물은 짚신 신날을 두 개의 기둥에 걸고 중간을 모아 가는 새끼에 걸어서 허리띠에 차는 형식이다.

Tool for weaving *Jip-sin* or *Mi-tu-ri*, where the edges of the shoe are hung. The form has the edges of the shoe on two pillars gathered into the middle, then strapped on to a thin straw(rope) connected to a waistband.

미투리와 신골

Mi-tu-ri & Last

1900년 초
발 길이 26cm, 볼 너비 8.5cm

4날 미투리에 신골이 박혀 있는 상태이다. 앞골, 뒷골, 버틸목, 쐐기로 구성되어 있으며 신의 크기에 따라 쐐기를 조정하였다.

The *Mi-tu-ri* are *ddanchongbak-i* which means the *sinchong*(chassis) were each twisted finely and embedded tightly at the sole. The last is the solid form which the form of the shoe is molded from, which include the front last, the back last and the wedges for adjusting the size.

목혜파고

Wooden Shoes Maker

1890년대

기산 김준근 조선 풍속도[스왈른 수집본]

숭실대학교 한국기독교박물관 소장

신골 모음

Shoe Lasts

1900년 초
망태기 32 × 27cm
안동시립민속박물관 소장

1 **신　골** 신의 틀을 잡기위해 완성된 신 안에 넣는 신 형
2 **버팀목** 쐐기로 박아 생긴 여분을 잡고 신 형태를 잡는 용도
3 **꿰백이** 신골 여백 채우는 용도
4 **쐐　기** 신골을 박은 후 틈 사이에 박아 크기를 조절하는 손잡이
5 **목망치**
6 **망태기** 신골 일습을 담아두는 용도

Tools which hold the form of the shoe when being made.

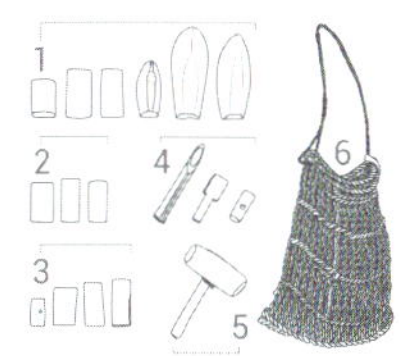

나막신 제작 도구

Wooden clogs making tool

1900년대
까　귀: 길이 26.5cm, 너비 12.5cm
호비칼: 길이 29~22cm, 너비 11cm
온양민속박물관 소장

1 **까　귀** 나무를 깎거나 다듬는 데 사용하는 도구
2,3 **호비칼** 대패질을 할 수 없는 부분을 파내거나 다듬을 때 사용하였던 도구

1 Tool used for paring or shaving wood.
2,3 Tool used for carving or trimming areas that could not be planed.

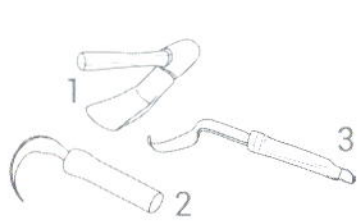

전통신의 구조 Structure of Traditional Korean Shoes

화 鞾

Hwa, Government officials' long boots

초혜 草鞋

Cho-Hye, Straw shoes

일반 혜 鞋

Hye, Low sided shoes for daily wear

나막신

Namak-ssin, Rain shoes

출처

화 단국대학교 석주선기념박물관(2003), 『靴鞋履』, pp.68~69. (故 황한갑 외 국가무형문화재 제116호 화혜장 보유자 황해봉의 증조부터 칭하던 현장 용어 재구성)

조 혜 「한국의 꽃신 형태 연구」(2018), 동국대학교 문화예술대학원 석사학위논문, p.27. 재구성.

일반혜 단국대학교 석주선기념박물관(2003), 『靴鞋履』, pp.16~17. (故 황한갑 외 국가무형문화재 제116호 화혜장 보유자 황해봉의 증조부터 칭하던 현장 용어 재구성)

나막신 「우리나라 나막신(木履)에 관한 고찰-朝鮮王朝를 中心으로」(1983), 이화여자대학교 석사학위 논문, p.18

피초혜 皮草鞋

Pi-Cho Hye, Leather shoes made in the form of Straw shoes

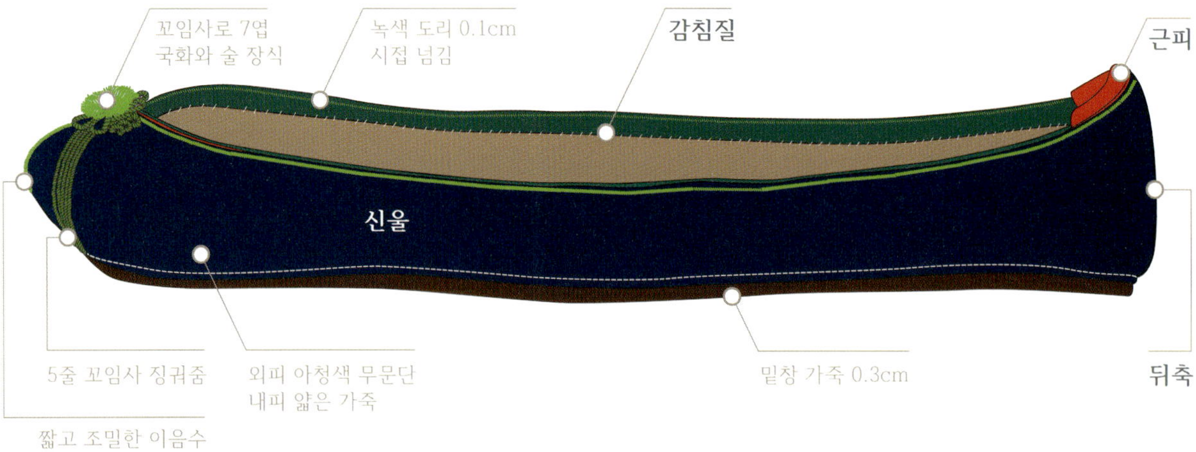

신코 부분

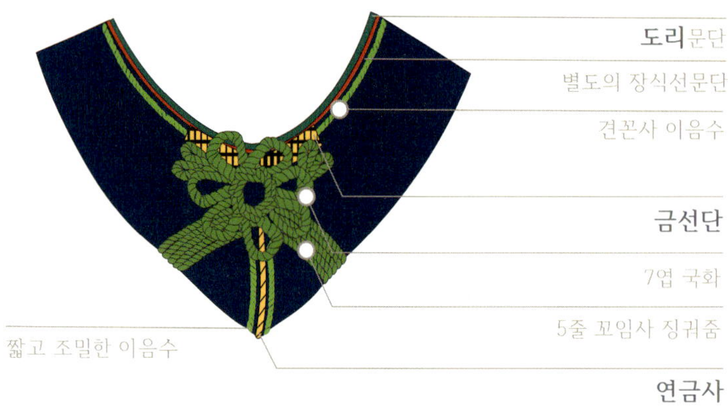

뒤축 부분겉

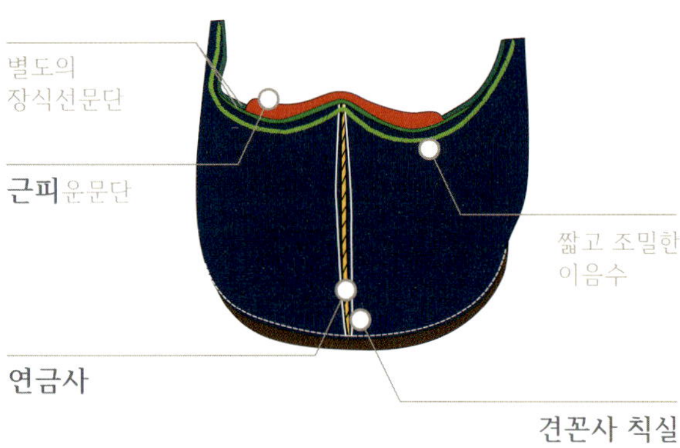

뒤축 부분안

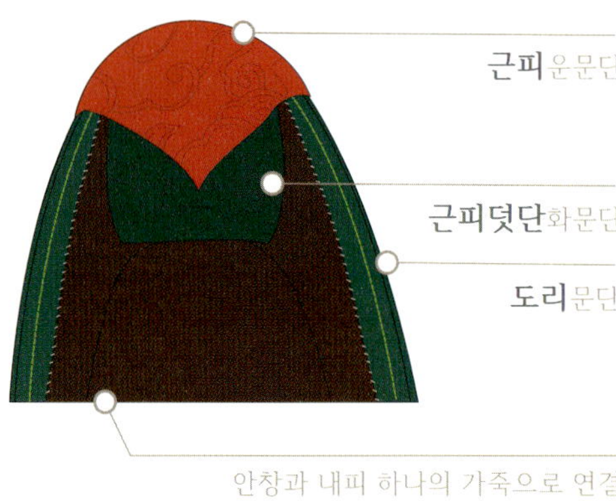

결화온혜 結花溫鞋

Gyul Hwa On-hye,
shoes decorated with flowers

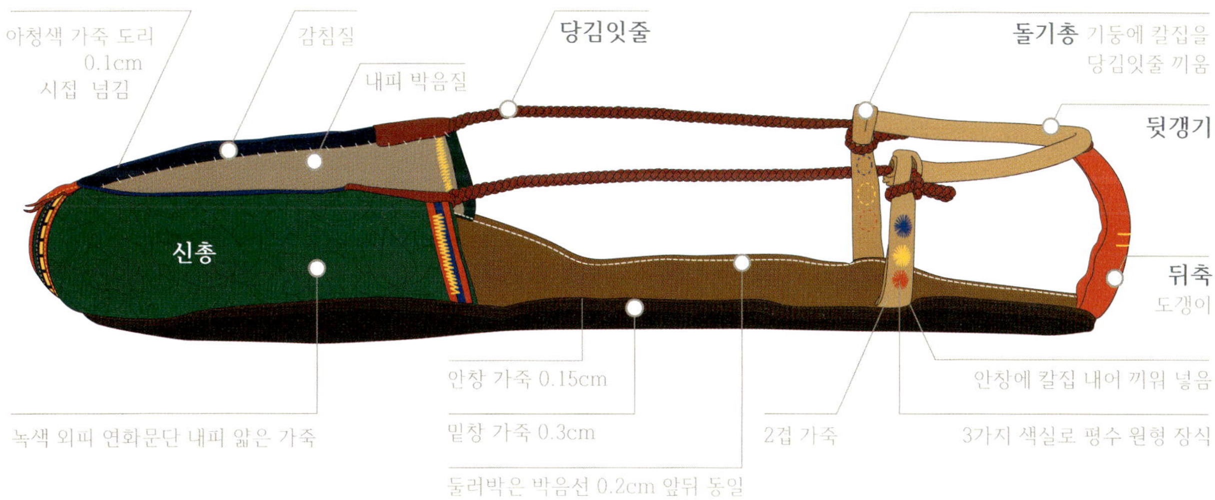

뒷갱기·뒤축겉

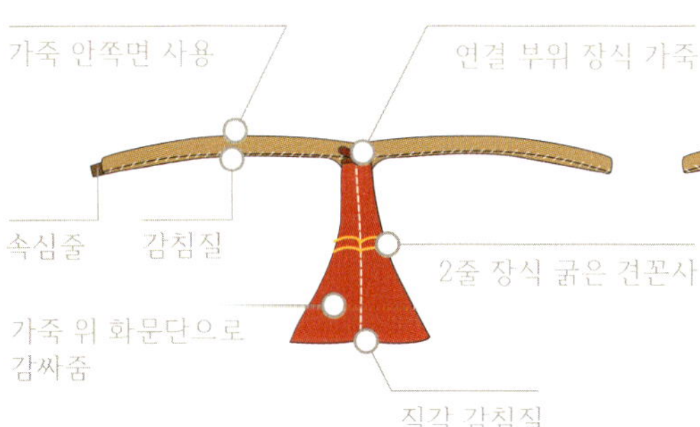

뒷갱기·뒤축안

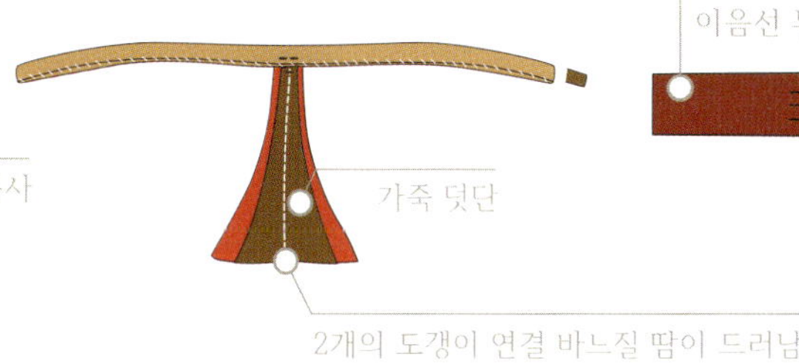

홍색 가죽 엮음 부분

가죽을 2cm 남겨 두고 잘라서 엮어 줌

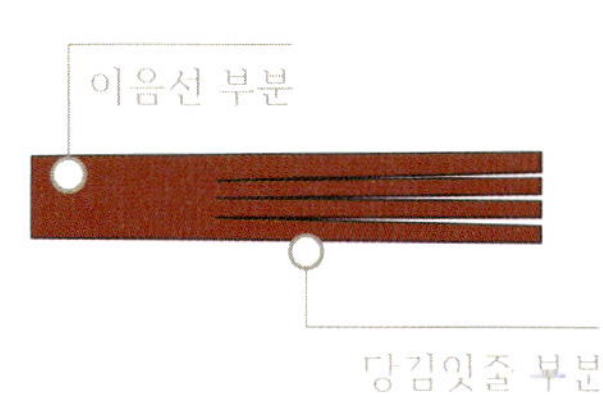

피조혜와 결화온혜 색상은 유물 수습 직후의 사진을 참조하였음. 글, 그림: 황진영

『經國大典』(1485). 卷三. 禮典.
『樂學軌範』(1493). 九 "靴 以黑皮爲之".
『中宗實錄』(1534) 중종29年 11月 丁亥
"…我國則靴上加襪 襪上加鞋…"
李裕元(1871).『林下筆記』. 卷二十八.
春明逸史. 靴子變通.

2

문무 백관들이 관복을 입을 때 신어왔던 신목이 긴 신이다. 삼국시대부터 이어왔다. 바탕이 흑색(黑色)으로된 흑화(黑靴)가 기본이며 국상(國喪)에는 특별히 백화(白靴)로 바꾸어 신었다. 시대별로 길이, 재질, 밑창 모양의 변화를 보이고 재료에 따라 명칭이 다르다. 기본으로 검정색 가죽으로 만든 것을 흑피화(黑皮靴)라 불렀으며 또 다른 고급 신으로 협금화(挾金靴)가 있었다. 조선시대 법전인『경국대전經國大典』예전에 따르면 1품에서 9품까지 문무 백관이 공복을 입을 때는 흑피화를 신고 당상관의 상복에는 협금화를 제도화하여 신분에 차별을 두었다. 협금화에는 흑사피(黑斜皮)를 사용한 '흑색 협금화'가 있으며 백녹피(白鹿皮)를 사용한 '백색 협금화'의 기록이 있다. 그러나 협금화는 조선 전기에만 보일 뿐 그 이후로는 흑피화, 흑화의 기록만 나타난다. 1493년에 편찬된『악학궤범樂學軌範』에는 흑화를 흑피(黑皮)로 만들었다는 구체적이 기록이 있다. 가죽 재질에 따라서 이름을 달리하여 흑궤자피화(黑麂子皮靴), 흑녹자피화(黑鹿紫皮靴), 흑사피화(黑斜皮靴)가 있다.『상방정례(尙方定例)』에 따르면 날씨가 더워지기 시작하는 단오에는 흑사피화를 진상하고 추석과 동지에는 흑궤자피화를 웃전에 진상하였다고 한다. 같은 문헌의 준절식(準折式)에는 왕이 신는 흑궤자피화 재료로 겉감[表]·깃[衿]·아래장식[下粧]·도리[回伊]는 흑궤자피를 사용하고 안감은 백록피(白鹿皮)를 사용하여 재료에 변화를 주었다. 백관들이 신는 흑화자의 경우 바탕은 흑록피 겉감과 남삼승(藍三升) 안감을 사용하고 깃 장식에는 청사피(靑斜皮), 가장자리 장식은 자사피(紫斜皮)를 재료로 사용한 기록이다.

흑화[흑피화]와 형태는 같으나 색상이 흰색으로 대별되는 백화[백피화]가 있다. 주로 상복용(喪服用)으로 신었지만, 평상시 백화를 신고 입궐하는 일이 빈번하여 질책의 대상이 되기도 하였다. 고종 대의 문신 이유원(李裕元, 1814~1888)이 쓴『임하필기(林下筆記)』춘명일사(春明逸史)를 보면 과거에는 흑단령(黑團領)에는 흑화(黑靴)를 신고 시복(時服)에는 백화(白靴)를 신었는데 정조대에 이르러 시복의 안감이 흰색에서 청색으로 바뀌면서 흑화를 신게 되었다고 전하고 있다.

가죽으로만 만들던 화자는 후대에는 가죽에 옷감 장식이 추가되면서 조선 말기에는 전체를 옷감으로 만들게 되었다. 『임하필기』의 춘명일사에 "순전히 가죽으로 만들었던 화자(靴子)가 후대로 오면서 안쪽은 전(氈)으로 내장하고 겉면은 청면선(靑緜縇)을 둘러서 그 겉모양이 마치 화정(靴丁: 화에 신는 버선의 일종, 精 동음어)이 겉으로 드러나 보이는 것처럼 하였고, 고급품은 금단(錦緞)으로 꾸미기도 하였다"고 한다. 조선 후기에 신목 입구 가장자리를 별단으로 깃 장식한 목화와 연결된다.

화 靴

Hwa, Long boots for Government Officials

조선 후기 화자는 전체를 옷감으로 만들고 목화(木靴)라는 이름으로 불리웠다. 단령에 흑색의 목화를 신었으며, 국상(國喪)이나 능(陵)에 배례할 때는 백목화(白木靴)를 신기도 하였다.
중종(中宗) 29년(1534) 중국에서 사온 조복을 우리 제도와 비교하는 과정에서 우리나라의 화는 '靴' 위에 '襪'을 부치고 말 위에 '鞋'를 가(加)한다고 하면서 화자의 구성에 대해 논하였다. 실제로 전해지는 유물 또한 신울[鞋 부위]과 신목[襪 부위]로 구성되어 있다. 신울의 조각 수에 따라 이합화, 삼합화, 사합화, 오합화, 육합화 형태로 구분되며, 후대로 갈수록 절개선의 갯수가 커진다. 이합화은 뒤축과 코 중심에 이음선이 있으며, 삼합화는 뒤축은 연결되었고 발등에 띠 형태의 패턴이 더해진다. 사합화는 뒤축은 연결되었고, 발등의 띠와 앞코 중심 좌우측으로 4조각으로 이루어진다. 오합화의 경우 발등 부분의 띠와 앞코 부분이 갈라져 4조각으로 이루어지고 뒤축이 1장으로 연결되어 있다. 육합화의 경우 오합화의 구성에 뒤축이 연결된 상태의 패턴을 확인할 수 있다.
신목의 길이는 후대로 갈수록 짧아진다. 1800년대의 화는 1700년대에 비해 길이가 15cm 내외로 짧아졌다. 화자에는 발의 편안함을 위하여 버선 형태의 정(精)을 화 속에 신었다. 조선 말기의 화는 금(衿)이 생략된 경우도 있다. 상부에 별색(別色)의 비단으로 정의 깃 부분을 표현하고 있는데, 이는 화와 정을 통합하여 간소화한 것으로 보인다. 밑창은 두텁게 만들었다. 또한 1800년대 전반기까지는 밑창이 앞코까지 올라와 굽어진 형태이다가 후반기에 와서는 일자형 밑창으로 변화되었다. 밑창 중앙에는 활촉 모양의 파임을 주고 그 안을 홍색 모직을 대어 주어 장식하였다.

Long boots worn by government officials since the Three Kingdoms Period(historical period during which the three kingdoms Goguryeo, Baekje, Silla had co-existed in Korea). Its characteristic is the black background color. The shapehas continued without much difference, but only with the length and materials. In the former part of the Joseon Dynasty, shoes made with black leather were called *Heuk-gwejapi-hwa*(Black mooseskin boots), *Heuk-nokjapi-hwa*(Black buckskin boots), *Heuk-sahpi-hwa*(Black marten leather boots), or *Heuk-pi-hwa*(Black leather boots). In the later periods, shoes made from cloth were called *Mok-hwa*. Towards the later period, the length became shorter. Especially when the national mourning took place, the black shoes were taken off and switched to white shoes. The structure is cut out by two to six pieces of cloth and consists of the *Mal*(designates the shaft of shoe) and the *Hye*(shoe without neck: designates the vamp of shoe).

흑피화 黑皮靴

Heukpihwa, Black leather boots

1820년

발 길이 24.5cm, 볼 너비 8cm, 높이 24cm

소수서원 소수박물관 소장

1820년에 영주로 낙향하였던 김영(金瑩, 1789~1868)이 당하관 관직에 있을 때 신었다. 조선 전기부터 관리의 신으로 제도화하였던 흑피화는 조선 후기에 재질에 변화를 보인다. 『임하필기林下筆記』의 춘명일사(春明逸史)에 "순전히 가죽으로 만들었던 화자(靴子)가 후대로 오면서 안쪽은 전(氈)으로 내장하고 겉면은 청면선(靑綿縇)을 둘러서 그 겉모양이 마치 화정(靴丁: 화에 신는 버선의 일종, 精 동음어)이 겉으로 드러나 보이는 것처럼 하였고, 고급품은 금단(錦緞)으로 꾸미기도 하였다"는 기록에서 흑피에 청색 면포 깃 장식을 하기 시작한 변화가 확인된다.

유물은 신울을 검정색 가죽[黑皮]으로 만들어 흑피화로 이름 지었다. 또한 깃 부분을 청색 무명으로 장식하여 『임하필기』의 기록을 확인시켜 주고 있다. 형태는 조선 말기의 화와 같이 신목이 짧은 편이며 밑창이 앞 코까지 올라와 굽어진 특징을 보인다. 말과 혜 부분으로 구성되어 말 부분은 2조각, 혜 부분은 3조각으로 이루어져 있다. 안감[내피]은 소색의 거친 무명을 사용하고 내피 바닥과 도리는 백녹피(白鹿皮)를 사용하였다. 훼손된 구멍 사이로 4겹을 배접한 면포 백비[무명, 삼베, 모시 등을 겹쳐 배접한 내피 보강재]가 드러나 보인다. 신목 상부 앞 중심부에는 가로 2cm의 가죽끈이 끼워져 있는데 이 끈은 안쪽으로 10cm 길이로 길게 연결되어 있으며, 신을 집을 때 이용한 손잡이 역할로 추정된다. 뒤 중심 상부는 6cm 크기로 뒤트임을 주어 착장에 편리하도록 배려하였다. 가죽으로 된 밑창이 앞 코까지 올라와 굽어져 전체 밑창 길이가 28.5cm이며, 밑창 두께는 약 0.7cm 정도이다.

Worn by Kim-Young during his post as a public officer, who retired to Yungjoo, the countryside, in 1820. The outer layer is made from black leather, the collar and inner layer made from traditional cotton cloth. The opening of the shoe is adorned with navy cotton and white deer leather. The leather shoe sole bends up to the front toe making the total length of the sole, 28.5cm. Layered cotton cloth used as the core material is visible through the damaged area.

李裕元(1871), 『林下筆記, 卷二十八』, 春明逸史, 靴子變通.

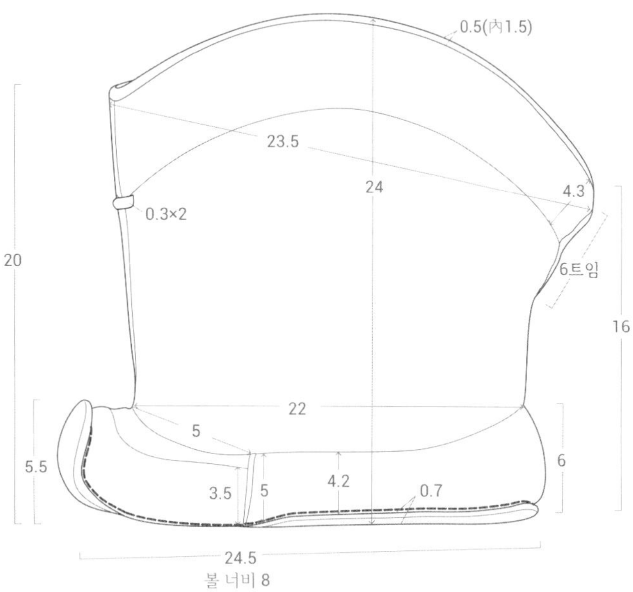

신목 상부의 휘(揮)

굽어 올린 밑창 The shoe shole with ascending front heel　가죽 바닥에 거친 무명을 배접한 흔적이 보인다.

밑창 모습 Shoe soles made of leather

뒤트임 안쪽 면 모습 Back slit　안쪽에는 깃선이 없다.

청면선(靑綿縇)으로 두른 깃과 뒤트임 모습 Back slit

목화 木靴

Mo-kwha, Black boots made of cloth

1800년대 초반

발 길이 25cm, 볼 너비 7.5cm, 높이 24cm

관리가 관복(官服)에 갖추어 신었던 신이다. 무명 재질로 미루어 하급 관리용으로 추정하고 있다. 겉은 짙은 청색의 무명이며 안은 굵은 베를 사용하였다. 말(襪)과 혜(鞋)로 구성되었으며, 아래쪽 혜 부분을 3조각으로 재단하였다. 신목 부분 상단 4.5cm 내려온 부분에 백피(白皮) 선[揮]를 넣어 주어 금(衿)과 같은 효과를 내었다. 신목 입구에 갈색 가죽으로 선[도리]을 둘러 주었다. 신목 앞 중심부에는 가로 2cm의 가죽 끈이 끼워져 있는데 이 끈은 안쪽으로 14cm 길이로 길게 연결되었으며, 신을 집을 때 이용한 손잡이 역할로 추정된다. 뒤 중심 상부는 뒤트임을 주어 착장에 편리하도록 배려하였다. 창은 얇은 편이며, 가죽으로 된 밑창이 앞코까지 올라와 굽어져 있다.

Mo-kwha worn by civil and military officials along with the officials' uniforms, are characterized by the construction where the *hye*(bottom) and *mal*(neck) were sewn together. This pair of *Mo-kwha* were overlaid with deep blue cotton cloth and lined with thick hemp. The bottom part *hye* was constructed by four cut-out pieces. The throat was patched around 4.5cm in width, called geum which was generally made of different material from the shell and the seams were inlaid with white leather line. The throat was also trimmed with brown leather. The thin leather sole was rolled up near to the toe point. This unique sole type has been observed in photographs taken during the later period of the Joseon Dynasty.

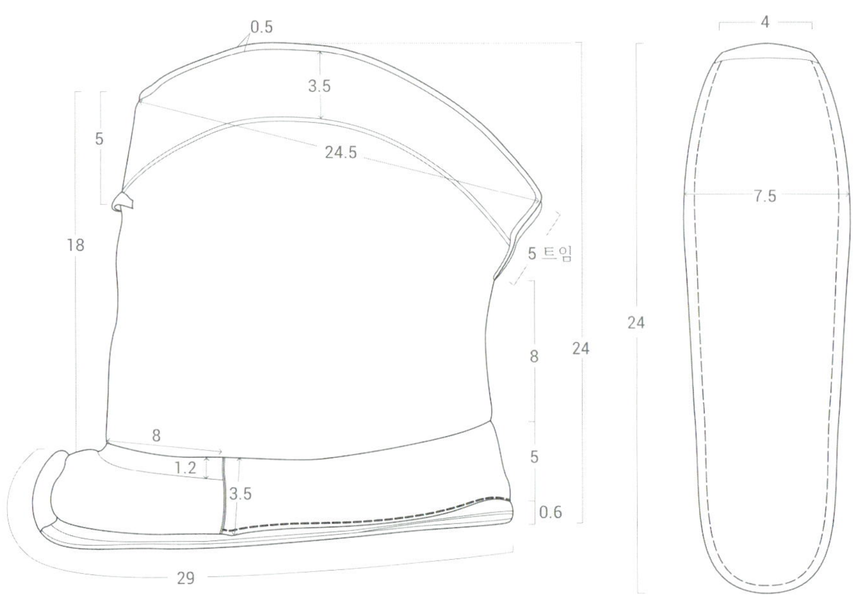

앞축과 뒤축 모습 Fore sole and Heel

혜 부분의 3합 재봉선 모습 Seam of *Hye*(the part where the foot enters)

앞 중심에서 연결된 끈 Cord ornament in the front middle

뒤트임 부분의 겉과 안 Back slit

목화 木靴

Mo-kwha, Black boots for a prince

1870년대

발 길이 22cm, 볼 너비 5.7cm, 높이 22cm

크기와 꾸밈새로 보아 어린 왕손이 용포를 입었을 때 신었던 것으로 추정된다. 겉은 검정색 우단(羽緞), 안은 백색의 전(氈)으로 되었다. 말 부분과 혜 부분으로 구성되었으며, 혜 부분은 5조각으로 재단된 5합(五合) 목화이다. 신목 입구는 홍색 화문단으로 도리를 둘렀고, 도리 아래로 흰색 실선을 장식하고 연이어서 3cm 너비의 녹색 화문단 깃[衿]을 달았다. 말과 혜의 봉제선 사이에는 백피와 홍피를 사용하여 1~3줄의 가는 선[揮]을 끼워 변화를 주었다. 특히 목화 앞 중심에 장식된 3줄 휘에서 홍색 부분은 비단으로 만들었다. 창(昌)은 5겹으로 두텁게 하였고, 가죽으로 된 밑창을 대어 굵은 실로 신 바닥 둘레를 꿰맸다. 밑창 중앙에는 활촉 모양의 파임을 주고 그 안을 홍색 모직을 대어 장식하였다.

Based on the size and design, assumed to have been worn when a young royal offspring was wearing a *Yongpo*(robe with dragon patterns). This pair of *Mo-kwha* were overlaid with black cotton velvet, lined with white cotton flannel. Cut out in five pieces. The opening of the neck is taped around with flower patterned burgundy fabric and broadly lined with flower patterned green silk below. A groove in the shape of an arrowhead is given in the middle part of the sole and decorated inside by supplying a layer of burgundy wool.

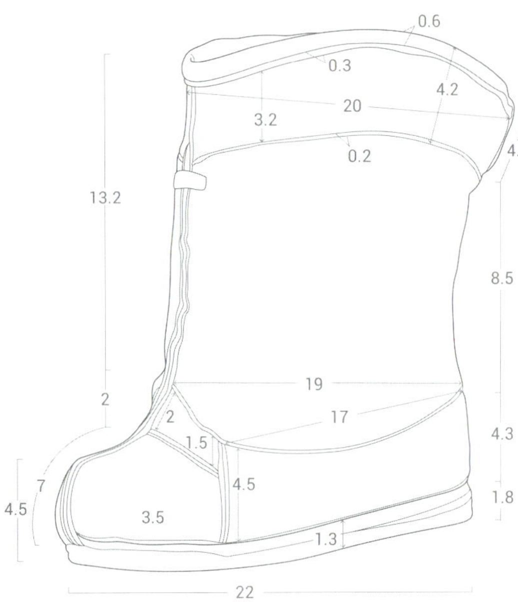

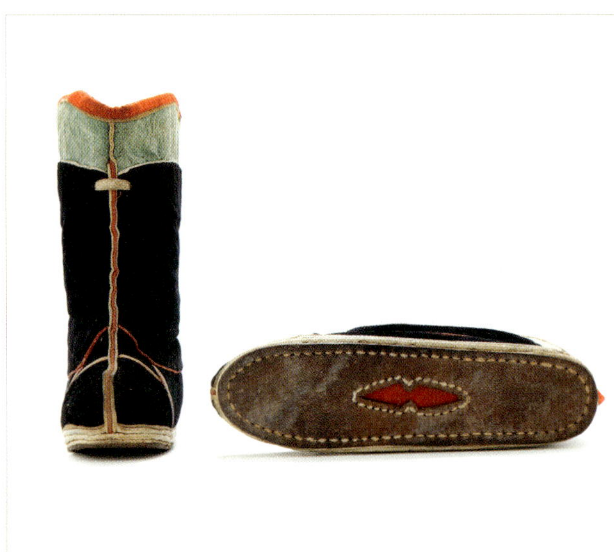

성인용 목화와 크기 비교

목화 木靴

Mo-kwha, Black boots made of cloth

1870년대

발 길이 26.5cm, 볼 너비 7cm, 높이 26cm

관리가 관복을 입을 때 갖추어 신었던 신이다. 겉은 검정색 우단(羽緞)이고 안은 흰색 융으로 되었다. 말 부분과 혜 부분으로 구성되었으며, 혜 부분이 두 조각으로 된 2합(二合) 형태이다. 봉제선 사이에는 흑피(黑皮)로 2~3줄의 선[揮]을 넣어 주었으나 현재 색상은 벗겨져 있다. 신목 입구는 깃을 생략하고 홍색 인견으로 도리를 둘렀다. 뒤 중심 상단은 착장이 편리하도록 트임을 주었다. 앞 중심에 가로로 끼워진 면사 끈은 안쪽으로 연결되어 달려있는데, 벗어 놓은 신을 이동할 때 손잡이 역할을 한 것이다. 밑창은 가죽으로 되어 있고 중앙부에 화살촉 모양으로 홈을 파고 자색 모직으로 안을 대어주었다. 밑창 상하는 가죽을 덧댄 후 못을 촘촘히 박아 고정하였다.

Mo-kwha worn by civil and military officials along with the officials' uniforms, are characterized by the construction where the *hye*(bottom) and *mal*(neck) were sewn together. This pair of *Mo-kwha* were overlaid with black cotton velvet and lined with white cotton flannel. The quarter was constructed in two pieces. The collar is omitted and overall constructed simply as the leather sole is flat and leveled. The leather sole has a groove in the middle in the shape of an arrowhead which shows the red color woolen layer.

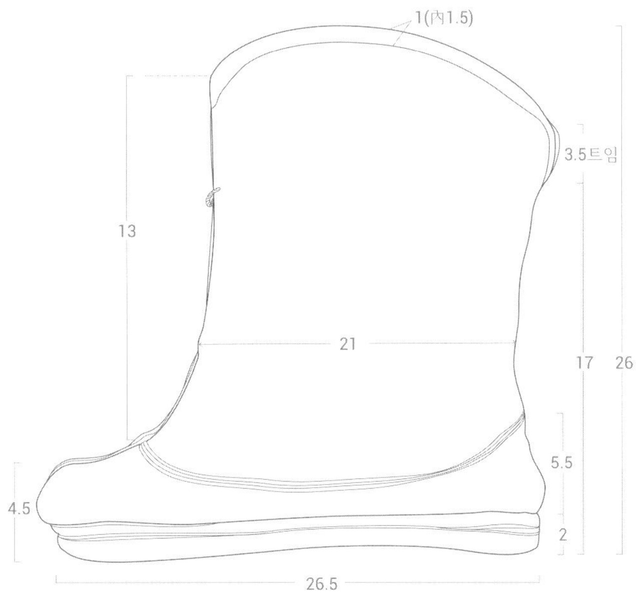

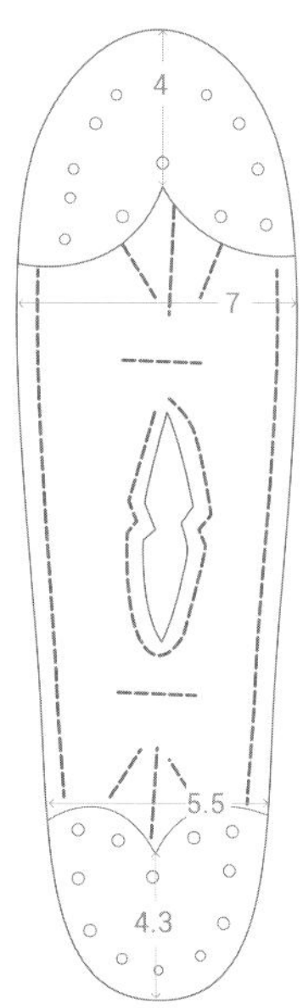

목화 木靴

Mo-kwha, Black boots made of cloth

1870년대

발 길이 25.5cm, 볼 너비 7cm, 높이 24.5cm

문무백관들이 관복에 갖추어 신었다. 겉은 흑색 우단, 안은 흰색 융을 사용하였다. 말과 혜 부분으로 구성되었으며, 혜 부분이 여섯 조각으로 된 6합(六合)화이다. 이음선 솔기마다 흑피(黑皮)로 선[揮]를 넣어 주었다. 깃을 생략하고 홍색 모직으로 선[도리]을 둘러 주었으며, 바로 아래에 흰색 면으로 실선[윗변] 장식을 하였다. 신목 뒤쪽은 착장에 편리하도록 트임을 주었으며, 앞 중심 흑피(黑皮) 끈은 안쪽으로 이어져 짧게 달려 있는데, 신을 잡는 용도로 사용되었다. 바닥면을 높여준 도두개는 녹색 모직으로 싸 주었으며, 가죽으로 된 밑창의 앞과 뒷부분에는 덧창을 달고 작은 못들을 박아 주었다.

Mo-kwha worn by civil and military officials along with the officials' uniforms, are characterized by the construction where the *hye*(bottom) and *mal*(neck) were sewn together. These *Mo-kwha* were overlaid with black cotton velvet and lined with white cotton flannel. The quarter was constructed in six pieces, and each seam was inlaid with black leather lining. The throat was inlaid with white cotton line and trimmed with red wool. Particularly the welt in green wool wraps around the quarter and sole. Extra pieces of leather were nailed onto the leather sole in front and back.

영친왕 목화 英親王 木靴

Mo-kwha, Black boots for King *YeongChin*

1922년

발 길이 25.6cm, 볼 너비 7cm, 높이 24cm

국립고궁박물관 소장
[국가민속문화재 제265호]

영친왕(1897~1970, 고종의 일곱째 아들)이 홍룡포(紅龍袍)를 입을 때 신었던 목화이다. 1922년 순종 황제를 알현하는 조현례(朝見禮) 때에 사용한 것으로 추정된다. 겉은 검정색 공단, 안은 백색 전(氈)으로 만들고 신목 입구는 남색 견으로 도리를 둘렀다. 말과 혜 부분으로 구성되었으며, 혜 부분은 6조각으로 구성된 6합 화이다. 신코와 신등, 혜 부분에는 세 줄의 갈색 가죽으로 휘를 대었다. 바닥은 나무를 대고 가죽으로 창을 대어 굵은 실로 신 바닥 둘레를 꿰맸다. 밑창에는 미끄럼 방지를 위해 십자문이 실로 뜨여 있다. 밑창 중앙에는 길이 8cm 크기로 활촉 모양의 파임을 주고 그 안을 남색 견을 대어 장식하였다.

The *Mokhwa* which King *YeongChin*(Last Prince of the Joseon Dynasty) wore when wearing a red *Yongpo*(red robe with dragon patterns). In 1922, he wore it during a *Cho-hyun-rye*(a ceremony to be presented to a royal) for King *Sun-Jong*. The outer is made of black satin and the inner with white flannel. The *hye*(quarter) was constructed in six pieces, and between the seams was inlaid with brown leather lining. The soles were cross stitched with thick thread to prevent slipping. The groove in the center of the sole is for decoration.

국립고궁박물관(2010), 『영친왕 일가 복식』, p.164.

백피화 白皮靴

White leather boots
for Government Officials

1700년대 초

발 길이 27.5cm, 볼 너비 8.5cm, 높이 37cm

전주대학교박물관

조선 후기 관리들의 집무복인 시복(時服)을 입을 때 신었던 신으로, 녹피로 만들었다. 현존하는 백화(白靴) 중 가장 오래된 것으로 추정된다. 이 백피화는 표면이 입자감이 있고 거칠어 일반적인 녹피와 차이가 있는 것으로 보아 영조 28년(1752)의 기록에 보이는 '연록피화(烟鹿皮靴: 연기를 쐰 사슴 가죽 화)'를 연상케 한다. 인감은 거친 무명을 사용하였고, 인창은 가죽의 안쪽 면을 사용하였다. 겉감과 안감 사이에 넣어준 면포 백비가 틀어진 신등 사이로 드러나 보인다. 신울[鞋]과 신목[襪] 부분으로 나눠지며, 신울 부분은 3합으로 구성되었다. 3조각으로 구성되었다. 신목 입구는 겉감과 동일한 재질로 도리를 둘러 주었다. 앞면 중심 상부에 2개의 구멍은 손잡이용 끈고리가 있었던 구멍 자국인데, 현재 끈고리는 소실되어 없다. 두터운 밑창은 가죽의 안쪽 면을 사용하였고, 틀어진 틈 사이로 매우 두꺼운 가죽 3겹을 겹쳐 넣었는데, 신발 창을 구부릴 수 있도록 칼집을 넣은 자국이 확인된다.

백화는 국상(國喪) 때도 신었지만 일찍이 시복을 입을 때도 신었다. 『임하필기 林下筆記』의 춘명일사(春明逸史)에서 시복을 입을 때 백화를 신었는데 시복의 안감이 흰색에서 청색으로 변화되면서 정묘조(正廟朝)에 이르러 흑화를 병용하였다고 한다. 실제로 정조 2년(1778)에는 백관들이 백화를 신고 대궐에 들어오는 잘못된 풍습이라 하여 금하였다. 그리고 '연록피'는 연기를 쐬어 가공한 사슴 가죽을 뜻한다. 일반 녹피보다는 질기고 튼튼하여 찰갑(札甲: 작은 비늘을 꿰매어 만든 갑옷) 제조 시 찰 연결용으로 쓰이고, 갑옷의 내피나 통개(筒箇)의 재료로 사용되었다.

Made of white deer leather. Based on the rough texture of the outer, it suggests the *Yeon-rok-pi-hwa*, which is made from smoked deer hide. The inner side was made of coarse cotton cloth, and layers of cotton cloth put in between the outer and inner are exposed. The soles were made of thick leather layers and cuts were given for flexible soles. Considered the oldest remaining pair amongst white shoes.

『英祖實錄』(1752). 영조 28년 7월 24일.
『正祖實錄』(1778). 정조 2년 5월 4일.
李裕元(1871). 『林下筆記, 卷二十八』. 春明逸史, 靴子變通.

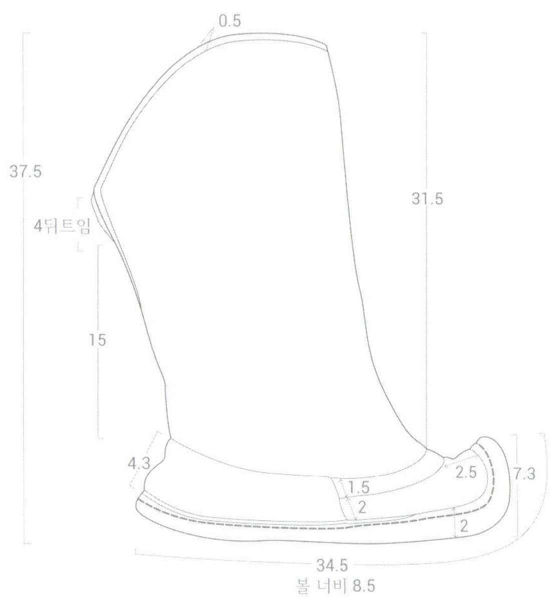

신코와 뒤축 Fore sole & Heel

밑창 Fore sole　신발 창을 구부릴 수 있도록 칼집을 넣은 자국이 확인된다.

백피화 白皮靴

White leather boots
for Government Officials

1700년대 초

발 길이 26.5cm, 볼 너비 8cm, 높이 34cm

윤완식 기탁

충청남도역사문화연구원 소장

[국가민속문화재 제22호]

조선 중기의 문신, 윤증(尹拯, 1629~1714)의 유품 중 하나이다. 국상 때도 신었지만 신복을 입을 때도 신었을 것으로 추정된다. 겉감은 백록피, 안감은 거친 무명으로 만들었다. 겉감과 안감 사이에 4겹의 면포 백비를 넣어 주었다. 말 부분과 헤 부분으로 구성되었으며 헤 부분은 3조각으로 구성되었다. 신목 입구는 겉감과 동일한 녹피를 사용하여 겉은 0.3cm, 안쪽은 1.5cm 선단으로 도리를 둘러 주었다. 앞면 중심 상부에 손잡이용 끈고리가 끼워져 있었던 2개의 구멍 자국이 남아 있다. 가죽 밑창은 앞면이 위로 들린 매끈한 형태이며 1cm 두께로 두텁게 만들었다.

One of the articles(National Folk Cultural Property No.22) left by the deceased Yun Jeung, a civil minister from the middle period of the Joseon Dynasty. Worn during national mournings. The outer is made of white deer hide, the inner made of coarse white cloth. A four layered cotton cloth was put in between the outer and inner. The hye(lower part of shoes) was constructed from 3 cutout pieces. Two holes remain on the middle top part of the front side, which used to hold the leather cords. The leather sole made thickly by 1cm is smooth and lifts upward.

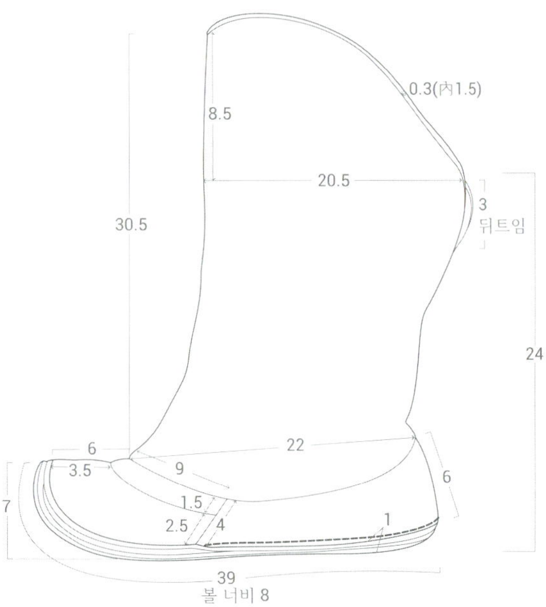

뒤트임 모습 Back slit

백목화 白木靴

Baengmo-khwa, Government Officials' Boots for the National Funeral

1800년대 초반
발 길이 25.5cm, 볼 너비 8cm, 높이 28cm
안동시립민속박물관 소장

국상(國喪) 때 문무백관들이 천담복(淺淡服)을 입고 신는 신이다. 겉과 안 모두 무명을 사용하였다. 혜(鞋)와 말(襪) 부분으로 구성되었으며 혜 부분은 3조각으로 재단하였다. 신목 입구는 백녹피로 선[도리]을 둘러 주었다. 신목 입구에서 4~5.5cm 내려온 부분에 절개선을 주어 깃[衿]과 같은 효과를 내었다. 앞면 상부 깃 바로 아래에는 녹피 끈이 고리로 겉에서 안으로 연결되어 있는데, 신을 들 때 사용하는 손잡이용 끈으로 추정된다. 가죽으로 된 밑창은 굽어져 앞코까지 올라와 있다.

Worn by the Munmubaekgwan(high-ranking government officials) during national mournings. *Hwa*, also worn during the national mourning is characteristic for its construction with white cotton cloth. *Hwa*, also worn during the national mourning is characteristic for its construction with white cotton cloth. Thick cotton and thin cotton are used for the shell and the lining respectively. The *hye*(lower part of shoe) was patched from 3 cutout pieces. A slit was cut 4-5.5cm below the throat of the shoe. Leather cords were attached through a ring from the inside and outside, which was considered to function as a grip to carry the shoes. The leather soles are bent up to the toe. The leather sole was rolled up near to the toe point.

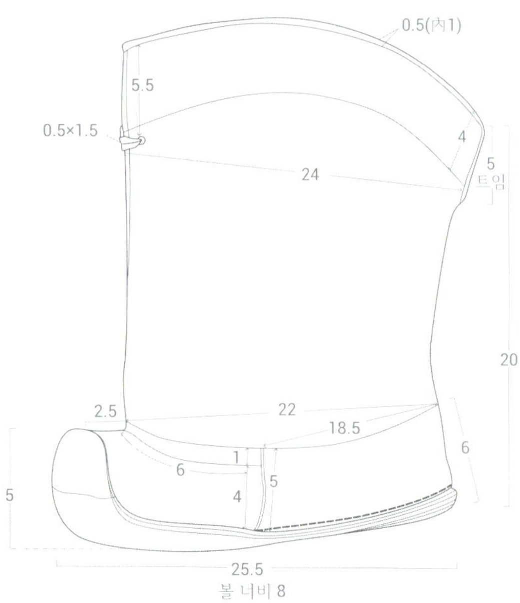

끈고리 Cord ornament in the front middle

백목화 白木靴

Baengmo-khwa, Officials's Boots for the national funeral

1900년 초

발 길이 24.5cm, 볼 너비 8cm, 높이 24cm

국상(國喪)이나 능(陵)에 배례할 때 천담복(淺淡服)을 입고 착용하였다. 겉은 두꺼운 면, 안은 얇은 면을 사용하였다. 말과 혜 부분으로 구성되었으며 혜 부분은 여섯 조각인 육합화이다. 봉제선 사이에는 백녹피(白鹿皮)로 선[揮]을 넣어 주었다. 혜와 말의 연결 부분은 면으로 휘를 해주어 차이를 보인다. 신목 부분 입구에는 백녹피로 선[도리]을 둘러 주었다. 앞면 상부에는 손잡이용 녹피 끈이 고리로 겉에서 안으로 연결되어 있다. 가죽으로 된 밑창에는 미끄럼 방지를 위해 굵은 실로 바닥 모양을 따라가며 박음선을 두었다.

Baengmo-khwa were worn by the civil and military officials along with the *cheon-dam-bok*(jade green robe), the attire for the national mourning. *Hwa*, also worn during the national mourning is characteristic for its construction with white cotton cloth. Thick cotton and thin cotton are used for the shell and the lining respectively. It is divided into two parts; *mal*(top part of shoe) and *hye*(lower part of shoe) in which the hye was constructed from six cutout pieces. The leather sole has backstitches with thick thread to prevent from slipping.

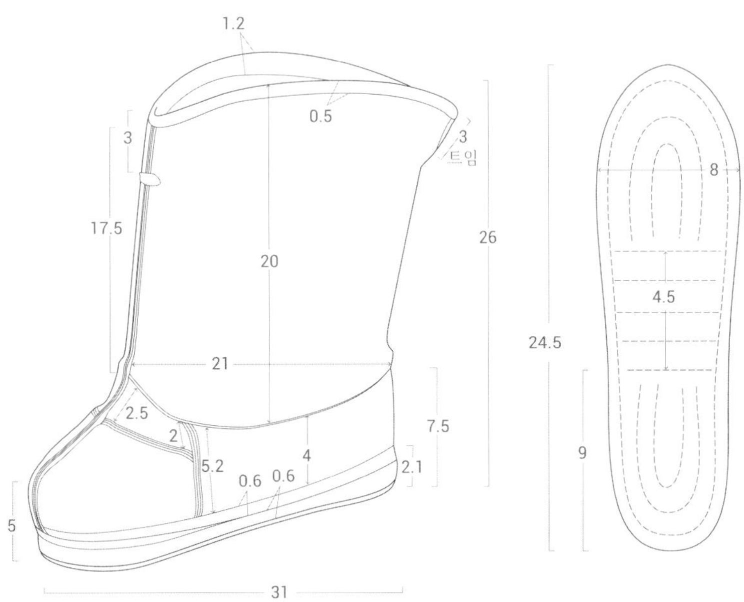

영친왕의 홍릉 참배 모습 1918년 1월 17일 국립고궁박물관 소장
The image of King YeongChin going to pay respects to the Royal Tombs of the Joseon Dynasty.
영친왕과 보필하는 근시는 사모와 이엄을 쓰고 천담복을 입고 허리에는 흑각대를 하였다. 이때 신은 백화를 착용하였다.

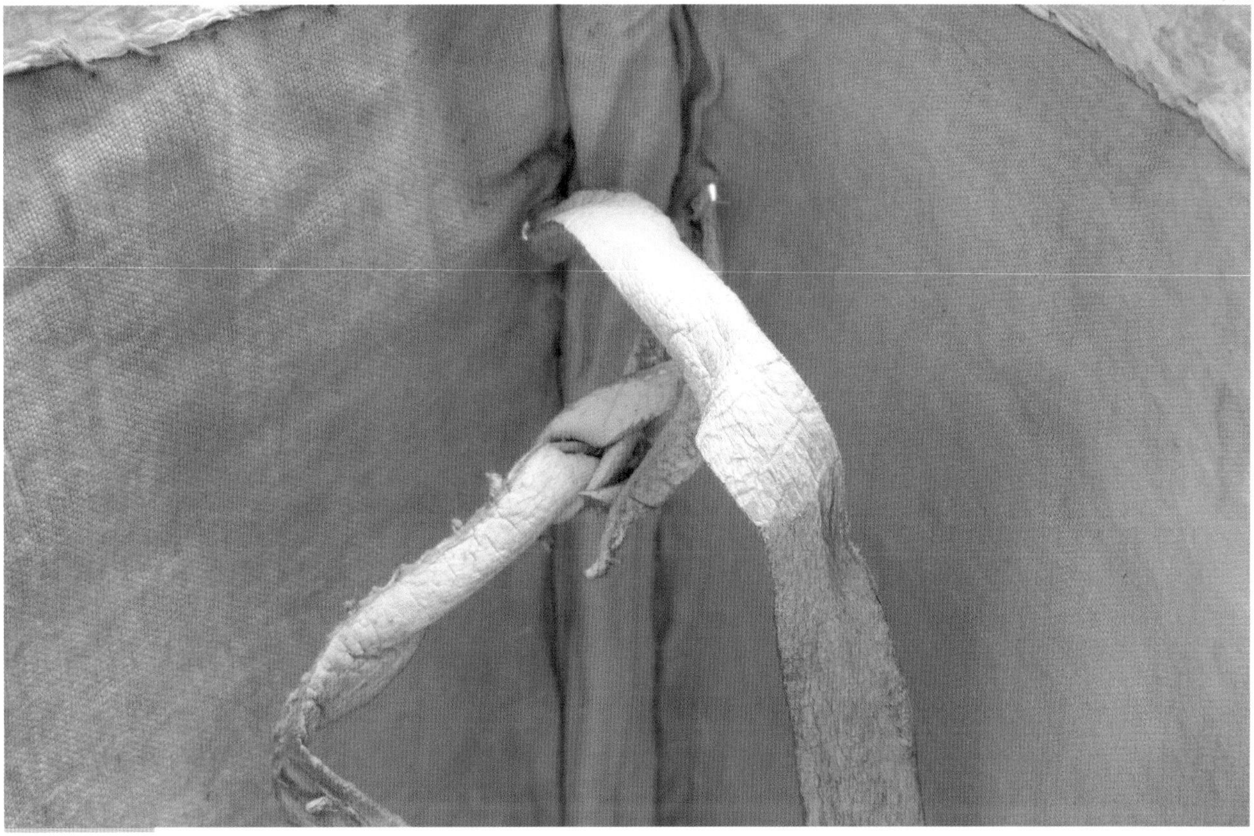

끈고리 Cord ornament in the front middle 겉면에서 끼워 안으로 이어져 있다. 손잡이용으로 추정된다.

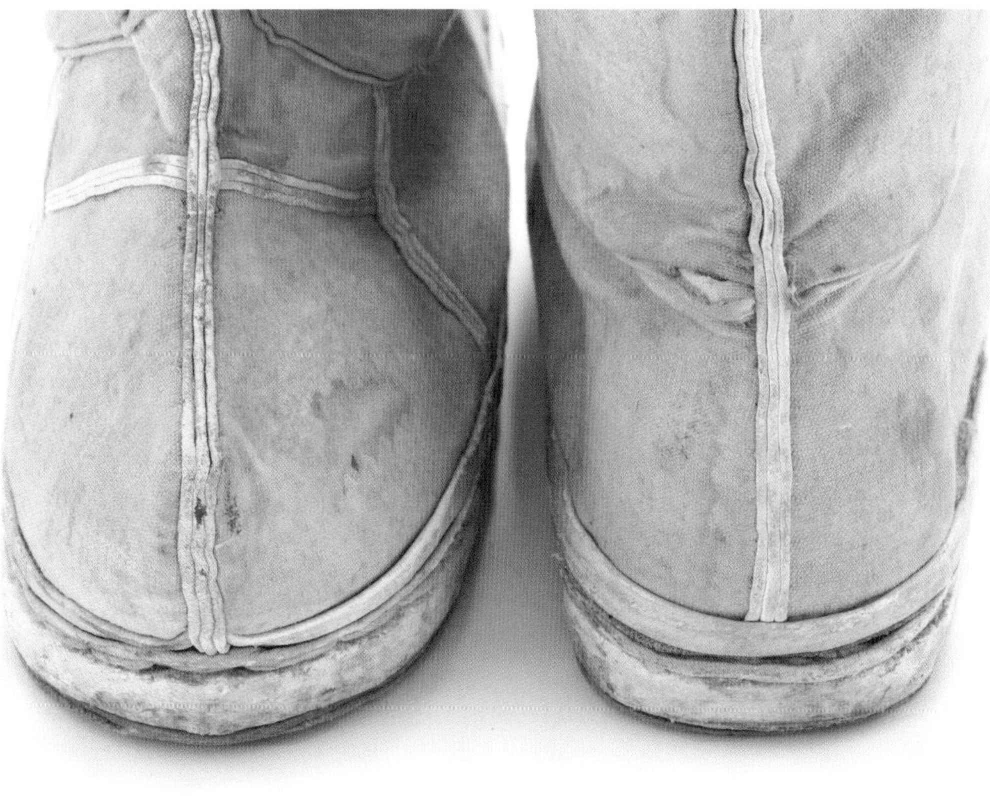

앞과 뒤축 Fore sole and Heel 재봉선에 녹피로 휘를 둘렀다.

심익창 습신 화 出土靴

Long boots for the deceased

1725년

발 길이 30cm, 높이 43cm, 신목 너비 24cm

2008년 4월~6월, 경기도 파주 심익창 묘 출토

경기도박물관 소장

황해도 재령군수를 지낸 심익창(沈益昌, 1652~1725)의 묘에서 출토되었다. 효종대에 좌의정을 지낸 조선 중기 문신 청송심씨 심지원(1593~1662)의 넷째 아들이다. 출토 당시 백한 흉배가 달린 단령을 입고 목이 긴 화의 형태의 습신을 신고 있었다. 화는 겉감은 무문단, 안감은 명주이다. 형태는 신울과 신목 부분으로 나뉘어 있으며, 신울 부분은 앞코와 뒤축에 이음선이 없이 3조각으로 구성된 삼합화(三合靴) 형태이다. 신목 상부 도리는 선단을 달아 마무리하였다. 겉감은 무문단과 거친 명주[백비 추정]와 함께 바느질하였고, 안감은 한 겹을 완전히 따로 만든 다음 신 바닥을 연결할 때 신목의 단 처리 시 겉감과 안감을 함께 바느질하였다. 안쪽 바닥은 명주로 되어 있고, 밑창은 면포 바탕에 면사를 꼬아서 노(繩)와 같이 엮어 수 놓듯 규칙적으로 한땀 한땀 반복하여 바느질하였다. 따라서 세로형 바늘 땀이 겉으로 드러나 있다. 18세기 초상화에서 화의 바닥 면을 묘사한 것과 흡사한 모양이다. 밑창은 현재 대부분 소실되어 앞 부분에만 조금 남아 있다.

Seup-ssin(shoes for the deceased) in the form of long boots, excavated from the tomb of Sim Ik-Chang, a magistrate of the *Hwanghae-do* province. These boots were made by layering satin and silk tabby. The sole is cotton cloth and strands of cotton thread was twisted into one and each stitched one by one. Therefor vertical stitches are externally visible.

경기도박물관(2010), 『파주 심지원 묘 및 신도비 유적-발굴 조사 보고서 제28책』, p.64, p.302, p.316, p.386, p.405.

바닥면 Shoe soles　면포 바탕에 굵게 꼰 면사로 한땀 한땀 수놓듯 규칙적으로 반복한 바느질 모습

연잉군 초상 延礽君 肖像

Portrait of prince Yeoninggun(title)

1714년

183 × 87cm

박동보 그림, 비단에 채색

국립고궁박물관, 보물 제1491호

화(靴)의 밑창 바닥에 일정한 세로형 바늘땀이 묘사되어 있다. 누비선을 묘사한 것으로 보이기도 하지만, 출토 유물 중에서 경기도박물관 소장 심익창 묘 출토 화의 바닥 모습에 가깝다. 석주선기념박물관의 정태제 묘 출토 운혜의 밑창도 유사하다.

조영복(1672~1728년) 시복본 趙榮福 時服本 肖像

Portrait of Jo Yeong-bok

1725년

120 × 76.5cm

진재해 그림, 비단에 채색

경기도박물관, 보물 제1298호

시복(時服) 입고 백화를 신은 모습이다. 백화는 발등까지 누벼준 모습의 삼합화 형태로 묘사되어 있다. 밀창군 묘 출토 누비화의 모습과 흡사하여, 출토 누비화를 실생활에서 착장했던 신으로 추정하는 근거가 된다.

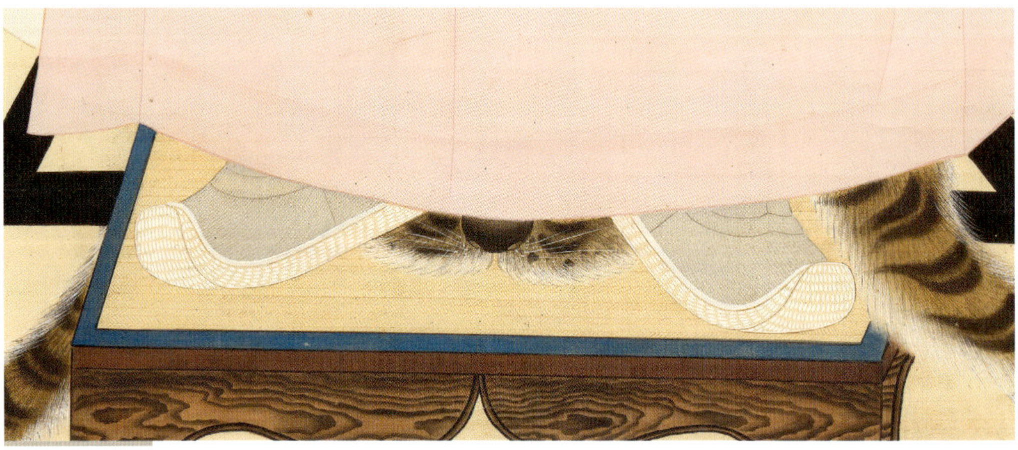

밀창군 이직(1677~1746년) 단령 본 초상 李樴 團領本 肖像

Portrait of Yi Jik, 'Milchanggun'

1744년경

167.5 × 93.3cm

작가 미상, 비단에 채색

이영용 소장

밀창군 이직(1677~1746년) 조복 본 초상 李樴 朝服本 肖像

Portrait of Yi Jik, 'Milchanggun'

1768년 추정

175 × 99cm

작가 미상, 비단에 채색

이영용 소장

밀창군 이직의 초상화 중 단령 본의 화(靴)는 밑창에 무늬가 묘사되지 않았으나 조복 본 화의 밑창 바닥에는 일정한 세로형 바늘땀이 묘사되어 있다.

밀창군 누비화 褸緋靴

Seup-ssin-Hwa, Quilted Long boots for the deceased

1746년
발 길이 32cm, 높이 39cm
1999년 12월 21일 서울 상암동 이직 묘 출토

선조의 7남인 인성군(仁城君)의 증손자 밀창군(密昌君) 이직(李樴, 1677~1746)의 무덤에서 출토되었다. 수의로 운문단 겹단령을 입고 습신으로 화를 신고 있었다. 출토 당시 겉감이 누빔한 상태였기 때문에 선행 연구에서 '누비화'로 이름 지었다. 수의로 신은 채 발견되었으나 그 정교한 꾸밈새로 보았을 때 평소에 신었던 것으로 추정하고 있다. 누빔의 상태는 옷감 사이에 견 솜을 두고 가로 방향으로 누빔한 후 누벼 준 실을 다시 당겨서 주름지게 하였다. 서양의 스모킹(Smoking) 기법을 연상케 한다. 이때 사용된 누비실은 옷감에 비해 굵고 단단하다. 신의 재질은 전체가 견직물로 이루어져 있다. 누빔 원단은 5매 수자직 공단과 명주와 견 솜을 사용하였고, 신 울타리 안감과 신 바닥은 명주를 사용하였다. 깃과 도리는 연화문단을 사용하였다. 형태는 화의 높이가 조선 말기 목화 유물보다 15cm 정도 길고 창이 앞코까지 들려 올라와 굽어져 있다. 누빔한 부분은 말(韎)과 헤(鞋) 부분으로 나뉘어졌으며 헤 부분은 앞코와 뒤축에 이음선이 없이 3조각으로 구성된 삼합화(三合靴) 형태이다. 신목 상부는 누벼 주지 않고 5cm 너비로 연화문단 깃[襟]을 달았는데, 종이심을 넣었던 흔적이 시접 부분에 일부 남아 있다. 깃을 단 후 도리 부분에는 동일한 옷감으로 0.7cm 너비로 선단을 둘러 마무리하였다. 신목 뒤쪽에는 착장에 편리하도록 5cm 길이의 뒤트임을 주었다. 신 바닥은 명주를 겹으로 하여 2.5cm 간격으로 누벼준 상태이다. 밀창군 묘에서 출토된 유물들이 현재 견직물만 남아 있는 것은 수백 년 간 땅속에 있는 동안에 외부 자극으로 함께 넣어준 식물성 섬유가 퇴화된 것으로 추정된다. 이를 볼 때 누비화 바닥이 현재는 겹누비 상태이지만 본래는 식물성 섬유류로 속심을 넣어 누벼 준 것으로 추정된다. 또한 중국의 헤저(鞋底)와 같이 별도의 덧창이 있었을 가능성도 있다.

These remains were excavated at Sangam-dong, Seoul in December, 2001 from the tomb of Milchanggun (decendant of Inseonggunpa lineage, the seventh son of King Seonjo), along with the uniform for officials, dallyeong, made especially with satin damask with cloud patterns. The boots were overlaid with satin, lined with silk tabby, quilted and pleated closely as if smocking was done. The seam was not decorated at all except the throat which was patched around with a flower and butterfly patterned satin damask 5cm from the top, called geum. The back center seam was slitted a bit from the top. The sole was multiply layered with silk tabby but with a possibility of an additional extra sole that was sewn on. The fabric sole was sewn with such elaboration that the shoes were presumed to be worn commonly inside the leather boots or in summer by the noble family.

단국대학교 석주선기념박물관(2004). 『韓國服飾 第22號』, pp.87~107.
유화경(2009), 「密昌君 李樴墓 出土 靴의 복제 연구」, 단국대학교 대학원 석사학위 논문, pp.45~51.

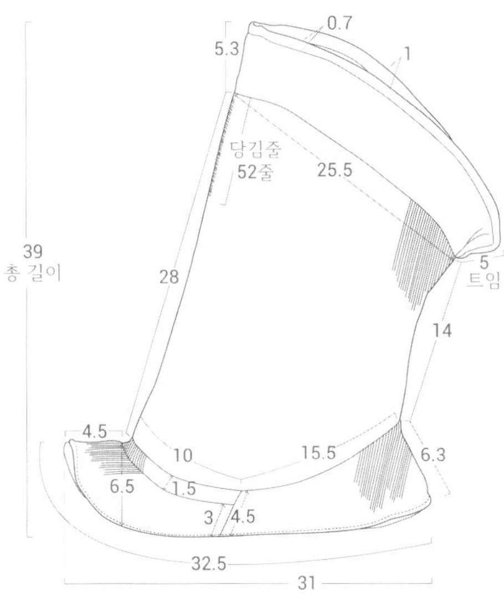

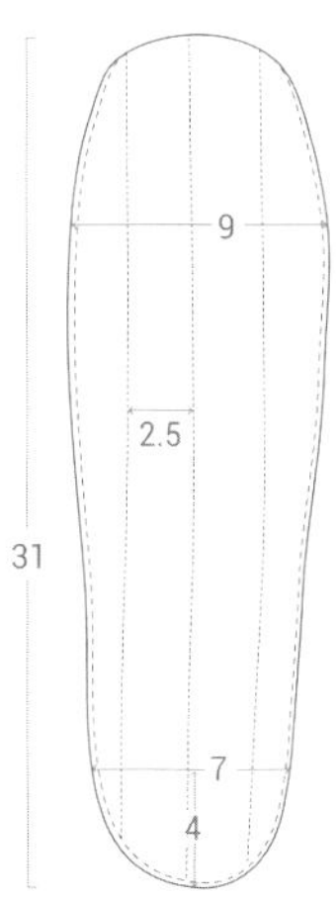

복원품 지은이 유지유
Restored artifact

출토 당시의 누비화 착장 모습 *Seup-ssin*(Shoes for the deceased) at the time of excavation

누비화 밑창의 누빔 상태

누비화 앞축 Fore sole　밑창이 앞코까지 올라와 굽어짐.

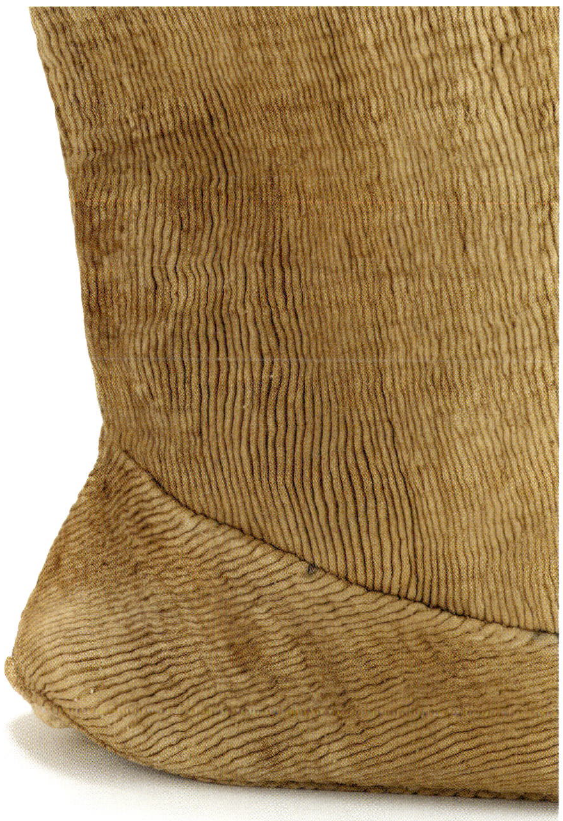

누비화 뒤축 Heel　신울 중심부 골선. 신목 중심부는 재봉선이 있음.

광릉 참봉 신씨 습신 出土 靴

Seup-ssin-Hwa, Long boots for the deceased

1600년대

발 길이 34cm, 높이 36cm

2002년 10월 25일, 서울 강서구 공항동 신씨 묘 출토

광릉 참봉을 지낸 신씨(申氏)가 수의 홑단령을 입고 습신으로 화를 신고 있었다. 명주로 만든 것으로 식물성 섬유가 모두 퇴화되어 현재 신울 겉감만 남아 있고 바닥도 없는 상태이다. 탐릉군 화와 같이 말 2조각과 혜 3조각으로 구성되었다. 신목 상부에 뒤트임은 주지 않았다. 전체적으로 홈질 상태가 성글고 시접도 매우 좁은 것을 볼 때 각 부분을 배접한 후 합봉하였을 것으로 추정된다. 신목 입구는 시접을 안으로 접고 시침하였으며, 바닥면의 시접은 푸서 상태로 가장자리에 시침질한 실이 남아 있다. 이것은 신 바닥을 부착하면서 생긴 시침실로 추정된다. 함께 출토된 유물에 식물성 섬유가 전혀 남아 있지 않은 것으로 보아 퇴화된 것으로 생각되며, 원래는 일반적인 혜 습신과 같이 종이 배접을 하였거나 식물성 섬유로 배접 또는 인감을 대어 주었을 가능성이 있다.

Excavated at Gonghang-dong, Gangseo-gu, Seoul, from the tomb of Shin of Gwangneung(government official of the rank 'Chambong') along with the uniform for officials, *dallyeong*(Official's robe). Originally made with silk tabby, only the outer layer remains as the vegetable fibers have degraded and the bottom sole has disappeared also. Based on the loose broadstitching and narrow margins to seam, it is estimated to have had each of the parts inarched and then patched all together. There is a possibility that the vegetable fibers were used as lining material or by paper just as the seup-ssin for temporal use.

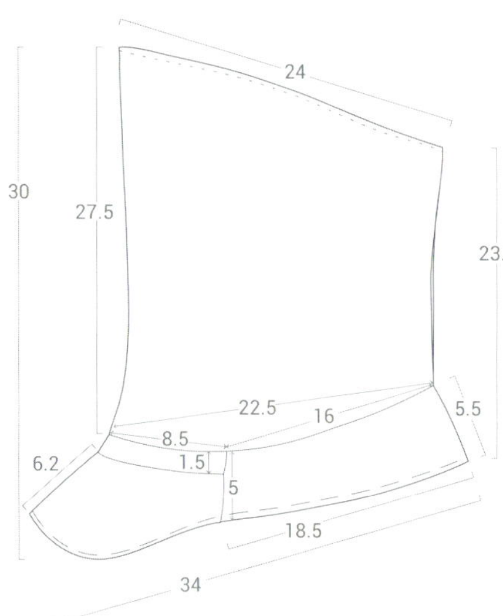

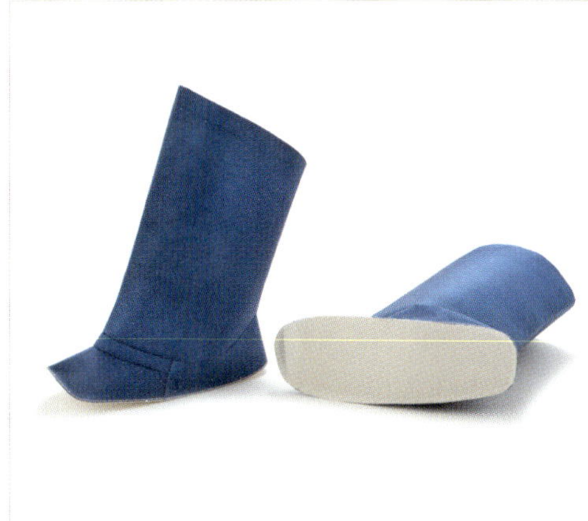

복원품 지은이 차미희
Restored artifact

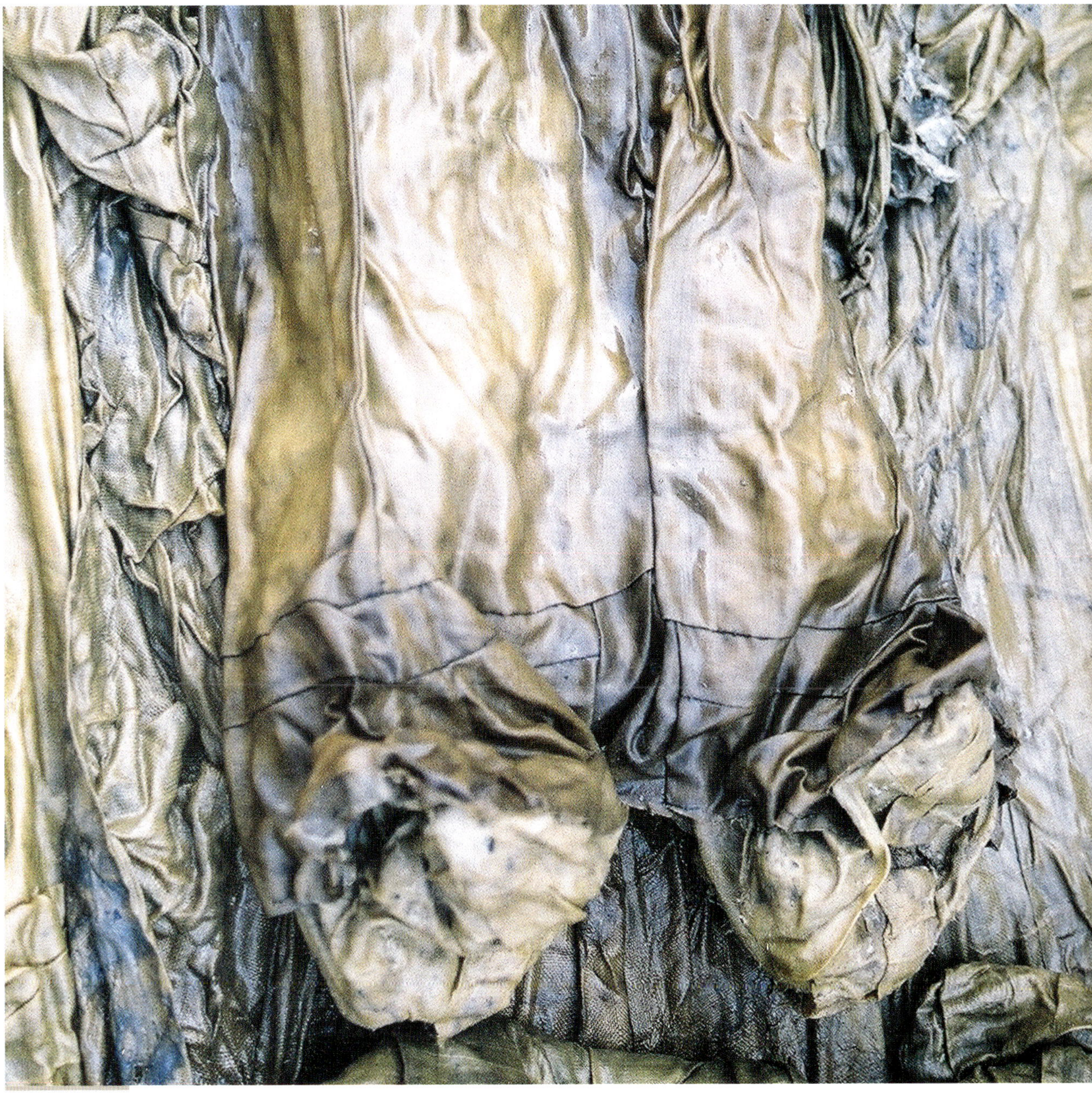

단령 아래로 화를 신은 모습 Seup-ssin(Shoes for the deceased) at the time of excavation

무 연고 남성 습신 出土 靴

Long boots for the deceased

1600년대

발 길이 31.1cm, 볼 너비 8.3cm, 높이 43cm

무연고 묘 출토

이화여자대학교박물관 소장

무연고 묘에서 출토된 화 형태의 습신이다. 겉을 공단으로 만들고 속에는 닥종이로 된 배접지가 남아 있다. 아청색 흔적이 일부에 남아 있다. 모두 신창이 없어진 상태이다. 신목은 좌우 2조각, 신울은 발등 부분과 뒤축 부분으로 나뉘어 3조각으로 각각 구성되었으며 전체를 홈질로 바느질하였다. 완만한 곡선으로 된 신목 입구는 1~2cm의 시접이 안으로 접힌 상태이다. 신울에는 감침질이 드물게 되어 있다. 밑창이 있었으나 삭아서 없어진 것으로 짐작된다.

Excavated from an anonymous tomb. Made with satin with remains of dark blue. The outer rim of the shoe was constructed with silk tabby layered with 2mm thick anji(traditional Korean paper). The wha, double layered boots for burial purposes, were overlaid with satin and lined with silk tabby. There used to be a sole but currently decayed.

이화여자대학교 담인복식미술관(2016).「조선시대의 신」. p.94.

화 靴

Seup-ssin-Hwa, Long boots for the deceased

1731년

발 길이 36cm, 높이 46cm

1981년 경기도 용인 이변 묘 출토

탐릉군 이변(李覍, 1636~1731)의 무덤을 이전할 때 출토된 습신용 화이다. 탐릉군은 선조 임금의 일곱째 아들인 인성군파(仁城君派)의 후손이다. 화는 주로 단령과 함께 착장한 상태로 출토된다. 탐릉군의 출토 유물은 혼합된 상태로 문중에서 전달받았기 때문에 수의 상태는 알 수 없지만, 함께 출토된 유물 중에 3점의 단령이 있다. 이 신은 무문단 겉감만 남아 있고, 안감, 배접지, 바닥은 소실되어 없는 상태이다. 전체적으로 성글게 홈질로 봉재하였고 시접은 0.2~0.3cm 정도로 매우 좁다 신목 입구는 푸서 상태이고 바느질한 흔적이 없으나 바닥은 시접을 접었던 흔적이 남아 있다. 탐릉군 묘에서 출토된 유물들이 모두 견섬유만 남아 있다는 사실에서, 이 습신은 땅속에서 수백 년간 매장되면서 식물성 섬유류가 퇴화되어 배접지는 소실되고 겉감만 남은 것으로 추정된다.

These excavated Hwa which belonged to Prince *Tamneunggun*(the great-grandson of King Seonjo(1636~1731), the lineage of *Tamneunggun*), were excavated with the uniform for officials, *dallyeong*, specifically attached with insignias of two crane embellishments. The Hwa, double layered boots for burial purposes, were overlaid with satin and lined with silk tabby. They seem to be done same as the ones that the deceased had worn before he died. Only the outer plain cloth remains as the vegetable fibers such as the cloth used for layering have disappeared.

복원품 지은이 정말숙

Restored artifact

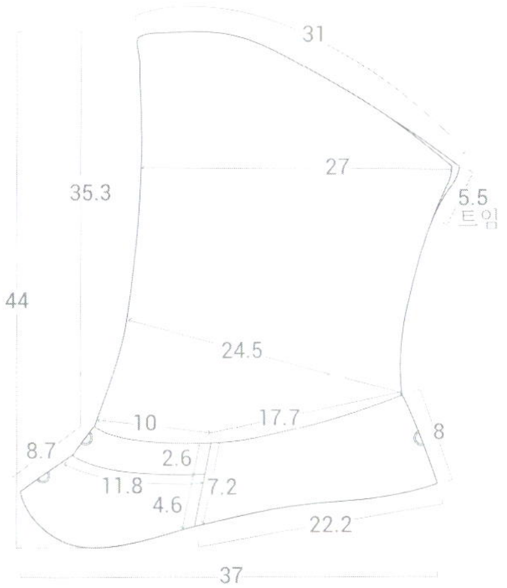

『成宗實錄』(1480),
성종 11년 4월 4일.
조영준 역해 (2013).
『시폐(市弊): 조선 후기 서울 상인의 소통과 변통』,
아카넷, pp.183~185.
조영준·최주희 역해 (2019).
『공폐(貢弊): 조선 후기 공물 제도 운영의 병폐』,
아카넷, pp.542~608.

3

마른날 신는 전통 신 중에는 신목이 없고 앞 부분이 낮으면서 비단이나 가죽으로 만든 고급 신들이 전해진다. 이러한 형태는 신의 종류에서 '혜(鞋)'에 해당하며, 가죽을 기본으로 하기 때문에 단순히 '갖신'이라 부르기도 하였다. 재료와 문양에 따라 다양한 이름이 있다. 문헌에서 흑피혜(黑皮鞋)·분투혜(分套鞋)·투혜(套鞋)·삽혜(靸鞋)·운혜(雲鞋)·온혜(溫鞋)·당혜(唐鞋) 등의 명칭이 확인되며, 전해 오는 유물에서는 운혜(雲鞋)·온혜(溫鞋)·태사혜(太史鞋)·당혜(唐鞋)·흑혜(黑鞋)·녹피혜(鹿皮鞋)·발막신 등이 있다. 이러한 신들은 양반을 비롯한 상류층의 남녀노소가 일상적으로 신었으며, 서민들은 혼례 때에 신을 수 있었다. 조선 후기에 신을 만드는 장인이 공장(工匠)에서 사장화(私匠化)되면서 이전(履廛)을 통해 일반인들까지 갖신을 애용하게 되어 가죽의 품귀 현상이 일어날 정도였다. 이에 국가에서 일반인의 갖신 착용과 도살(屠殺)을 금지하였으나 일반인의 갖신 착용은 계속 확대되어 계층별 갖신 사용법은 지켜지지 않았다.

일상에서 신었던 혜 유물은 아무런 장식 없이 단순하면서 신울이 낮은 남녀의 '흑혜'를 기본형으로 하고, 여기에 신코와 뒤축의 장식 모양, 신의 재질에 따라 이름을 부여하였다. 재료에 따른 혜는 크게 두 종류로서 전체를 가죽으로 만든 것, 내피에 가죽을 사용하고 외피는 옷감을 사용한 것이 있다. 겉면에 옷감을 사용한 신은 색상의 다양성을 보인다. 신에 사용한 가죽의 종류는 흑웅피(黑熊皮)·백당피(白唐皮)·마피(馬皮)·우피(牛皮)·녹피(鹿皮)가 있다. 이 중에서 녹피와 우피가 가장 일반적인데, 녹피는 신울에 사용하고 우피는 밑창에 특히 사용되었다. 녹피가 신발의 재료였음은 『공폐(貢弊)』에 보이는 "화혜소입녹피(靴鞋所入鹿皮)", "화혜소입중녹피(靴鞋所入中鹿皮)" 등의 표현을 통해 확인된다. 가죽에도 필요에 따라 색을 입혀 사용하였는데, 흑혜와 같이 흑색을 염색한 것이 일반적이다. 또한 현풍곽씨 19세손인 곽주(郭澍, 1569~1617)의 출가한 딸이 하씨에게 보낸 편지글에서 '곱게 물들인 황녹피(黃鹿皮)신을 보내려 했으나 여의치 않아 백녹피(白鹿皮) 신을 보냈다' 하여 흑피(黑皮) 외의 색상도 가능하였음이 확인된다. 이상과 같은 유물은 조선 말기부터 근대 시기에 집중되어 있으며, 신의 주인을 알 수 없는 것이 대부분이다.

일반적인 혜 鞋

Hye, Low sided shoes for daily wear

시대가 올라가는 혜 유물은 조선 시대 사대부의 무덤에서 출토된 신 중에서 확인된다. 이익정(李益炡, 1699~1782) 묘 출토 운혜(雲鞋)처럼 습신으로 신었더라도 신의 모양새와 짜임새가 정교하여 실생활에서 신었을 것으로 추정되는 유물이 있으며, 정태제(鄭泰齊, 1612~1669) 묘 출토 운혜의 경우는 전체가 비단으로 만들었고 두터운 밑창이 부착된 완형의 신이다. 또한 강릉김씨 묘 출토 가죽신이나 함풍이씨의 초혜(草鞋)와 같이 습신은 별도로 있으면서 소렴 또는 보공에 신을 넣어준 경우가 있다. 이 신들은 임시로 만든 습신과는 비교되지 않을 정도로 모양새나 짜임새가 매우 정교하다. 망자의 습신은 옷감에 종이를 배접하여 크고 단순하게 만드는 경우가 대부분이다. 그러나 때때로 투박한 구름무늬로 신코와 뒤축을 장식한 습신이 발견되기도 한다.

The *hye* defines fine-quality without the shoe neck and with a low front made of silk or leather. Both men and women *Yangbans*(noble class) wore them in daily life, the commoners only during marriage ceremonies. There are different names based on the materials and patterns of the shoe. The only remaining shoe artifacts that were worn in daily life are typically from the late Joseon Dynasty period. The categories consist of *Heuk-hye*(Black shoes), *Tae-sa-hye*(Man's shoes), *On-hye*(Woman's shoes), *Un-hye*(Shoes decorated with cloud patterns), *Dang-hye*(shoes decorated with a vine pattern), and *Nok-pi-hye*(shoes made with deer leather). A typical *hye* uses leather as a basis and therefore also called '*gatsin*', another meaning for leather shoes. The leather shoes became available and worn by the commoners from the leather shoe shops, after the shoe craftsman became individual entrepreneurs who were formerly managed by the government. Shoes from further ages ago are typically found amongst excavated artifacts. An example would be an *Un-hye*, found from the grave of a noble-class man. This excavated Un-hye is characteristic of its cloud patterns appliqued on its front and rear sides. It is made of silk, and some have thick heels attached on the bottom of the shoe. As the periods progress, the cloud patterns tend to become simpler in its design.

흑혜黑鞋와 녹피혜鹿皮鞋

Heuk-hye and *Nok-pi-hye*, Shoes for men

조선 후기의 가장 일반적인 신으로, 양반가에서 남녀 모두가 평범한 일상에서 애용하였다. 아무런 장식 없이 단순하면서 옆면이 낮은 것이 특징이다. 같은 모양을 재질에 따라 흑혜 또는 녹피혜라 불렀다. 흑혜는 검정색 가죽이나 모직으로 만들었고 녹피혜는 사슴 가죽을 사용하여 만들었다. 재질의 특성상 녹피혜가 다소 값비싸다. 남성의 신과 여성의 신은 신코의 모양에서 차이를 보인다. 남성의 것은 신코가 넓고 뒤축이 높은 편이고, 여성용은 신코가 뾰족하고 높다. 녹피혜 중 신코와 뒤축에 이음선이 없이 재단된 형태의 발막신은 주로 노년층에서 신은 것으로 전해진다.

Simple shoes without decoration were called *Nok-pi-hye*(Hye made from deer leather) or *Heuk-hye*(black Hye) based on their material. Both men and women wore them in daily life. *Nok-pi-hye* are shoes made of deer leather and *Heuk-hye* made from black leather or wool. The front toe of the men's is low and flat front toe and the women's pointy and high. It is characteristic of being simple without decoration and having low sides. Amongst the Nok-pi-hye, there are ones without a jointing line between the front toe and heel, called the Balmak-ssin and were typically worn by the elderly

남성용 흑혜(左)와 여성용 흑혜(右) 신코 모양새

발막신(左)과 녹피혜(右)의 신코 모양새 Shape of toe cap from *Nok-pi-hye* and *Balmak-ssin*

남성용 흑혜 黑鞋

Heuk-hye for man, Black leather shoes worn by the upper class

1800년대 말

발 길이 25.5cm, 볼 너비 7cm, 뒤축 7.5cm

양반가 남성의 신 중에서 가장 일반적인 신이며 조선 말기에는 유생들이 주로 신었다. 검정색의 가죽으로 만들며 장식이 없어 단순하고 뒤축이 높다. 신울의 겉은 검은색 녹피를 사용하였고 근피와 도리는 흰색 녹피로 둘러 주었다. 앞코 이음선에는 코실과 휘(揮)를 넣고 뒤축 이음선에 백피로 휘를 넣어 장식하였다. 안창이 가죽으로 되었으며 밑창에는 징이 촘촘히 박혀 있다.

The most commonly worn shoes amongst Yangban(noble class)men and in the late period of the Joseon Dynasty period, students of Confucianism typically wore them. It is made of black leather, simple without decoration and with a high-rising heel. The outer rim of shoes is made from black deer leather and the girth rounded with white deer leather. The jointing line of the front toe and heel is decorated with white deer hide. The inner sole is of leather and the bottom sole has closely engraved cleats.

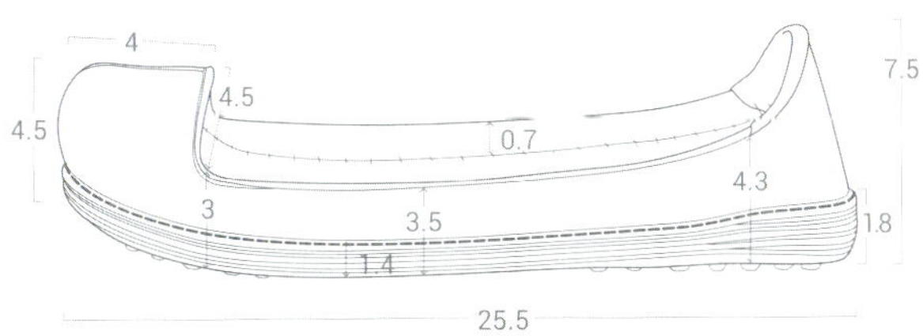

볼 너비 7

남성용 흑혜 黑鞋

Heuk-hye for man,
Black shoes worn by the upper class

1800년대 말

발 길이 28.5cm, 볼 너비 7.3cm, 뒤축 8.5cm

양반가 남성이 평상시에 신었던 겨울용 신이다. 색상이 검붉은 자주색이어서 흑혜로 분류하였다. 태사혜와 모양이 같으나 당초무늬 장식이 없어 단순하다 신울의 외피를 짙은 자색 우단으로 하고 안창에 담(毯)을 깔아 동절기용으로 착용하였다. 백녹피로 근피와 도리를 두르고 앞코의 코실이 흰색으로 선명하며 뒤축은 솔기선이 없다. 밑창에는 징이 촘촘히 박혀있으며 창 두께는 2cm 정도로 높은 편이다. 신울이 1~1.2cm 정도로 매우 낮고 자색 외피를 사용한 점으로 미루어 젊은 층에서 착용하였던 것으로 보인다.

Worn by men of the noble class during the winter season. The outer is dark purple velvet, and the insoles were laid with cotton flannel for warmth. Based on the low outer rim of 1-1.2cm and purple outer leather, it is assumed to have been worn by the younger generation.

여성용 흑혜 黑鞋

Heuk-hye for woman, Black leather shoes worn by the upper class

발 길이 23.5cm, 볼 너비 6.5cm, 뒤축 6.5cm

여성이 평상시에 신은 검정색 가죽신이다. 남성용 흑혜에 비해서 여성용은 신코가 뾰족하고 높은 형태이다. 여성의 당혜나 운혜와 기본 모양은 같으나 아무런 장식이 없이 단순하다. 겉은 검정색 우피이며 안감과 안창은 백피로 만들었다. 백녹피로 도리와 근피를 하였으며, 앞코와 뒤축 이음선에 백피로 휘(揮)를 넣었고 실과 칙실은 사용하지 않았다. 밑창에는 투박한 징이 촘촘히 박혀 있다.

Black leather shoes worn by women of the noble class during. It is made of black leather, simple without decoration and with a high-rising heel. The inner sole is of leather and the bottom sole has closely engraved cleats. Assumed to have been worn by the elderly.

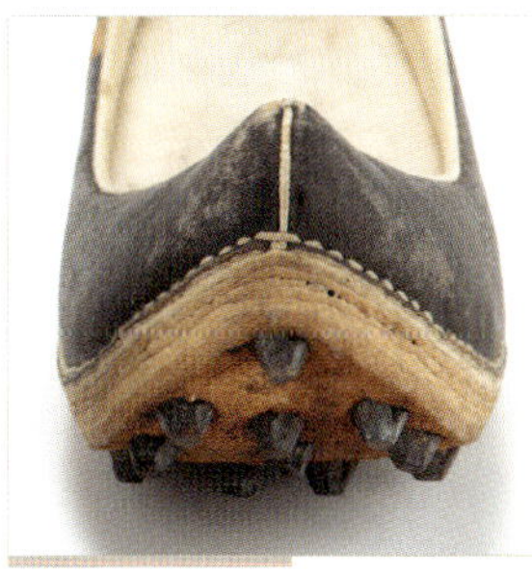

신코와 뒤축 Fore sole and Heel

휘(揮) 장식

남성용 녹피혜 鹿皮鞋

Nok-pi-hye, Deer-Skin Shoes for man

1900년

발 길이 26cm, 볼 너비 7cm, 뒤축 8cm

사대부가 남성이 편복(便服)을 입을 때에 신었던 녹피로 만든 신이다. 신울이 낮고 태사혜와 모양은 비슷하지만 장식 무늬가 없다. 이 녹피혜는 신울의 겉을 흰색 녹피 안쪽면을 사용하여 만들고, 도리와 근피, 변 모두를 백녹피로 둘러 주었다. 앞코와 뒤축 이음선에 백피로 휘(揮)를 넣었으며 코실과 칙실은 사용하지 않았다. 안창은 흰색 가죽을 사용하였고, 가죽 밑창에는 징이 외줄로 박혀 있다. 뒤축에는 도두개를 두텁게 삽입하여 앞과 밑창이 높이 차이를 보인다.

Leather shoes made from white deer leather, worn by men of the noble class. It is simple without any decoration on the fore sole and heel. The leather sole was embedded with cleats to prevent slipping.

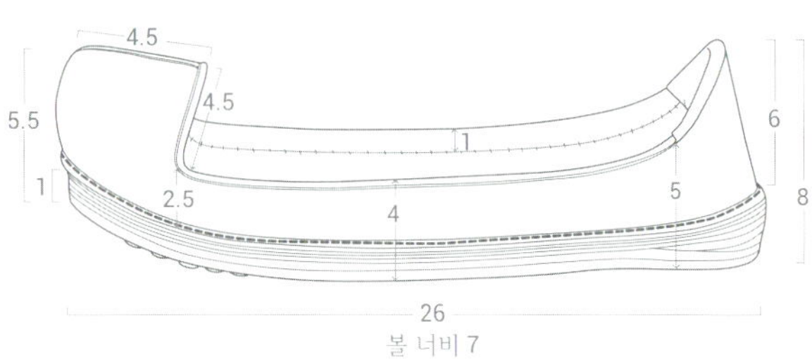

앞코 Front toe 콧등의 휘(揮) 장식

뒤축 Heel 안쪽의 근피와 바깥 쪽의 휘(揮) 장식

여성용 녹피혜

Nok-pi-hye, Deer-Skin Shoes for woman

1850년

발 길이 23cm, 볼 너비 6.2cm, 뒤축 6cm

양반가 노년층 여성이 외출할 때 신었던 신이다. 특별한 장식 없이 겉감을 백녹피로 사용한 단순한 모양새다. 장식이 없는 여성의 신은 '외코신' 이라고도 불렀다. 유물의 안감과 안창, 근피와 도리도 모두 백녹피를 사용하였다. 당혜에 비해서 신울이 낮은 편이고, 신코에 코실 외에 아무 장식도 없다. 가죽으로 된 밑창에는 앞뒤에 삼각형 징을 한 개씩 박아 주었으며 굽 높이는 2cm이다.

Leather shoes made from white deer leather, worn by women of the noble class. Mostly worn by the elderly. It is simple without any decoration on the fore sole and heel. The leather sole was embedded with small cleats on the front and back.

윤증尹拯의 발막신

Yun jeung's *Balmak-ssin*,
Deer-Skin Shoes

1700년대 초

발 길이 32cm, 볼 너비 10.3cm, 뒤축 7cm

윤완식 기탁
충청남도역사문화연구원 소장
[국가민속문화재 제22호]

조선 중기의 문신인 윤증(尹拯, 1629~1714)의 유품 중 하나이다. 형태로 보아 녹피로 만든 발막신에 해당한다. 뒤축과 신코에 꿰맨 솔기가 없고 운두가 낮고 입구가 완만하게 둥글다. 옆면에 솔기선이 있으며, 신 입구에도 같은 재질로 도리를 둘러 주었다. 밑창은 아무런 꾸밈이 없이 매끈하다.

An artifact from Yun Jeung, a civil minister from the middle period of the Joseon Dynasty. Based on the shape it is considered a *balmak-ssin*, made of deer leather. The heel and front toe does not have stitches and the height of shoes are low with a smooth round opening. The side have stitching lines and the opening of the shoe is rounded with the same material. The bottom sole is plain and sleek.

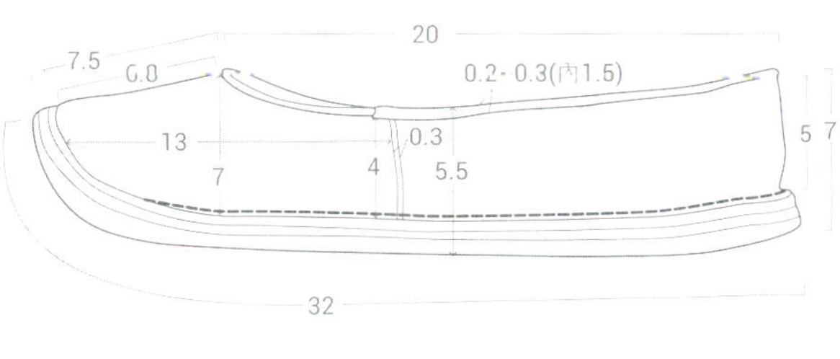

발막신

Balmak-ssin, Deer-Skin Shoes

1900년

발 길이 27.5cm, 볼 너비 8cm, 뒤축 8cm

녹피혜의 한 종류로, 상류층 노인들이 주로 신었다. 뒤축과 신코에 꿰맨 솔기가 없고 코끝이 넓적한 것이 특징이다. 옆면에 바느질 솔기기 드러나 있다. 겉감은 녹피의 안쪽 면을 사용하였고 나머지 소재는 모두 백녹피로 하였다. 밑창의 앞이 위로 굽어 올라가 앞코까지 길게 덮혀 있다. 안창에는 담(毯)이 깔려 있었으나 일부만 남아 있다. 훼손된 안창 사이로 신 바닥의 중창이 드러나 보이는데, 중창에는 6~7겹의 분홍색, 홍색, 백색 무명 옷감이 사용되었다. 노루가죽 밑창에는 외줄로 징을 박아 주었으며, 창 주위를 활석 가루로 분칠을 한 흔적이 남아 있다.

A category of *Nok-pi-hye*(leather shoes), the *Balmak-ssin* made specifically with deer leather was worn by the elderly men of noble family. The front toe and heel is without stitches and characteristic for its broad and flat front toe. The outer uses the inner side of deer hide and the rest of the material is of white deer leather. The bottom sole of roe deer hide has engraved cleats in a single line with remains of talcum powder around the sole.

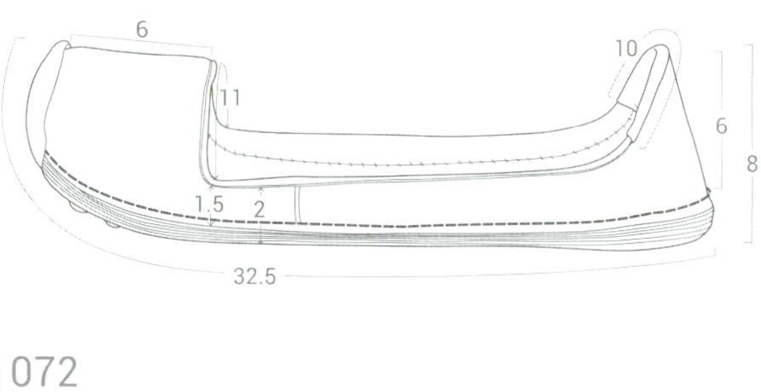

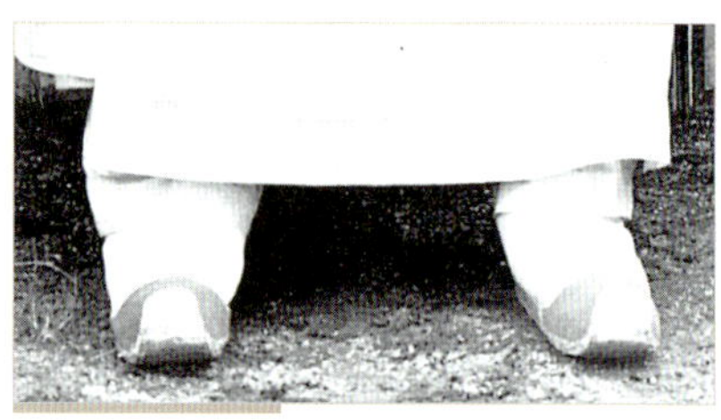

발막신 착장 모습[부분]

경기도박물관(2003), 『먼나라 꼬레 잎폴리트 프랑뎅의 기억속으로』, 경인문화사, p.131.

뒤축 Heel 솔기선이 생략됨

태사혜太史鞋와 당혜唐鞋

Taesahye(Man's shoes) and *Danghye*(Woman's shoes)

신발의 앞과 뒤축에 당초무늬의 아플리케 장식이 있고 신울이 낮은 신을 남성용은 태사혜, 여성용은 당혜라고 부른다. 태사혜와 여성의 당혜는 장식이 동일하고, 또한 당혜는 남성의 신 명칭으로도 확인되기 때문에 태사혜가 남성용 당혜의 이칭(異稱)으로 추정된다. 이 신들은 조선 말기의 사대부 양반 계층 남녀노소(男女老少)가 평상복을 입고 일상보다 좀 더 특별한 외출을 할 때에 신었다. 태사혜는 신코가 낮고 평평하며, 겉감을 비단이나 가죽으로 만들고 앞과 뒷면에는 가죽으로 당초무늬를 장식하였다. 이 무늬를 태사문(太史紋)이라고 구전(口傳)되어 부르고 있다. 연령층에 따라 색에 차이를 두었는데, 어린이나 젊은 층에서는 초록 바탕에 붉은 색 무늬, 노년층은 흰색 바탕에 흰색 무늬의 태사혜를 신었다. 태사혜는 태사(太史)라는 벼슬 이름과 관련 있는 것으로 알려져 있지만 문헌에서 그 기록을 찾기는 매우 어렵다. 왕실 발기 가운데 〈계수(1883)십월 길례시 의화군 의복볼긔〉와 조선 말기 궁궐 납품 일을 맡아 하던 공인(貢人) 지규식(池圭植)이 쓴『하재일기(荷齋日記)』의 기록이 현재까지 태사혜 관련 기록이다.

당혜는 장식 무늬와 만드는 법이 남성 신발인 태사혜와 같다. 신코와 뒤축에 태사혜와 같은 당초 무늬를 장식한 것이 특징이다. 이 무늬는 당초문(唐草紋)이라 구전(口傳)되어 부르고 있다. 당혜의 외피는 다양한 색상의 가죽이나 비단으로 만드는데, 착용자가 노년층이거나 상례 시에는 백당혜(白唐鞋)를 신었다.

Shoes worn by the Yangban, the noble class. Worn by both men and women on special occasions rather than daily life. Both shoes are characteristic for their appliqued cloud patterns; '*Taesamun*' for the *Taesahye* and '*Dangchomun*' ('mun' means pattern) for the *Danghye*.

The *Taesahye* has a low and flat front toe, the outer made of silk or leather and decorated with appliqued cloud patterns from leather for the front and back sides. The background and decoration color was differentiated based on the age group. The younger generation wore ones with a green background and red patterns, the middle generation with a dark colored background, and the elderly with a white background and pattern.

The decoration pattern and construction method of the *Danghye* is the same as the *Taesahye*. It uses various colors of silk or leather for its outer. For the elderly and for funerals, a white *Danghye* was worn.

池圭植(1891). 荷齋日記. 辛卯陰晴錄一. 辛卯年(1891) 11月 6日

곽경희(2003).「조선시대 남성용 革·布製 신에 관한 연구」. 이화여자대학교대학원 석사학위청구논문. p.42.

당혜(左) - 태사혜(右) Fore sole

당혜 뒤축(左) - 태사혜 뒤축(右) Heel

어린이 태사혜 太史鞋

Taesahye worn for boys

1800후반~1900년대

발 길이 13~15㎝, 볼 너비 3.5~4.3㎝

돌쟁이 남자아이가 신었던 신 모음이다. 오른쪽의 성인용 태사혜와 모양은 같고 크기만 다름을 볼 수 있다. 신울의 겉은 녹색 화문단(花紋緞)으로 싸고, 안과 뒤축의 근피는 백녹피로 선[도리]을 둘렀다. 신코와 뒤축은 구름무늬로 장식하고 윗변은 홍색 비단으로 꾸며 주었다. 바닥은 부드러운 융으로 깔았다. 밑창은 징이 없이 가죽으로만 된 것이 일반적이나 간혹 어른의 것과 같이 징이 박혀 있는 것도 있다.

These shoes were worn for a baby boy's first birthday. The surfaces of this taesahye were made with silk, while the edges and the lining were done with cotton instead of leather for softer texture for the baby's feet and the sole was made with leather without cleats, but sometimes with them just as the adults'.

태사혜 太史鞋

Taesahye, Man's shoes decorated with pattern

1900년 초

발 길이 24.5cm, 볼 너비 6.5cm, 뒤축 7cm

화려한 꾸밈새와 정교한 형태로 보아 새신랑이나 초립동이가 신었던 것으로 보이는 신이다. 이 태사혜는 신울의 겉을 녹색 화문단으로 싸고 안감과 뒤축의 근피는 백녹피로 대었다. 입구에는 백녹피로 선[도리]을 둘러 주었으며 신코와 뒤축에 홍색 비단으로 화려하게 당초무늬를 넣었다. 앞코에 2가닥의 코실과 뒤축에 5가닥의 칙실이 있다. 바닥은 안창에 연회색의 담(毯)을 깔아 주었고 밑창은 가죽에 징을 둘러 박았다.

Worn by young men of the noble class. The colors distinguish depending on the age group, where the younger age group wore splendid colors such as red colored patterns on a green background. The outer layer is green silk and inner made of leather, and the inner soles supplied with cotton flannel. The front and back are appliqued with a red cloud pattern. The leather sole was embedded with cleats.

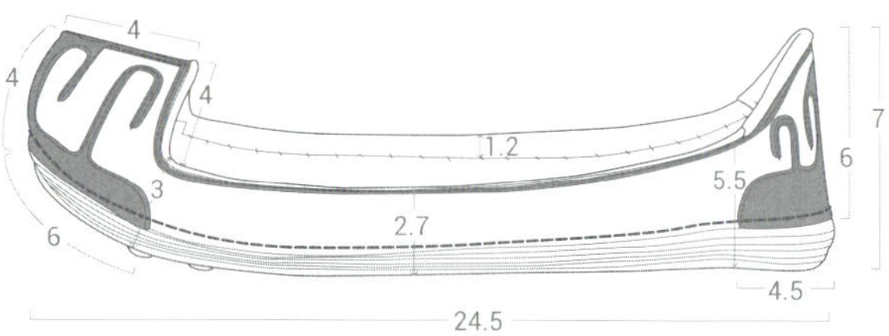

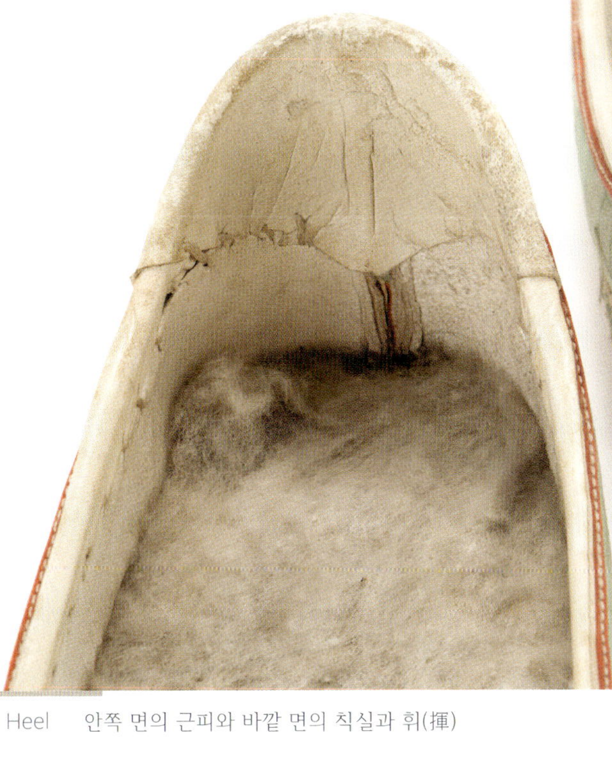

뒤축 Heel　안쪽 면의 근피와 바깥 면의 칙실과 휘(揮)

태사혜 太史鞋

Taesahye, Man's shoes decorated with pattern

1900년 초

발 길이 25.5cm, 볼 너비 6.5cm, 뒤축 7cm

중년층 사대부가 신은 것으로 추정되는 신이다. 젊은층의 신보다 신울이 높다. 겉을 녹색 화문단으로 싸 주고, 신코와 뒤축의 당초무늬 장식은 남색 비단으로 하여 변화를 주었다. 안감의 옆면은 녹피(鹿皮)로 만들었는데 상호로 보이는 '광미신○○' 字의 파란색 도장이 확인된다. 안의 바닥면에는 담(毯)이 깔려 있다. 신 입구는 녹피로 선[도리]을 둘러 주었으며, 뒤축 안쪽의 근피도 녹피로 대었다. 뒤축은 당초 장식 사이를 5가닥의 칙실로 마무리하였다. 가죽 밑창의 상하부에는 징이 외줄로 둘러 박혀 있다.

Worn by middle-aged men of the noble class. The outer and inside is made from leather, and the inner soles supplied with cotton flannel. The front and back are appliqued with a deep blue cloud pattern. The leather sole was embedded with cleats on the front and back.

내피의 상호 '광미신○○'

녹피 태사혜

Taesahye, Man's shoes made from deer leather

1800년대 후반

발 길이 27.5cm, 볼 너비 7cm, 뒤축 8.7cm

사슴 가죽[鹿皮]으로 만든 태사혜로 젊은층보다는 중년이나 노년층의 사대부가 신었다. 겉감과 안감 전체를 녹피의 표면을 사용하여 만들었다. 신코와 뒤축에는 녹피로 당초무늬를 장식하였다. 신코에는 코실이 완벽하게 남아 있으며 뒤축은 당초무늬 장식 사이로 녹피의 안쪽 면을 이용해 휘(揮)를 장식하였다. 밑창에 많은 징을 촘촘하게 박아 주었다.

Worn by men of the noble class. The outer is made from deer leather and interior with leather. The front and back side are deer leather appliqued with cloud patterns. The leather sole was embedded with cleats to prevent slipping.

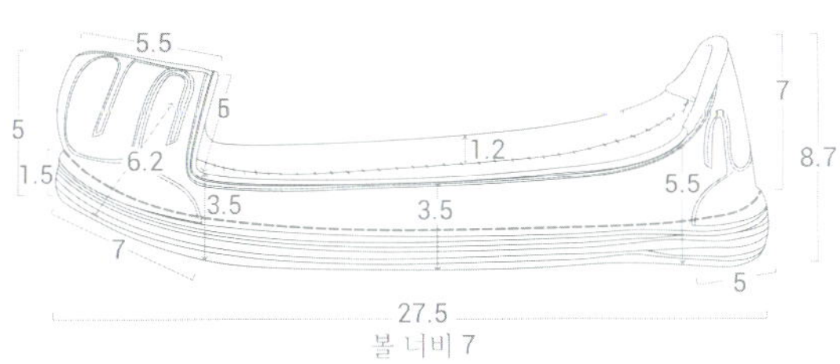

뒤축 Heel　안쪽 면의 근피와 바깥 면의 휘(揮)

녹피 태사혜

Taesahye, Man's shoes made from deer leather

1800년대 후반

발 길이 28.0cm, 볼 너비 8cm, 뒤축 8.5cm

사슴 가죽[鹿皮]으로 만든 태사혜로 젊은층보다는 중년이나 노년층의 사대부가 신었다. 겉감은 녹피의 안쪽 면을 사용하여 만들어 거칠고 색상도 원래의 흰색이 변색된 상태이다. 신코와 뒤축의 당초무늬는 녹피의 겉면을 사용하여 만들었다. 도리, 근피도 백녹피를 사용하였고, 안감과 안창은 백녹피를 대고, 가죽 밑창에 징을 둘렀다. 바닥 중앙에는 상호로 추정되는 삼각 형태의 도장이 찍혀 있다.

Worn by men of the noble class. The outer is made from deer leather and interior with leather. The front and back side are deer leather appliqued with cloud patterns. The leather sole was embedded with cleats to prevent slipping.

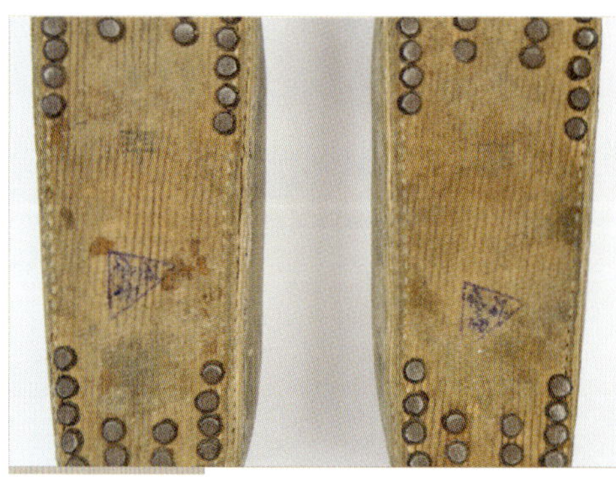

상례용 당혜 唐鞋

Danghye for funeral rites

1900년

발 길이 22cm, 볼 너비 6cm, 뒤축 5.8cm

양반가 부인이 상례나 제례용으로 신었던 것으로 전해지는 당혜 유물로 모두 백색으로 만들어진 것이 특징이다. 신울의 겉을 백색숙고사(白色熟庫紗)로 싸 주었고 안감은 백피(白皮)로 만들었다. 신의 입구는 백피로 선[도리]을 둘러 주 었으며 신코와 뒤축에 당초문도 백피로 장식하였다. 그밖에 뒤축의 근피와 안창도 백피이며, 가죽 밑창에는 징을 성글게 박아 주었고, 뜻을 알 수 없는 표식이 그려져 있다. 『하재일기(荷齋日記)』(1891년)에서 조선 말기 궁궐 납품 일을 맡아 하던 공인(貢人) 지규식(池圭植)이 혜전(鞋廛)에 들러 백당혜(白唐鞋) 한 켤레를 사려고 했다는 기록이 있어 백당혜를 일상에서도 신었음을 알 수 있다.

Worn by women of the noble class during a bereavement of the household. Colorful shoes were worn during daily life but white for the elderly and funeral rites. This *Danghye* is wrapped with thin white silk and the inner with leather. The *Dangchomun* pattern on the sole and heel is also in white leather.

池圭植(1891). 『荷齋日記』. 辛卯年(1891) 元月 二十四日.

당혜 唐鞋

Danghye, Woman's shoes decorated with a vine patter

1900년

발 길이 25.5cm, 볼 너비 6.5cm, 뒤축 5.8cm

젊은 양반 부녀자가 신었던 신이다. 신코와 뒤축에 남성의 태사혜처럼 당초무늬 장식을 넣은 것이 특징이다. 신의 겉감을 녹색 화문단으로 하고, 신코와 뒤축에 자주색 비단으로 당초문을 장식하였고 입구에도 자주색 선[도리]을 돌려 주었다. 안감에는 가죽 위에 융(絨)을 덧대어서 보온성을 높였다. 가죽 밑창에는 외줄로 징을 둘러 박았고 중심에 신발 치수를 나타내는 '八' 字가 쓰여 있다.

Worn by young women of the noble class. The outer is green silk, and the fore sole and heel decorated with *Dangchomun* pattern of purple silk. The inner is layered with cotton flannel on top of leather for insulation. The bottom sole is embedded with cleats and displays a script of '八' indicating the shoe size.

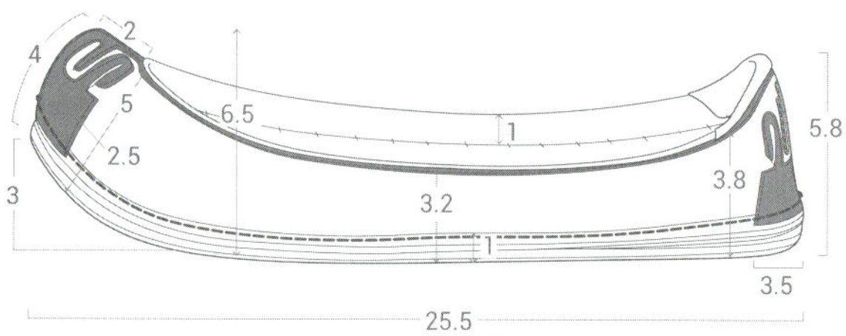

신 치수 표식

뒤축 Heel　　근피와 당초무늬 장식과 휘(揮)

당혜 唐鞋

Danghye, Woman's shoes decorated with a vine pattern on the toe and heel

1900년

발 길이 24.5cm, 볼 너비 6cm, 뒤축 6.2cm

겉은 비단, 안감은 녹피로 만든 상류층 여성의 신이다. 색상으로 보아 장년층에서 신은 것으로 보인다. 신울의 겉을 자주색 비단으로 싸 주었고 안감과 도리, 근피는 모두 백녹피를 사용하였다. 안창에는 담(毯)을 깔아 주었고 신울의 윗변과 아랫변, 그리고 앞뒤의 당초문은 남색 비단으로 장식하였다. 가죽 밑창 앞면과 뒷면 가장자리에 외줄로 징을 박아 주었다. 1.8cm 두께의 밑창 측면에는 흰색 활석을 발라 주었는데, 여러 겹으로 바느질된 창의 주변을 정갈하게 만든 효과를 보인다.

Purple-colored shoes worn by women of the noble class. Assumed to have been worn by the middle-age generation based on its darker colors. The outer is purple silk and the fore sole and heel decorated with dark blue silk. The lining and entry of the shoe are both made of white deer leather. Cotton flannel was additionally layed upon the lining for thermal purposes. Cleats were embedded on the borders of the front and rea of the leather bottom sole.

사대부 여인의 초상

Portrait of a Sadaebu(gentry) Woman

19세기 후반

125 × 66.7cm

작가 미상, 비단에 채색
개인 소장

조선시대 문관의 초상화와 유사하게 격식을 갖춘 여성 초상화이다. 여인은 머리에 화관을 쓰고, 저고리와 남색 치마를 입고 그 위에 녹색 원삼을 덧입었다. 허리에는 금박한 넓은 띠를 둘러주고, 맺은 고를 앞으로 내렸다. 치마 아래로 흰색 당초문을 장식한 자주색 당혜를 신었다. 신목 입구의 도리도 흰색으로 표현하였고, 평면으로 된 신 바닥도 섬세하게 묘사하였다.

A woman's portrait drawn similarly to a government official's portrait of the Joseon Dynasty period. She wears a coronet on her head,, a green *wonsam*(ceremonial robe), and *danghye* for shoes.

문화재청(2007), 『한국의 초상화-역사 속의 인물과 조우하다』, p.353.

영친왕비 금선단 당혜
金線緞唐鞋
Danghye of YeongChin Queen

1922년
발 길이 24cm, 볼 너비 6.5cm, 뒤축 5cm
국립고궁박물관 소장,
국가민속문화재 제265호

영친왕비(英親王妃, 1901~1989)가 1922년 4월 22일 순종 황제와 윤황후에게 조현례(朝見禮)를 올릴 때 원삼을 입고 이 당혜를 신은 것으로 추정된다. 금선단 신 재료를 제외하면 조선 말기 사대부가의 여성 당혜와 동일한 모양새이다. 중종(中宗) 25년(1530) 2월 24일에 금선혜(金線鞋)가 일반인에게까지 유행되어 사치 금제 대상에 올랐을 정도로 금선단으로 만든 신은 최고급품이었다. 이 당혜는 겉은 홍색 금선단이고, 안감은 흰색 가죽으로 만들었다. 앞과 뒤축은 녹색 비단으로 당초문 장식을 하였고, 신 입구 선[도리]과 뒤축의 근피는 백녹피로 둘러 주었다. 창이 여러 겹으로 바느질되어 있기 때문에 창 주위를 활석 가루로 분칠하여 말끔하게 정리하였다. 가죽 밑창의 바닥은 징을 박지 않는 대신에 굵은 실로 둥글게 박음질하여 미끄럼을 방지하였다.

Top quality shoes worn by YeongChin Queen(wife of King YeongChin) made with *Geum-seon-dan*(Flower-patterned brocade woven with gold threads). The queen wore it during the *Cho-hyun-rye* for King Sun-Jong along with a *Wonsam*(ceremonial robe). The outer is red *Geum-seon-dan*, the inner white leather, and the fore sole and heel decorated with *Dangchomun* pattern of green silk. The leather bottom sole had round stitches of thick thread to prevent from slipping instead of engraving cleats.

신코 Fore sole 휘(揮) 장식

뒤축 Heel 칙실과 휘(揮) 장식

녹금선단 綠金線緞

Left over pieces of *Geum-seon-dan*

1846 ~ 1870년

가로 47cm, 세로 13cm

왕실에서 신 감으로 쓰고 남은 금선단(金線緞)이다. 덕온공주의 손녀인 윤백영이 어릴 적에 명헌황후(明憲皇后, 1831~1903)의 신 감으로 쓰고 남은 금선단 옷감을 제주상궁인 윤상궁에게서 얻어 간직하였던 자투리 옷감이다. 이러한 사실을 1970년 윤백영이 기록하여 둔 한지 글과 함께 전해진다.

Leftover pieces of *Geum-seon-dan*(Flower-patterned brocade woven with gold threads) especially with green thread from making shoes in the Royal Court in which Lady Yun-Baek-Young had acquired from a court lady. They were found along notes on paper in which the Lady had written herself in 1970.

이것은 금선단 金線緞 인대 사사집이서는 못하고
대궐서 궁중의서 황후와 자손만 신 하여
신으신대
명헌황후 明憲皇后, 1831~1903 홍시 洪氏 겨서 쓰시든 것으로
명헌황후 전 큰방 제주샹궁 提調尙宮 윤 상궁
이 윤백영 소시 少時 의 신 몃 감을 갓다
주어 쓰고 남은 조각이니 단긔 檀紀 사천삼
백삼년 4303년/1970년 경술 庚戌 노 일백이십오 년 1846~1870 된 금
선단이오이다
경술 삼월 윤백영 팔십삼 세 서

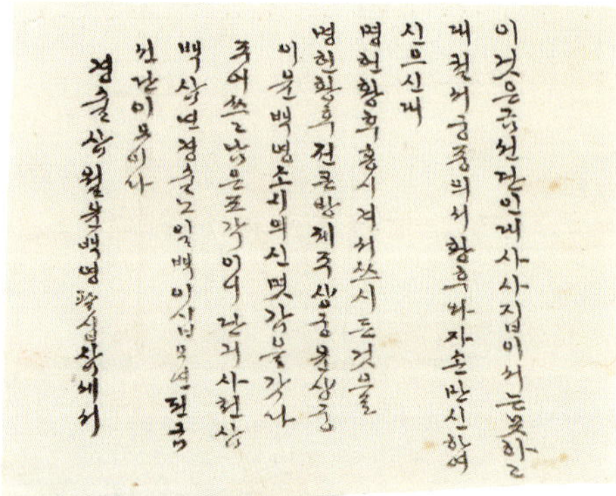

판독 황문환(한국학중앙연구원 한국학대학원 교수)

자적금선단 紫的金線緞

Left over pieces of *Geum-seon-dan*

1790 ~ 1800년

가로 16cm, 세로 16cm

왕실에서 신 감으로 쓰고 남은 자적색 금선단이다. 대전(大殿)의 습신을 만들고 남은 자투리 금선단 옷감을 덕수궁 큰방 제주상궁인 서상궁이 덕온공주의 손녀인 윤백영에게 준 것이다. 1966년에 윤 황후가 승하하였을 때 이 옷감으로 습신을 만들어 드렸다고 한다. 이러한 사실을 1970년 윤백영이 기록하여 둔 한지 글과 함께 전해진다.

Leftover pieces of Geum-sun-dan(Flower-patterned brocade woven with gold threads) especially in purple-red thread after making *Seup-ssin*(Shoes for the deceased) of the king's mother. When Empress Yun passed away in 1966, this fabric was used to make *Seup-ssin*. They were found along notes on paper in which Lady Yun-Baek-Young, the grand-daughter of the Empress, had written herself in 1970.

이것은 자적 紫的 금선단 金線緞 인대
대궐서 궁중의셔
황후와 자손들만 신 하여 신으시니 금선 金線 이
각색 빗이 =빛이 다 잇스나 사사집이서는 못
하는 금법 禁法 이엿습니다 생존하실 때도
하여 신으시고 승하 昇遐 하시면 수의(壽衣)의
대전 大殿 습신 襲- 을 자적 紫的 금선 金線 으로 하는대
덕수궁 德壽宮 큰방 제주상궁 提調尙宮 서 상궁이 오십
년 전의 이 신 감을 윤백영이를 갓다
주고 이것이 창고의 잇슨 지 백여 년
된 것이니 다 삭어스나 귀물 貴物 이라고 주
어 바다 두엇더니 이번
순정황후 純貞皇后 윤시 尹氏, 1894~1966 승하하신 후 습신 감이
업서 이것을 바처 습신을 하여 드리고
남어지오니 일백 칠팔십 년 1790~1800년 된 금선
단이오이다.
단긔 檀紀 사천삼백삼년 4303년/1970년 경술 庚戌
윤백영 팔십삼세 서

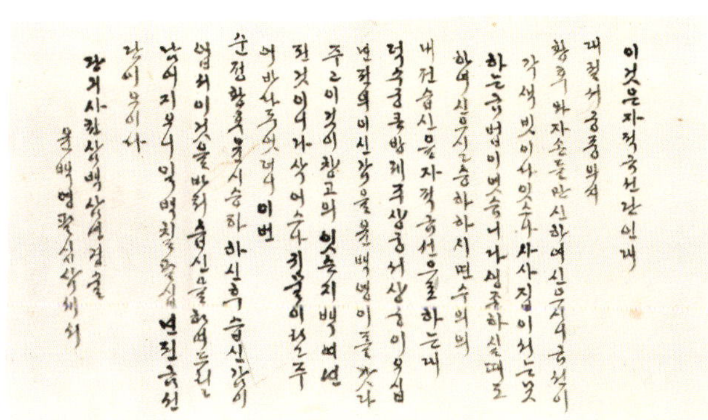

판독　황문환(한국학중앙연구원 한국학대학원 교수)

여성용 운혜 雲鞋

Woman's *Un-Hye*, Woman's shoes decorated with patterns on the toe and heel

운혜는 시대가 흐르면서 장식 모양이 변모되고 착장 대상이 남성에서 여성으로 변화된 특이한 경우이다. 조선 후기까지는 신코와 뒤축에 구름무늬가 장식된 사대부 남성의 신을 운혜라 하였다. 조선 말기에 들어서는 장식 무늬가 달라지면서 여성 전용 신으로 변동되었다. 여성용 운혜의 형태는 고무신과 같은 외형에, 남성용 운혜와는 전혀 다른 무늬 장식을 하고 있다. 신코에는 '마구리'라 불리우는 장식을 신울과 다른 색의 비단으로 덧대기를 하고 죽엽(竹葉)을 새겨 붙였으며, 뒤꿈치에는 뒷마구리를 대고 굼벵이를 틀어 끼어 붙여 장식하였다. 마구리는 돌출 부분이나 끝 쪽 머리에 대는 물건으로 여기서는 반구(半球) 형태 장식이며, 죽엽은 그 형태가 대나무 잎의 형상이고, 굼벵이는 만들어진 형태가 마치 굼벵이가 웅크리고 있는 형상으로 멀리서 보았을 때 태극 문양과 유사하다.
상류층 부녀자가 평상시에 신었으며, 서민층 신부가 결혼할 때도 신었다. 일반적으로 겉감은 비단으로 만들고 안감은 가죽으로 만들었다. 또한 연령대에 따라 겉의 색상을 달리하여, 어린아이나 신부는 붉은색의 화려한 색상, 중년층은 짙은 색, 노인층은 옥색이나 흰색을 즐겨 신었다.

Without known reason, the wearer of the *Un-hye* had uniquely transitioned over time and thus transformed in its decoration and shape. Until the late Joseon-Dynasty period, the shoes for the *Sa-dae-bu*(government official) men which had cloud pattern decorations on the front toe and heel were called *Un-hye*. At the ending period of the Joseon-Dynasty, women started to wear them as the decoration pattern became different. The *Un-hye* for women has the outer structure of a rubber shoe and completely different decoration pattern from the mens'. The front toe has a decoration called 'maguri'. Worn by women of the Yangban(noble class) in daily life and the bride of the working class during marriage.
The outer was made of silk and inner with leather. The children and bride wore colorful ones such as red colors, the middle-aged dark colors, and the elderly in jade green or white.

다양한 여성용 운혜 Variety of Women's *Un-Hye*

엘리자베스 키스(Elizabeth Keith, 1887~1956) 판화 1900년 가로 45.7cm, 세로 87.3cm 국립민속박물관 소장
The bride wearing wedding clothes
원삼을 입은 신부가 운혜(雲鞋)를 앞에 두고 혼례식 입장을 기다리고 있는 모습

운혜 雲鞋

Un-hye, Woman's shoes decorated with patterns on the toe and heel

1900년대

발 길이 24.3cm, 볼 너비 6.5cm, 뒤축 6cm

조선 말기에 양반가 부녀자들이 신었던 신이다. 겉은 연두색 모본단(模本緞)을 사용하고 안감은 흰색 가죽[白皮]으로 만들었다. 신코에는 자주색 마구리에 죽엽 장식을, 뒤축에는 자주색 마구리에 남색 굼벵이를 붙여 화려하게 만들었다. 안창에 담(毯)을 깔고 가죽으로 된 밑창에는 앞, 뒤 부분에만 외줄로 징을 둘러 박았다.

Overlaid with silk damask in light green and lined with leather. The fore sole and heel are decorated with dark blue patterns. The insole was laid with cotton flannel and the leather sole embedded with cleats.

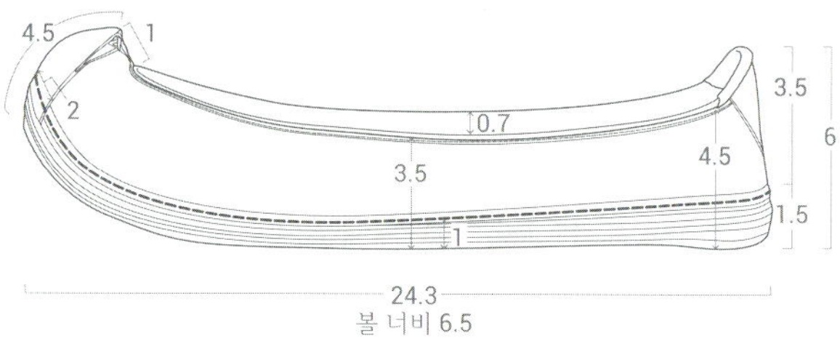

신코 Fore sole 자주색 마구리와 남색 죽엽

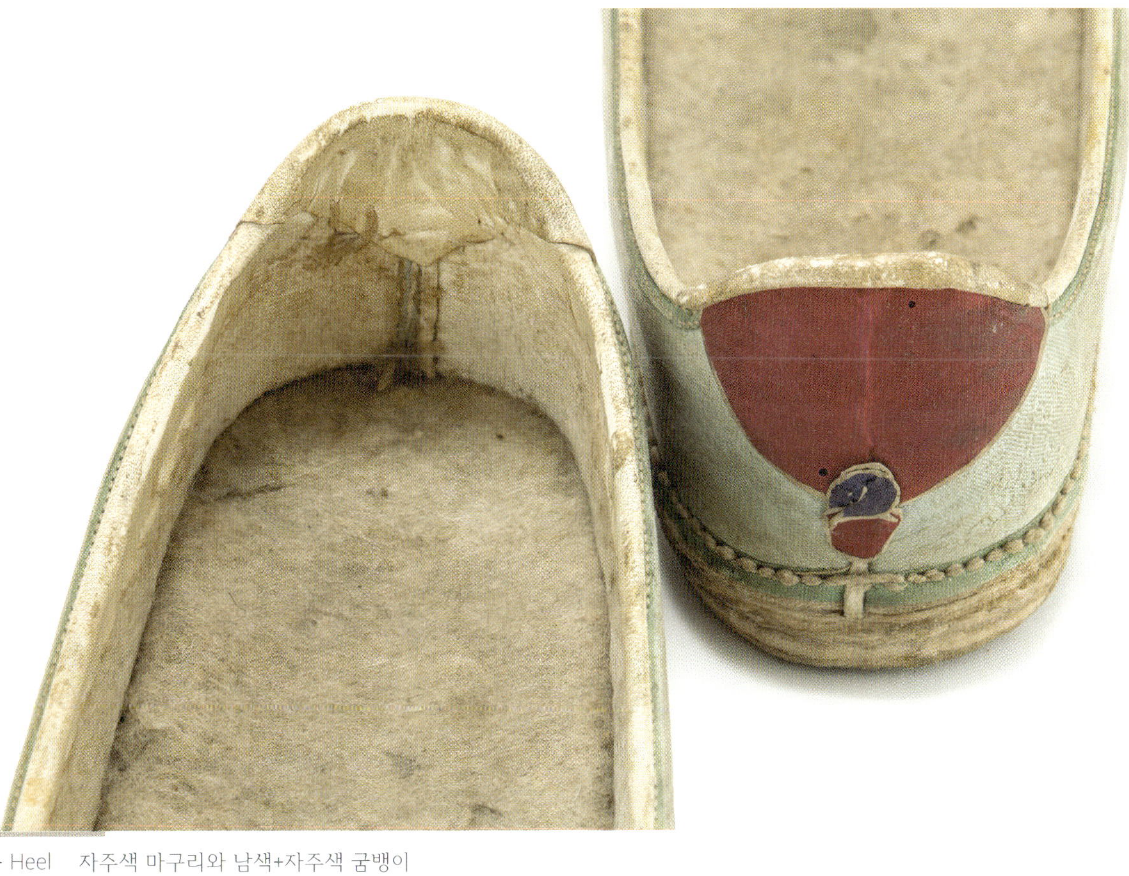

뒤축 Heel 자주색 마구리와 남색+자주색 굼뱅이

운혜 雲鞋

Un-hye, Woman's shoes decorated with patterns on the toe and heel

1900년

발 길이 23cm. 볼 너비 6.5cm. 뒤축 5.5cm

신울의 겉면[外皮]은 진분홍 화문단으로 하고 안은 백피(白皮)로 만들었다. 신코에는 녹색 비단 마구리와 죽엽을, 뒤축에는 녹색 비단 마구리와 남색 굼벵이를 붙여 장식하였다. 신울에 위와 아래에 녹색과 옥색으로 선[邊]을 둘렀다. 안창에 담(毯)을 깔고 가죽 밑창 앞과 뒤 부분에만 징이 박혀 있다. 색상으로 보아 신부나 젊은 여성이 신었던 것으로 추정된다.

Overlaid with satin damask in dark pink and lined with leather. The fore sole has a green silk '*maguri*' and bamboo leaf pattern and the heel glued with a dark blue snail pattern. The insole was laid with cotton flannel, and the leather sole embedded with cleats. Assumed to have been worn by the brides during weddings based on the brilliant colors.

온혜 溫鞋

On-hye, Woman's shoes

1900년

발 길이 27cm, 볼 너비 7.2cm, 뒤축 6cm

선행 연구자들은 조선 말기의 신 중에서 여성용 운혜와 유사하면서 아무런 장식이 없거나 마구리 장식만 있는, 방한용 검정색 신 종류를 온혜로 명칭하고 있다. 밑창에 쇠징이 없는 것이 특징이며, 주로 겉감을 우단이나 모직으로 하고 안창에 융이나 담을 깔아 추위에서 보호하였다. 또한 온혜 중에서 마구리만 있는 여성의 신을 '외코신' 이라 따로 분류하였다.

온혜는 조선 시대 신 관련 문헌에 왕실의 여성들이 신는 신 중에서 마피온혜(馬皮溫鞋), 흑웅피온혜(黑熊皮溫鞋), 흑웅피결화온혜(黑熊皮結花溫鞋) 등으로 기록된다. 형태에 대한 기록은 없기 때문에 선행 연구자들이 말하는 온혜와 일치하는지는 알 수 없다. 다만, 궁중발기에서 여성용 신발은 '운혀'로 기록된 경우가 많아서, '온혜'가 '운혜'의 또 다른 표기로 추정되기 때문에 형태 유사성은 있다고 본다.

이 유물은 신울의 외피는 검은색 우단으로 만들고 안감은 면포를 배접하여 만들었다. 코 부분과 뒤축에 녹피(鹿皮)로 마구리 장식을 하여 외코신에 해당한다. 도리는 녹피를 둘렀으며 안창은 갈색의 담을 깔았다. 밑창은 징이 없이 매끈하다.

Shoes worn by women in daily life. Shoes worn by women in daily life. This shoe has a black leather outer and layered cotton for the inner. The front toe and heel has a '*maguri*' decoration made with deer leather. The rim is lined with deer hide and the inner sole inlaid with brown cloth. The bottom sole is smooth without cleats.

남성용 운혜 雲鞋

Man's *Un-Hye*, Shoe decorated with patterns on the toe and heel

운혜는 이름 그대로 구름무늬가 장식된 신울만 있는 신을 의미한다. 주로 사대부가 남성이 신었던 신으로, 앞에서 언급한 무늬 장식이 변형되어 여성이 신었던 조선 말기의 운혜와는 대별된다. 문헌 기록에서는 운혜가 주로 남성의 신으로 언급되며 실물 자료는 출토품에서 주로 발견되고 전세품은 귀한 편이다. 문헌에서 세종조부터 예종대까지 확인되며 주로 노부의장(鹵簿儀仗)이나 흉례의장(凶禮儀仗)에서 낮은 계급의 관원 복장에 나타난다. 그러나 출토 운혜의 경우 매우 섬세하게 제작된 사대부의 습신으로서 문헌에 기록된 운혜가 이와 같은 것인지는 알 수 없다. 영조대의 세시 풍속을 기록한 『경도잡지(京都雜志)』에서는 사대부들은 노상에서는 갓을 쓰고 당혜(唐鞋)나 운혜(雲鞋)를 신는다고 하였다. 이학규가 쓴 『동사일지((東事日知)』(1819)에는 현재 사대부들이 신는 당혜와 운혜는 중국의 제도라 하면서 당혜는 흑피혜(黑皮鞋)라 하였고, 운혜는 구름무늬 장식이 있음을 언급하였다.

Shoes with a cloud pattern on the fore sole and heel is called *Un-hye*. It differentiates from the aforementioned women's *Un-hye* from the ending period of the Joseon-Dynasty. This form of Un-hye for men was typically worn by the Yangban, noblemen of the Joseon Dynasty period. It was recorded as men's shoes on the historical records and the actual resource is found through excavation in rarity.

박세채(1631~1695) 초상
朴世采 肖像
Portrait of Park Sechae

17세기 말경
170 × 103.3cm
작가 미상, 비단에 채색
경기도박물관 소장

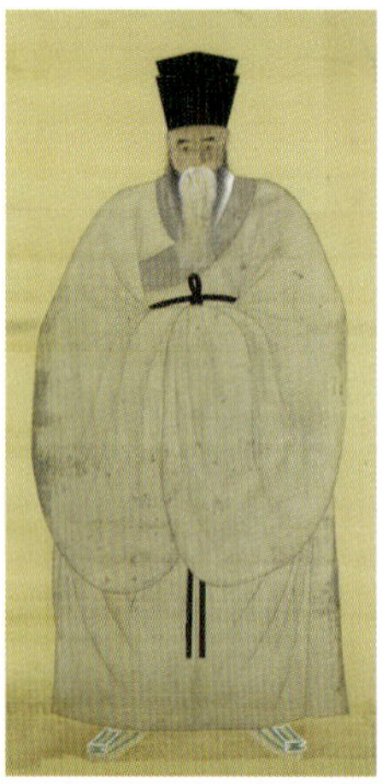

서산대사 운혜 西山大師 雲鞋

Un-hye for Seosan-dae-sa, Buddhist monk's shoes decorated with cloud patterns

1604년

발 길이 24cm, 볼 너비 8cm

해남 대흥사 소장

임진왜란 때 승병을 모집하여 왜적을 물리친 서산대사(1520~1604)의 유품으로 전해지는 2점의 운혜 중 하나이다. 이 운혜는 가사를 입을 때 신었다. 일명 승혜(僧鞋)라고도 한다. 원래는 짙은 녹색 명주로 만들었으나 현재 녹색으로 물든 면포 백비와 소색 면포 안감만 남아 있다. 신코 구름 장식 부근에 겉감 명주가 조금 남아 있다. 또한 발등 안 부분에 아청색 옷감 조각이 조금 보여 원래의 색상이 아청색의 가능성도 있다. 신코에는 구름무늬를 장식하였는데, 가장자리를 초록색 견사(絹絲)를 꼬아 사뜨기한 후 신에 부착하였다. 신 입구를 둘러준 도리[回伊]는 소색 견사를 꼬아 사뜨기하였다. 바닥은 두꺼운 밑창과 면포 안창으로 구성되었다. 밑창을 두텁게 하기 위해 삽입된 중창의 재질은 확인되지 않는다. 밑창 바닥은 면포에 면사를 여러 겹 꼬아 노끈처럼 만든 실로 바닥 전체를 누빔하듯 점점이 바느질하였다. 밑창을 튼튼하게 만들고 미끄럼을 방지하기 위한 것으로 추정된다. 이러한 밑창은 송광사 소장 보조국사 지눌의 신 밑창과 같은 구성이다.
현재 신코의 세로형 장식과 뒤축의 구름무늬가 떨어지고 없는 등 훼손 부분이 많은 편이다. 모양새와 짜임새가 신경유 묘 출토 운혜와 유사하다

Worn by the *Seosan-dae-sa*(Buddhist master) along with the monk's attire. *Seosan-dae-sa* was a great monk who took part in the war during the Japanese Invasion of Korea. This shoe is made from green silk and has green colored cloud patterns appliqued on the fore sole and heel. Currently there are many damaged parts such as the vertical decoration of the covering and the cloud pattern of the heel.

제혜 祭鞋

Je-hye, Ritual shoes

1900년

발 길이 24cm, 볼 너비 7cm, 뒤축 5cm

조선 말기의 문무백관들이 종묘와 사직 등 제례 의식에 착용하였던 신이다. 겉감은 감청색 모직(毛織)이며 안감[內皮]과 안창은 백녹피(白鹿皮)이다. 발등 부분에 코실 9줄을 규칙적으로 고정시키고 그 양옆으로 2줄의 백피 줄이 휘(揮)처럼 박음질되어 있다. 도리 등의 가장자리도 백녹피로 둘러 주었다. 뒤축과 옆 중심에 백녹피 고리를 부착하였고, 한지를 꼬아 만든 노끈이 끼워져 있다. 신이 벗겨지지 않도록 고정시키는 역할을 하였다. 밑창은 소가죽이다. 제복(祭服)용 신은 인조 2년(1624)의 『제기악기도감의궤祭器樂器都監儀軌』의 제복도(祭服圖)에 기록되어 있는데, 혜 형태의 신 앞부리에 구름무늬[雲紋]가 있는 운혜(雲鞋)로 묘사되어 있다. 그러나 전해 내려오는 제복용 신은 조선 말기의 것만 있으며 모두 운문 장식이 없는 것이 특징이다. 전체적인 모양새는 발등에 코실이 있는 모양새가 신광헌 묘 출토 운혜와 유사하다.

The *je-hye* were ritual shoes from the later period of the Joseon Dynasty, worn by the civil and military officials when they observed the ritual ceremony for their deceased ancestors. The shoes were overlaid with deep blue color wool and lined with white deerskin as well as the insole lining. The front center seam at the toe was inlaid with white deerskin. The toe was orderly fastened with 9 rows of thread, called *kosil*. The sole was made of cowhide. The shape of the shoes resembles the *unhye Seup-ssin* (men's shoes with cloud patterns) worn during the later period of the Joseon Dynasty.

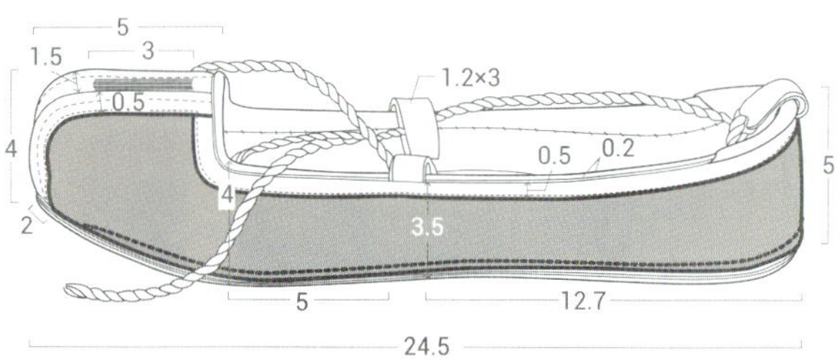

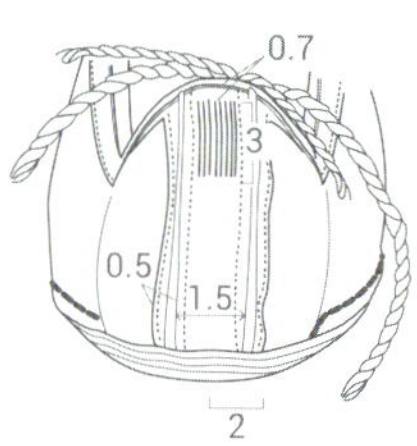

신코와 뒤축 Fore sole and Heel

출토 운혜 出土雲鞋

Un-hye for the deceased, Shoes decorated with cloud patterns

1633년

발 길이 27.5cm, 볼 너비 9cm, 뒤축 5.5cm

2001년 경기도 포천시 창수면 추동리 김확 부부 합장묘 출토

경기도박물관 소장

조선 중기의 문신 김확(金矱, 1572~1633)의 묘에서 출토되었다. 모시로 만든 심의(深衣)를 수의로 입고, 정(精: 靴 전용 버선)으로 추정되는 54.5cm 길이의 버선을 신고 이 운혜를 신고 있었다. 앞코와 뒤축에 구름무늬 장식이 있고 가장자리를 사뜨기로 장식한 것이 특징이다. 바탕은 평직의 옷감 위에 견사(絹紗)를 사용하여 편직물 짜듯이 바탕을 가득 채웠다. 안감은 거친 면포를 누벼서 만들었으며, 신울 안쪽에 주사 글씨 흔적이 남아 있다. 발등에는 2줄의 사뜨기 장식과 좌우에 선[邊]이 박음질 되어 있고 중심부에 꽃잎 모양을 아플리케 기법으로 장식하였다. 신목 입구의 도리와 앞과 뒤축에 부착한 구름무늬 장식의 가장자리를 꼰 견사로 사뜨기 하여 둘러 주었다. 바닥은 한지를 시침하였다. 전체적으로 모양새가 정교하여 습신으로 제작하였다기보다는 망자가 생전에 신었던 것을 습신으로 신겨 주었을 가능성이 있다. 바닥이 한지로 되어 있는 것도 원래는 별도의 밑창이 있었을 것으로 추정된다.

Excavated from the tomb of Kim-Hwak, a civil minister from the middle period of the Joseon-Dynasty. The corpse was found wearing a *Sim-ui* (Confucian scholar's robe) and an *Un-Hye* for shoes. Made elaborately with cloud patterns appliqued on the front and back. Assumed to have been worn during one's lifetime based on the fine work.

경기도박물관(2007), 『안동김씨 문온공파 김확 합장묘 출토복식』, p.221.

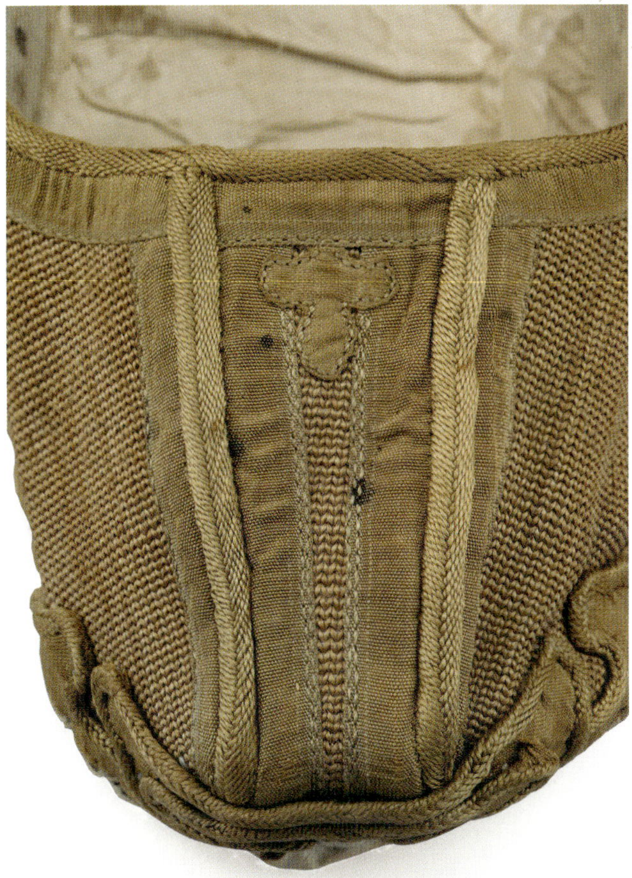

신코 Fore sole

옆면

출토 운혜 出土雲鞋

Un-hye for the deceased, Shoes decorated with cloud patterns

1633년

길이 27.5cm(추정), 뒤축 6cm

2006년 경기도 광주시 도척면 신경유 묘 출토

인조반정(仁祖反正)에 공을 세운 정사공신(靖社功臣) 무관(武官) 신경유(申景裕, 1581~1633)의 무덤에서 출토되었다. 수의로 사자 흉배가 부착된 단령을 입고 있었으나 출토 상황이 밝혀지지 않아 이 신을 신고 있었는지는 알 수 없다. 전체를 옷감으로 만든 이 운혜는 수백 년간 땅속에서 색상이 탈색되고, 밑창과 안감이 퇴화되어 신울의 겉만 남아 있다. 무문단 [5매 수자직] 바탕에 윗변, 아랫변에는 색이 다른 능직견 선[邊]을 1cm 너비로 둘러 주었다. 발등 부위에 견사(絹絲)를 꼬아서 사뜨기한 두 줄의 선이 있으며, 신목 입구의 도리도 같은 방식으로 사뜨기하여 둘렀다. 신코와 뒤축에는 별도의 능직 견으로 구름 무늬를 만들고 주위를 정교한 사뜨기로 마무리해 장식하였으며, 신코의 구름 장식 아래에는 부채꼴 모양으로 꽃밥을 씨앗수 놓았다. 신경유 공의 묘에서 출토된 유물들이 동물성 섬유만 남아 있어, 원래는 식물성 섬유로 만든 안감, 백비, 밑창 등이 퇴화되어 현재의 상태로 남은 것으로 추정된다. 이 신은 꾸밈새의 정교함으로 볼 때 단순히 습신 용도로 만든 것이 아니라 생전에 신었던 것으로 추정된다.

Excavated from the tomb of Shin Gyung-Yu(1581~1633), a government officer who is known for his great involvement in the Injo Restoration. The bottom sole has disappeared. With a plain cloth background, the front toe had two lines, the top and bottom sides with twill lining, the entrance of the shoe was cross-stitched all around. The toe and back were cross-stitched finely with cloud patterns from silk where the toe was also embroidered with a fan shaped flower anther.

복원품 지은이 한광순

Restored artifact

신코 Fore sole

뒤축 Heel

출토 운혜 出土雲鞋

Un-hye for the deceased, Shoes decorated with cloud patterns

1669년

발 길이 28cm, 볼 너비 12cm, 뒤축 8.5cm

경기도 여주군 장안리
동래정씨 정태제 묘 출토

이조참의(吏曹參議)를 지낸 정태제(鄭泰齊, 1612~1669)의 묘에서 출토되었다. 꾸밈새가 매우 정교하여 생전에 신었던 것으로 추정되는 유물이다. 가죽을 전혀 사용하지 않고 전체를 옷감으로 만든 것으로, 수백 년간 땅속에서 색상은 탈색되어 현재 옅은 녹색계열로 남아 있다. 형태는 태사혜보다 신울이 높고 발등까지 덮혀 있으며, 코와 뒤축에 구름무늬 장식이 있다. 겉감은 운문단(雲紋緞), 안감은 명주를 사용하였다. 신울이 지탱하도록 겉·안 사이에 백비용 감이 들어 있으나 재질은 확인할 수 없다. 발등 부위에 견사(絹絲)를 꼬아서 사뜨기한 두 줄의 선이 있으며, 앞코 중앙에는 노끈 형태의 면사(綿絲) 코실이 부착되어 있다. 아래쪽에는 부채꼴 모양으로 꽃밥을 씨앗수 놓았다. 앞코와 뒤축의 구름 장식은 정교한 사뜨기로 마무리하여 부착하였고, 신목 입구의 도리 또한 사뜨기로 둘러 주었다. 신목 입구와 신울 아래에는 넓은 선[邊]을 둘렀다. 뒤축에 긴 끈을 부착하여 앞 코실에 걸어 묶을 수 있도록 하였다. 신이 벗겨지지 않도록 하는 용도이다. 밑창은 삼으로 정교하게 엮은 2cm 두께의 덧창을 대었다. 이 덧창은 면포 바탕에 굵은 삼실을 1.5cm 길이로 회전하면서 박아 주어 두텁게 한 후 가장자리를 선단 처리하여 마무리하였다. 전체적으로 외형 구조가 신경유 묘 출토 운혜와 매우 흡사하여 신경유 운혜의 원래 모습을 유추할 수 있다.

The *hye*, excavated at Jangan-ri, Yeoju-gun, Gyunggi-do, in 1987, from the tomb of Jeong family, Saamgongpa lineage originated at Dongrae. Based on the elaborate design, it is assumed to have been worn during one's life. The basic construction is similar to *taesahye*, but the side of quarter is high, and the vamp covered the instep. The color was faded to light green tone. They were overlaid with silk damask with cloud patterns and inner side lined with silk tabby. It is supposed that the stiffened layer of starched and stitched cotton, called *baekbi*, was also part of the inner layer. The vamp was decorated with the densely overlapped cross stitch in two rows, two plies of string, called *kosil*, at the center and sash which was fixed to the two string to keep the shoe in place making a loop around the ankle. The top-line and the bottom of the quarter were rimmed somewhat widely in different color from the quarter. The sole was attached with an extra sole of 1.2cm which was finely woven with hemp string. The toe and heel were adorned with applique of cloud patterns in which the border was densely cross stitched. Thus the shoes are presumed as *unhye*(cloud patterned shoes).

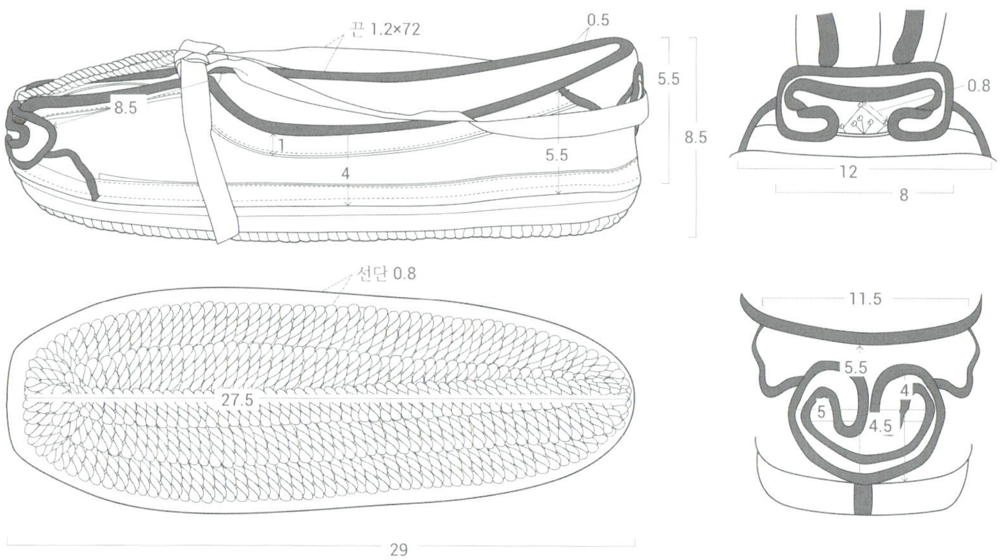

신코 Fore sole 구름무늬 장식과 씨앗수 장식

뒤축 Heel 구름무늬 장식

출토 운혜 出土雲鞋

Un-hye for the deceased, Shoes decorated with cloud patterns

1722년

발 길이 28cm, 뒤축 6cm, 신울 4cm,
끈 7 × 49cm

1999년 경기도 하남시 춘궁동 이혁 묘 출토
경기도박물관 소장

인평대군(麟坪大君, 인조의 3남)의 손자 의원군(義原君) 이혁(李爀, 1661~1722)의 무덤에서 출토된 신이다. 수의로 단령(團領)과 심의(深衣)를 함께 겹쳐 입고 운혜를 신고 있었다. 무문단 겉감과 세주 안감을 사용하였고, 신울의 백비와 신 바닥은 거친 면포를 사용하였으나 현재 다 삭아 없어졌다. 형태는 신코와 뒤축에 구름을 형상화한 운기(雲氣) 무늬가 아프릴케 기법으로 박음 장식되어 있다. 남성용 운혜의 일반적인 모습과는 차이가 있으며 문화유씨(文化柳氏, 1654)의 습신과 매우 유사하다. 신목 입구 도리를 선단 처리하였으며, 뒤축에 끈을 부착하여 신등에 달린 고리에 끼워 사용하였다.
이 신은 신경유나 정태제의 운혜보다는 간략하게 제작되었고, 『사례편람』에 남성의 습신은 리(履)라고 하였고 〈흑리도(黑履圖)〉에 끈과 고리가 부착된 모습으로 묘사되어 있은 것을 볼 때 습신용으로 간단하게 만든 신으로 추정된다.

Excavated from the tomb of Lee Hyuk(Lee family originating from Jeonju). The corpse was found wearing a *Dallyeong* (Official's robe) layered with *Sim-ui*(Confucian scholar's robe) and an *Un-hye* for shoes. The form is currently damaged.

경기도박물관(2001). 『전주이씨 묘 출토복식조사보고서』. p.225.

출토 운혜 出土雲鞋

Un-hye for the deceased, Shoes decorated with cloud patterns

1756년

발 길이 28cm, 뒤축 6cm, 신울 4cm, 끈 7 × 49cm

2005년 경기도 파주시 이진숭 묘 출토
국립민속박물관 소장

춘천 부사를 역임한 이진숭(李鎭嵩, 1702~1756)의 무덤에서 출토되었다. 수의로 심의(深衣)를 입고 이 신을 신고 있었다. 가죽은 사용하지 않고 겉감은 공단, 안감과 바닥면은 명주를 사용하고 사이에 백비용 무명을 대어 주었다. 신코와 뒤축에는 공단으로 구름 모양을 만들어 견사로 사뜨기하여 장식하였고, 앞코에 2줄과 신 입구의 도리를 사뜨기로 돌려 주었다. 신경유나 정태제의 운혜와 모양새와 꾸밈새가 매우 유사하며 신코 아래쪽의 부채꼴 씨앗수 장식만 생략되어 있다. 정태제 운혜와 같이 밑창이 있었을 가능성도 있다.

Excavated from the tomb of Lee Jin-Soong. The corpse was found wearing a *Sim-Ui*(Confuician scholar's robe) and these shoes. The entire was made of silk fabric and no leather. The fore sole and heel were decorated with cloud patterns and the rim finished with cross-stitching. Assumed to have been worn during one's lifetime based on the fine work.

국립민속박물관(2010), 『이진숭(李鎭嵩) 묘 출토 복식』, pp.149~150.

출토 운혜 出土雲鞋

Un-hye for the deceased, Shoes decorated with cloud patterns

1766년

발 길이 27cm, 볼 너비 8cm, 뒤축 7cm

2003년 충청북도 청주
광산김씨 김원택 묘 출토
충북대학교박물관

김원택(金元澤, 1683~1766) 묘에서 출토되었다. 수의로 심의(深衣)를 입고 이 신을 습신으로 신었다. 겉감은 무문단을 사용하였고 안감과 도리, 끈, 밑창은 명주로 만들었다. 앞과 뒤축에 무문단으로 만든 구름 무늬 장식이 있으며 가장자리를 견사 꼰실로 사뜨기하여 주었다. 발등의 2줄 선은 속심 끈을 넣고 견사 꼰실로 사뜨기 장식을 하였으며, 신목 입구의 도리도 사뜨기로 둘러 주었다. 바닥은 안창과 밑창 그리고 사이의 심감으로 구성되었다. 뒤축에 긴 끈을 달고 발등 중심에 달린 끈고리에 끼워 발목을 고정하였다.
이 신은 매우 정교하게 만들어졌으며 비슷한 시기인 이진숭과 이익정의 운혜 구조와 유사하나 고정하는 끈과 고리가 부착된 점이 다르다. 조선 후기의 문신 이재(李縡, 1680~1745)가 저술한 『사례편람四禮便覽』(18세기)에서 습의에 사용한 신을 '리(履)'로 기록하고 관례와 동일하다고 하였는데, 관례의 〈흑리도(黑履圖)〉에 묘사된 리는 신울이 낮은 검은색 신에 끈[綦]과 고리가 달린 형태이다. 김원택의 습신을 떠올리게 한다. 그러나 습신에 달린 신 고리의 부착 상태는 바느질이 매우 거칠고 단순하다. 따라서 평소의 신을 습신으로 사용하려고 끈과 고리를 임의로 부착했을 가능성도 있다.

Excavated from the tomb of Kim Kim Won-Taek. The corpse was found wearing a *Sim-Ui*(Confuician scholar's robe) and these shoes. The fore sole and heel were decorated with cloud patterns and the rim finished with cross-stitching. The structure of the shoe is similar with Lee Ik-Jeong's *Un-hye*, the difference is the attached straps to hold the ankles.

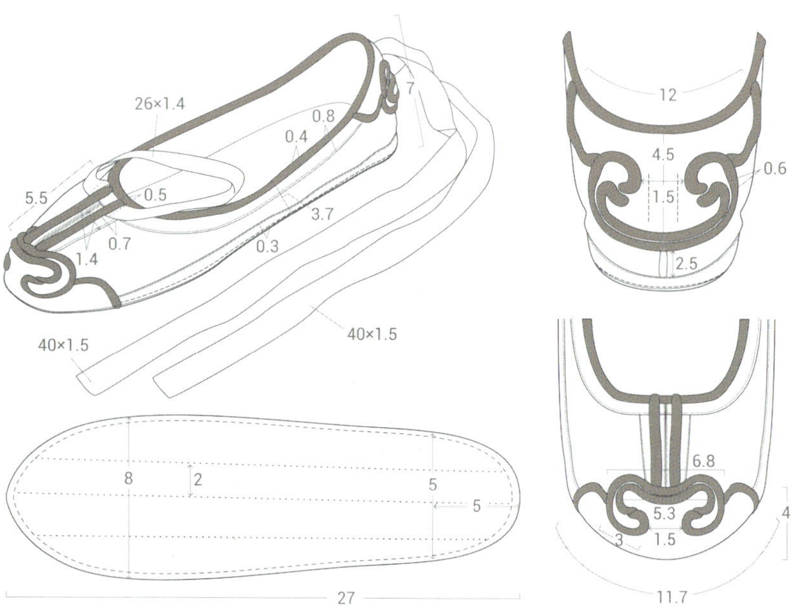

습신이 출토된 모습
Seup-ssin(Shoes for the deceased) at the time of excavation

뒤축과 신코 Heel & Fore sole

출토 운혜 出土雲鞋

Un-hye for the deceased, Shoes decorated with cloud patterns

1782년

발 길이 28cm, 볼 너비 10cm, 뒤축 7cm

1999년 서울 마포구 상암동 이익정 묘 출토

밀창군 이직의 아들 정간공(靖簡公) 이익정(李益炡, 1699~1782)의 무덤에서 출토되었다. 수의로 심의(深衣)를 입고 운혜를 신었다. 가죽은 사용하지 않고 전체를 옷감으로 만든 것으로, 수백 년간 땅속에서 색상이 탈색되어 옅은 갈색으로 남아 있다. 겉은 무문단[5매 수자직], 안감은 명주로 되었으며 사이에 백비용 무명이 확인된다. 앞코에 두 줄, 윗변, 아랫변에는 색이 다른 명주 선[邊]이 굵게 둘려 있다. 발등 부위에 견사를 꼬아 세로로 두 줄의 사뜨기 장식을 하였고, 신 입구 선[도리] 또한 사뜨기로 돌려 주었다. 신코와 뒤축에는 별도의 공단으로 구름 무늬를 만들고 가장자리를 사뜨기로 마무리하였다. 밑창은 명주로 되었으며 속에는 면포로 된 속 심이 들어 있다. 정태제 묘 출토 운혜에서 확인되듯이 별도의 밑창이 있었을 것으로 보이나 발굴되지 않았다.

일반적으로 수의용 신은 '습신'이라 하여 종이 배접한 옷감으로 간단하게 만들어 사용하였으므로 정교하게 만들어진 이 유물은 생전의 것을 수의로 착용한 것으로 추정된다. 전세품 중에서 서산대사 운혜의 모양새와 짜임새가 유사하다.

Excavated from the tomb of Lee Ik-Jeong (1699~1782, Lee family originating from Jeonju). The basic construction is similar to *taesahye*, but side of the quarter is high, and the vamp covered the instep. The color was faded to light brown. They were overlaid with silk damask with cloud patterns, lined with silk tabby and simple cloth. The sole was also made of silk tabby but with a possibility of another sole. The vamp was decorated with two satin stripes. The throat was adorned with densely overlapped cross stitches. The throat and the bottom of the quarter were rimmed somewhat widely in different color from the quarter. The toe and heel were adorned with applique in the pattern of clouds and its surrounding border was finished with dense cross-stitching.

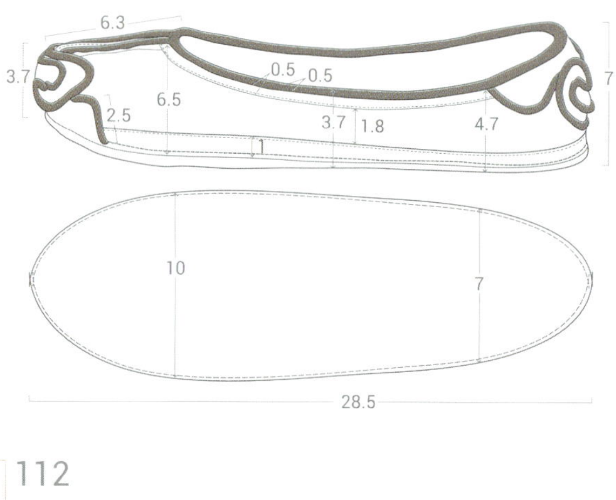

출토 당시 운혜 모습 Seup-ssin(Shoes for the deceased) at the time of excavation

신코 Fore sole　구름 장식은 상하로 운두 2개를 만들어 끼워서 완성함.

뒤축 Heel　뒤꿈치 안쪽에 근피가 보임

출토 운혜 出土雲鞋

Un-hye for the deceased, Shoes decorated with cloud patterns

1700년대 후기

발 길이 26cm, 볼 너비 7.6cm, 뒤축 5.8cm

무연고 묘 출토

국립중앙박물관(신수15047)

묘주와 출토지가 명확하지 않으나 온전한 상태의 습신 한 켤레이다. 신 바닥, 신울, 앞코, 뒤축, 신끈으로 구성되어 있다. 겉감과 안감 두 겹으로 바느질하여 만들었고, 신코와 뒤축은 따로 바이어스로 마감된 장식을 만들어 덧대었다. 신을 신은 후 벗겨지지 않게 묶을 수 있는 신끈이 있고 앞쪽 신울 중심과 뒤축에는 이 신끈을 걸어서 고정할 수 있는 끈고리가 각각 달려 있다. 신 겉감으로 사용된 직물의 종류를 살펴보면, 신울과 신 바닥은 5매 무문단[공단], 신코와 뒤축의 장식은 3매 무문릉을 사용하였다. 신 안감은 신 바닥과 같은 5매 무문단을 사용하였다. 신울의 마감은 먼저 테두리 주변에 1.4cm 너비의 문단으로 한 번 두르고 그 위에 0.3cm 너비의 바이어스 방향으로 마름질한 무문단으로 감싸서 처리하였다. 신날과 신 바닥의 연결은 각각의 끝을 맞잡아 겉에서 홈질하였다. 습신의 크기는 신 바닥 길이 260cm, 신 바닥 너비 7.6cm이고 신 바닥에서 신날 쪽으로 연결되는 신울의 너비는 4.5cm이다. 신코에서 발가락과 발등을 덮는 부분은 7.8cm이며 중심부터 양쪽으로 문단, 무문릉, 무문단을 층으로 겹쳤고, 직물의 연결은 별도의 바느질 흔적이 없는 것으로 보아 교(膠)를 사용한 것으로 보인다. 신등 중심에는 25줄의 부상된 실장식을, 앞코에는 10줄의 실을 바느질하여 가운데를 잘록하게 묶어준 실장식을, 발등과 만나는 신울 테두리의 직물 겹침 부분은 온박음질로 장식하여 멋스러움을 더하였다. 뒤축에도 앞코와 같은 방법의 바이어스 마감된 장식과 실장식이 있으며 겉감과 안감 사이에 한지를 여러 장 겹쳐서 심지 역할을 하였다. 신끈은 길이 84.5cm, 너비 1.5cm의 겹으로 되어 있다. [박승원, 국립대구박물관]

Excavated from an anonymous tomb. Made with satin with remains of dark blue. The fore sole and heel were decorated with cloud patterns. A strap is attached to prevent the shoe from coming off when worn. The characteristics of the *Un-hye* from the late Joseon Dynasty such as the decoration of cloud patterns and the vertically threaded line on the front toe are shown.

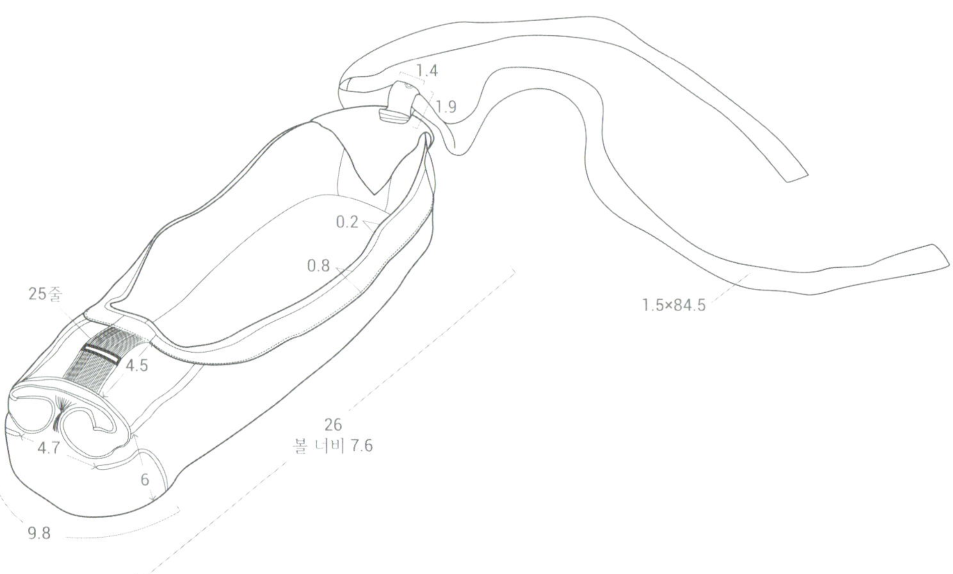

출토 운혜 出土雲鞋

Un-hye for the deceased, Shoes decorated with cloud patterns

1784년

발 길이 25cm, 볼 너비 8cm, 뒤축 6.1cm

2008년 경기도 남양주 별내면
신광헌 묘 출토
국립민속박물관

신광헌(申光憲, 1731~1784)의 묘에서 출토되었다. 수의로 심의(深衣)를 입고 이 신을 신고 있었다. 전체를 옷감으로 만든 것으로, 원래의 색이 변하여 짙은 갈색으로 남아 있다. 기본 짜임새는 앞과 뒤축에 구름무늬 장식을 부착하였고, 발등 중심에 코실로 장식하고, 끈과 고리를 부착하여 신었다. 겉은 무문단[5매 수자직], 안감은 명주로 되어 있다. 원래를 백비용 속심이 들어 있었을 것으로 추정되나 현재는 겹 상태이다. 앞코에 두 줄, 윗변, 아랫변에는 색이 다른 선[邊]이 굵게 둘려 있는데, 바탕감과 달리 문단(紋緞)을 사용하였다. 신 입구 선[도리]과 신코와 뒤축에 부착된 구름무늬 장식도 문단(紋緞)을 사용하여 선단 처리하였다. 바닥은 명주를 누벼 주었으며 현재는 겹누비 상태이다. 신이 벗겨지지 않도록 뒤축에 무문단으로 된 끈을 달고 앞면 중심에 달린 고리에 끼워 고정하였다. 이 신은 전체가 겹 상태로 구성되어 남아 있는데, 신광헌 묘 출토품 전체가 동물성 섬유만 남아 있는 것을 볼 때 식물성 섬유가 퇴화되면서 속심도 유실된 것으로 추정된다. 수의로 입고 있었던 심의 또한 몸판은 모두 퇴화되어 수습된 것은 무문단으로 만들어진 선단만이 유일하다.

Excavated from the tomb of Sin Guang-Heon. The corpse was found wearing a *Sim-ui* (Confucian scholar's robe) and these shoes. The entire shoe was made with satin. Only the outer cloth remains as the vegetable fibers used for the inner have dissapeared over time. The original color has changed as it was buried for hundreds of years. The fore sole and heel are decorated with cloud patterns, and the toe with a threaded vertical line. Straps were attached on the heel to prevent the shoe from coming off. The characteristics of the *Un-hye* from the late Joseon Dynasty such as the decoration of cloud patterns and the vertically threaded line on the front toe are shown.

(재) 한백문화재연구원(2011). 남양주 별내 조선시대 회묘 발굴성과 학술대회. p.158.

바닥면 sole 누빔 상태

출토 운혜 出土雲鞋

Un-hye for the deceased, Shoes decorated with cloud patterns

1879년

발 길이 27.5cm, 볼 너비 6.2cm

1999년 경기도 하남시 춘궁동
이연응 묘 출토
경기도박물관 소장

조선 후기 문신 이연응(李沇應, 1818~1879. 의원군의 5대 후손)의 묘에서 출토되었다. 심의를 입고 이 신을 신고 있었다. 바느질한 실이 삭아서 형태가 해체된 상태이다. 함께 출토된 심의도 흑선만이 남아 있는 등 출토 유물 모두 견직물만 남아 있다. 소재는 공단이며 겹 상태로 남아 있는데, 겉감은 8매 수자직 무문단이고, 안감은 5매 수자직 무문단이다. 앞과 뒤축에 구름무늬 장식을 푸서 상태로 부착 후 굵은 꼰사로 중앙에 별표 모양으로 묶어 주었다. 발등에는 일자 수 장식의 코실을 부착하였다. 신목 입구의 도리는 선단 처리하였으며, 뒤축에 끈을 달아 앞중심 고리에 끼워 발목에 고정하였다.

Excavated from the tomb of Lee Yeon-Eung, a government offical. The corpse was found wearing a *Sim-ui* (Confucian scholar's robe) and these shoes. The form is currently damaged. The characteristics of the *Un-hye* from the late Joseon Dynasty such as the decoration of cloud patterns and the vertically threaded line on the front toe are shown.

경기도박물관(2001), 『전주이씨 묘 출토복식조사보고서』, p.268, pp.282~283.

출토 운혜 出土雲鞋

Un-hye for the deceased, Shoes decorated with cloud patterns

1800년대 전반

발 길이 27cm, 볼 너비 8.5cm, 뒤축 6cm

2005년 경기도 포천 조원영 묘 출토

풍양조씨 조원영(趙原永, 1777生)의 무덤에서 출토되었다. 형이 조대비의 부친 조만영(趙萬永, 1776~1846)이다. 유물은 한 짝만 남아 있는 상태이다. 구름무늬 장식을 부착하였고, 발등 중심에 코실로 장식하였으며, 끈과 고리를 부착하였다. 겉은 무문단[5매 수자직], 안감은 명주로 되어 있다. 앞코에 두 줄, 윗변, 아랫변에는 바탕감과 달리 운문단(雲紋緞) 선[邊]이 굵게 둘려 있다. 신 입구 선[도리]는 공단으로 선단을 둘러 주었으며, 신코와 뒤축에 부착된 구름무늬 장식은 명주를 사용하여 선단 처리하였다. 발등 중심의 코실은 11가닥의 일자 수로 장식하였다. 바닥은 명주를 누벼 주었으며 현재는 겹 누비 상태이다. 신이 벗겨지지 않도록 뒤축에 명주로 된 끈을 달고 앞면 중심에 달린 고리에 끼워 고정하였다. 일반적으로 신을 제작할 때에 넣는 백비용 속심이 없는 이유는 함께 출토된 유물이 견직물만이 있는 것으로 보아 식물성 섬유로 된 속심이 퇴화된 것으로 추정된다. 신등을 코실로 장식하고 구름무늬 장식의 테두리를 선단으로 처리하여, 신경유 묘 출토 운혜처럼 사뜨기로 장식된 운혜보다는 꾸밈새가 단순하다.

Excavated from the tomb of Cho Won-Young originating from the Pung-yang clan. It is more simplified than the Seup-ssin of the 17-18th century, such as the border made from pieces of cloud patterns being densely cross-stitched. The characteristics of the *Un-hye* from the late Joseon Dynasty such as the decoration of cloud patterns and the vertically threaded line on the front toe are shown.

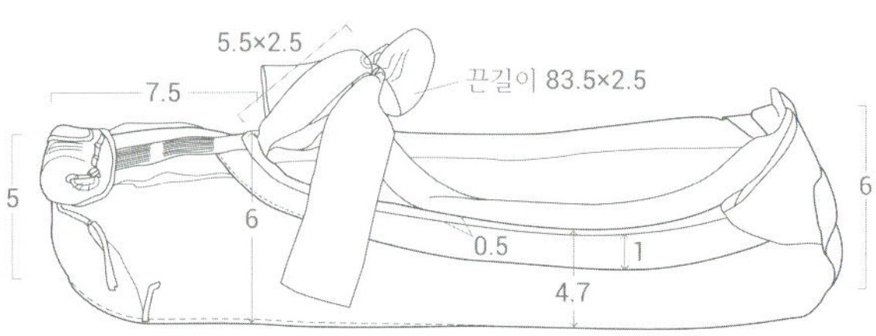

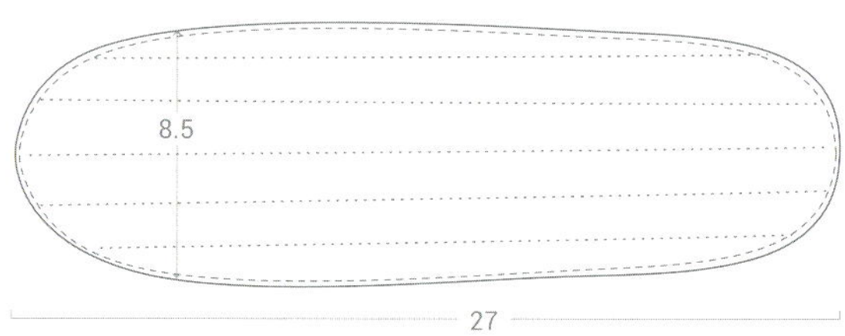

신코 Fore sole

뒤축 Heel

결화온혜 結花溫鞋

Gyul Hwa On-hye,
shoes decorated with flowers

1520년대

발 길이 21.8cm, 볼 너비 8.3cm, 뒤축 4.6cm

대전광역시 동구 이사동 강릉김씨 묘 출토

안악군수를 지낸 송세훈(宋世勛, 1479~1552)의 부인 강릉김씨(江陵金氏, 1520년 사망 추정)의 무덤에서 출토된 가죽 신이다. 평소에 신었던 것을 관 속에 넣어준 것으로, 출토 당시 하절기용 가죽신인 피초혜와 함께 발 아래에 놓여 있었다. 조선 말기 여성의 온혜(溫鞋) 형태와 유사하고 코 부분에는 꼰견사로 꽃(국화 추정)을 장식하였다.

겉감은 면포 백비를 붙인 아청색 무문단을 사용하고 안피에는 얇은 가죽, 밑창은 두꺼운 가죽으로 만들었다. 코 중심선 부분에 연금사를 한 줄 배치하여 휘[揮: 선]를 표현하였고, 좌우측 옆에 녹색 견사를 사용하여 짧고 치밀하게 이음수하여 마치 꼰사를 징금수한 듯이 코실을 표현하였다. 코실 좌우에는 왼쪽으로 꼬임한 녹색 견사 5줄을 드물게 징궈 주어 장식하였다. 콧등에는 왼쪽 꼬임한 녹색 견사로 7엽의 꽃잎 아래에는 금선단으로 꽃받침을 만들었고, 위로는 녹색 푼사로 꽃술을 꽂아 꽃을 맺어 주었다. 신목 입구 도리는 녹색 문단(紋緞)을 눈썹단 형식으로 둘러 주고 여분을 안피 쪽으로 넘겨 드물게 감침질하였다. 도리 바로 아래에는 코실과 같은 방법으로 녹색 견사를 이용하여 짧고 치밀한 이음수를 둘러 주었다. 뒷축 중심부에는 연금사 휘[揮: 선]와 견 꼰사 칙실이 표현되었고, 안쪽에는 화문단과 운문단으로 근피를 부착하였다.

신 코에 꽃을 맺어 장식한 신을 조선 후기 왕실에서는 '결화온혜'라 불렀다. 『상방정례(尙方定例)』(1752년)와 『萬機要覽』(1808년)에 의하면, 중궁전과 빈궁의 탄일과 정조, 추석 등의 절일에 흑웅피결화온혜(黑熊皮結花溫鞋)와 흑당피결화온혜(黑唐皮結花溫鞋)를 진상하는데, 온혜의 재료로 가죽 외에도 꽃 재료로 추정되는 대홍연사(大紅綠絲), 초록사(草綠絲), 금전지(金錢紙) 그리고 과휘(踝揮)는 대홍초록필단(大紅草綠疋緞)의 기록이 있어 강릉김씨의 온혜 구조와 유사해 이 신이 결화온혜일 가능성이 높다고 판단된다. 또한 결화온혜를 대비전(大妃殿)에는 진상하지 않았으며, 『육전조례六典條例』(1867년) 「공전」 상의원 조에도 '자전[신정왕후]의 온혜에는 결화가 없다[溫鞋結花無]'고 명시한 것으로 보아, 꽃이 장식된 신은 남편이 있는 부인들만이 할 수 있는 특별한 장식으로 보인다.

현존하는 유물 가운데 이 신은 조선 시대 가장 오래된 신으로 문헌에 나오는 결화온혜가 왕실 여성의 기록에만 있는 것을 볼 때 당시 강릉김씨는 최상류층 신분임을 짐작할 수 있다. (황진영)

Leather shoes excavated from the tomb of Lady Kim(originating from the Gangneung clan), who lived during the former half of the Joseon Dyansty period. It is the oldest artifact that remains today amongst the shoe artifacts of the Joseon Dynasty. The shoes which the lady had worn on an average basis such as the *Pi-Cho hye* were put into the coffin. The form and decoration are incomparably elaborate compared to the temporary made seup-ssin. They are of the highest quality, the exterior made of silk and the interior and bottom from leather, and the toe-cap decorated with a chrysanthemum. The shoes which had toe-caps decorated with a flower were called '*Gyul-hwa-On-hye*'. It is to have been recorded that the woman of the royals during the late Joseon Dynasty period wore the '*Gyul Hwa On-hye*' made of *Heuk-dang-pi*(black leather of a donkey). Based on this fact, to have the *Gyul Hwa On-hye* found in her grave, one can assume that Madam Kim held of class in the highest circles.

『尙方定例』(1752). 天. 準折式.
『萬機要覽』(1808). 재용편 1. 공상. 중궁전.
『六典條例』(1867). 「공전」 상의원 조
단국대학교 석주선기념박물관(2007). 『韓國服飾』 제25호. pp.25~89.

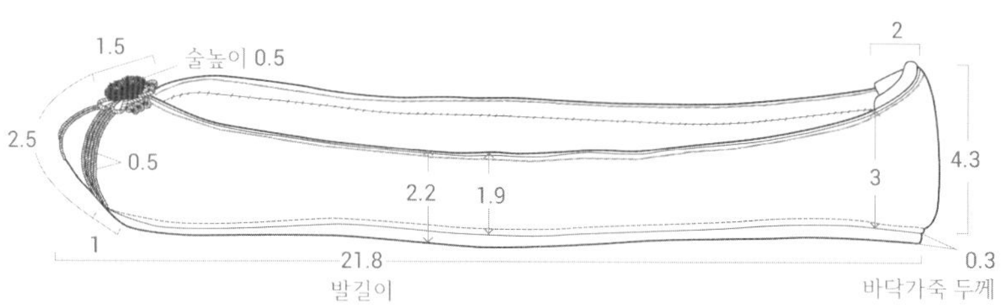

신코 Fore sole 출토 당시의 모습. 금선단 꽃 받침과 연금사 휘가 드러남.

뒤축 Heel 연금사 휘와 칙실이 표현됨.

피초혜 皮草鞋

Pi-Cho Hye, Leather shoes made in the form of Straw shoes

1520년대

발 길이 21cm, 볼 너비 8cm, 뒤축 4.5cm

2004년 대전광역시 동구 이사동
강릉김씨 묘 출토

인조(仁祖) 대(代)에 안악군수(安岳郡守)를 지낸 송세훈(宋世勛, 1479~1552)의 부인, 강릉김씨(江陵金氏, 1520년 사망 추정)의 무덤에서 짚신형 가죽신이 출토되었다. 강릉김씨 부인은 남편보다 일찍 38세에 사망하여 1520년대 전후 인물로 추정되는 인물이다.

강릉김씨의 발 아래에서 또 다른 가죽신인 온혜(溫鞋)와 함께 발견되었다. 이 짚신형 가죽신은 현대의 샌들과 같이 뒤가 트인 모양새를 하고 있는 것으로 보아 하절기용 신으로 보인다. 짚신과 비교했을 때 신총 부위만 막혀 있고 나머지 구조는 동일하여, 가죽으로 만든 짚신 즉, '피초혜(皮草鞋)'에 해당한다.

겉감은 녹색 연화문단(蓮花紋緞)이고 안감[內皮]과 밑창은 가죽으로 만들었다. 겉감에는 면포 백비를 붙였다. 신 입구 도리(앞갱기에 해당)는 아청색 가죽을 눈썹단 형식으로 둘러 주었다. 엄지총(신코 입구)에는 금선단(金線緞) 옷감을 중심으로 2줄의 가죽선(홍색과 아청색)을 장식하였다. 그 위로 제비부리 모양의 장식을 콧등에 얹어 장식하였고, 홍색 겹 가죽 사이에 멍을 뚫어 금전지를 보이도록 하였다. 신총의 옆선에도 두 줄의 가죽과 문단직물을 얹고 색실로 지그재그로 바느질해 장식하였다. 신총과 돌기총을 연결하고 있는 당김잇줄[갱기]은 긴 가죽을 신총과 연결해 주는 2cm 부분을 남겨 두고 4줄로 잘라서 0.5cm 굵기로 엮어 끈목을 만들어 돌기총 기둥에 칼집을 내어 묶어 주었다. 좁은 직사각 형태의 돌기총은 두 겹의 가죽을 사용하였고, 3가지 색실로 돌림 평수를 놓아 장식하였다. 뒤축은 가죽의 안쪽 면을 이용하여 만든 뒷당김잇줄(뒷갱기)과 가죽을 문단(紋緞)으로 감싸준 도갱이로 구성되어 있다. 뒷당김잇줄과 도갱이 연결 부위에는 가죽 끈을 잘라 리본 모양 고정하고 장식해 주었다.

이 신은 모양새와 짜임새의 정교함으로 보아 함께 출토된 결화온혜와 일상생활에서 신었던 신으로 추정된다. 짚신 형태의 가죽신에 대해서, 조선 초기에는 '남녀의 피초혜를 금지하라' 할 정도로 일반적으로 착용되었으나 이후 지속적인 금지로 특수 계층에서만 사용된 것으로 보인다. 조선 후기 『상방정례(尙方定例)』(1752)에는 삼짇날이나 단오와 같이 따듯한 날에 대왕대비전, 중궁전, 빈궁, 현빈궁에게 백당피초혜(白唐皮草鞋)를 진상한 기록이 있다. 신울을 백당피(白唐皮)로 만들고 신 입구 장식인 도리[回伊]를 흑사피(黑斜皮)로 둘러 주었다 하니, 그 미적 감각을 짐작할 수 있다. (황진영)

Shoes excavated from the tomb of Lady Kim(originating from the Gangneung clan). The shoes which the lady had worn on an average basis were put into the coffin, also excavated along with the '*Gyul-hwa-On-hye*(Lady Kim's shoes decorated with flowers on toe). The form is alike as modern sandals and considered to have been worn during the summer season based on the slit back part. Compared to the Cho-hye(Straw shoes) only the front part is filled and the rest of the structure is the same, therefore given the name 'Pi-Cho-hye('Pi' represents leather). For the outer layer, silk damask were used, the inner layer and soles made of leather, the sides have twisted leather strings. The toe-cap was decorated with *Geum-Jeon-ji*(Gold paper) and *Geum-Seon-dan*(Fabric weaved from gold thread). These are the shoes which were worn during the lifetime of the deceased. The form and decoration are incomparably elaborate compared to the temporary made seup-ssin. According to the Veritable Records of King Sejong(Se-jong-sillok), both genders wore the '*Pi- Cho Hye*'.

『世宗實錄』(1426) 세종 8년 1월 26일
『尙方定例』(1752), 준절식(準折式)
단국대학교 석주선기념박물관(2007), 『韓國服飾』 제25호, pp.25~89.

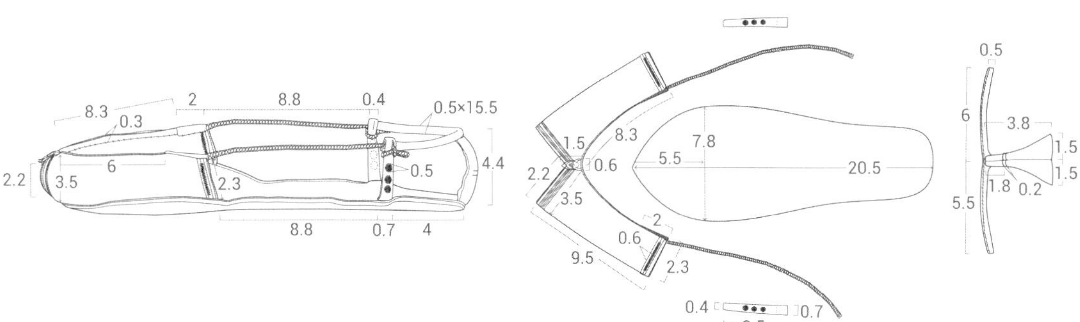

신코 Fore sole 출토 직후에 찍은 모습: 금선단 띠장식과 제부 부리의 금전지

뒤축 Heel

신총 끝 마무리 장식 홍색 가죽 띠 - 아청색 가죽 띠 - 명주 선 장식 - 신총에서 이어진 끝 부분(연화문단)

돌기총 모습 앞당김잇줄을 동여맨 돌기총과 원형의 돌림평수를 장식한 기둥 모습.

복원품 지은이 한광순
Restored artifact

습신 彩鞋

Seup-ssin, Woman's shoes for the deceased

1631년

발 길이 27.5cm, 볼 너비 10.5cm, 뒤축 7.5cm

2001년 경기도 포천시 창수면 추동리
김확 부부 합장묘 출토
경기도박물관 소장

조선 중기의 문신 김확(金矱, 1572~1633)의 부인 동래정씨(東萊鄭氏, 1567~1631) 무덤에서 출토된 신으로, 운문단(雲紋緞) 원삼을 입고 이 신을 신고 있었다. 겉감은 화문단이며, 신울의 안감과 바닥은 한지로 만들었다. 콧등에는 견사로 만든 꽃술이 달려 있고 꽃받침으로 금선단(金線緞)을 사용한 흔적이 남아 있다. 앞 중심과 뒤축에는 접어 박은 박음선을 겉으로 드리내어 휘를 표현하였고, 휘 옆으로는 꼰 견사 한 줄을 부착하여 코실과 칙실을 표현하였다. 신목 입구에는 눈썹단 형식으로 도리를 둘렀으며, 그 아래로 꼰 견사를 빈틈없이 짧게 감침질하 듯 신목 입구를 둘러 장식하였다. 밑창은 두꺼운 한지를 사용하여 완성된 신울에 박음질하여 붙였다. 이 신은 겉은 매우 정교하게 만든 반면에, 안감과 밑창은 한지를 사용한 것으로 보아, 망자의 습신용으로 특별히 만든, 공들인 습신으로 보인다. 또한 신코의 꽃술 장식은 『상방정례』(1752)의 기록에서 보이는 '결화온혜'와 연결된다.

Excavated from the tomb of Lady Jeong(the Dong-Rae clan). The corpse was found wearing a *Wonsam* (women's ceremonial robe) and *Seup-ssin* for shoes. It is characteristic by its decoration of a flower sewn from silk thread on the toe called *Gyul-hwa-on-hye*.

경기도박물관(2007), 『안동김씨 문온공파 김확 합장묘 출토복식』, p.271.

습신 彩鞋

Seup-ssin, Woman's shoes for the deceased

1654년

발 길이 25.5cm, 볼 너비 9.2cm, 뒤축 6.5cm

2014년 대전 대덕구 문화유씨 묘 출토

송규창(宋奎昌, 숙종 戊辰년 1688년卒)의 부인인 문화유씨(文化柳氏, 1654卒)의 무덤에서 출토되었다. 원삼을 입은 상태에서 습신을 신고, 신에 달린 끈을 교차하여 두 발을 함께 묶어준 모습으로 있었다. 이 신은 신코와 뒤축에 운기(雲氣) 무늬가 아플리케 기법으로 장식되어 있는데, 조선 말기 여성의 당혜에 장식된 당초문과 흡사하다. 겉감은 연화문단이고 신울의 안감과 안창은 배접한 한지를 사용하였다. 밑창은 무명을 가늘게 누벼 주었다. 앞과 뒤축에 무문단으로 된 운기(雲氣)를 형상화하여 박음질로 부착하였다. 신 등의 중심부는 세로로 누벼주고, 꼰 견사를 길게 하여 코실을 표현하였다. 뒤축 안쪽에는 명주로 근피를 붙이고, 중심부에 휘와 칙실을 표현하였다. 앞축의 운기 장식은 신울로 이어져 뒤축까지 연결되어 있다. 신목 입구에는 명주로 도리를 둘러 주었다. 밑창은 면포 사이에 배접지를 넣어 누벼준 후 한지로 된 안창을 깔아 주었다.
이 신은 겉 모습은 정교하게 제작되었지만, 종이 안감을 사용한 짜임새로 보아 망자의 습신으로 특별히 만든 것으로 추정된다.

Excavated from the tomb of Lady Yoo(the Mun-Hwa clan). The corpse was found wearing a *Wonsam* (women's ceremonial robe) and *Seup-ssin* for shoes. The outer was flower patterned silk layered with *hanji*(traditional Korean paper) and the bottom sole quilted with cotton cloth. Shoe cords were attached to wrap around the feet.

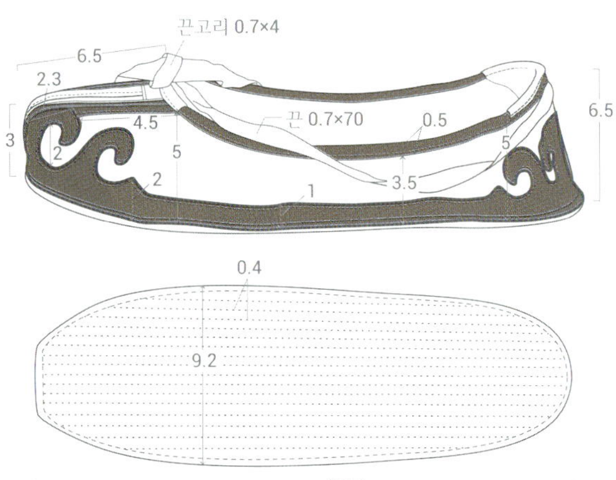

출토 당시의 습신 착장 *Seup-ssin*(Shoes for the deceased) at the time of excavation

신코 Fore sole

뒤축 Heel

습신 彩鞋

Seup-ssin, Woman's shoes for the deceased

1699년

발 길이 23.5cm, 볼 너비 9cm

2008년 경기도 파주시 광탄면 분수리 사천목씨 묘 출토

경기도박물관 소장

황해도 재령군수를 지낸 심익창(沈益昌, 1652~1725)의 둘째 부인 사천목씨(泗川睦氏, 1657~1699)의 무덤에서 출토되었다. 모란과 수(壽) 자를 수놓은 흉배가 부착된 원삼을 입고 이 습신을 신었다. 형태는 발등이 깊고, 코가 뾰족하며, 전체적으로 단순한 모양이다. 신울의 겉감은 연화문단, 안감은 다른 화문단으로 만들었다. 코는 박음질로 단단하게 박아서 휘를 표현하였고, 그 옆에는 견 꼰사를 장식하여 코실을 표현하였다. 뒤축에도 휘와 칙실이 표현되어 있다. 신목 입구 도리는 명주를 눈썹단 형식으로 둘러 주고, 바로 아래에 가늘게 윗변을 부착하였다. 윗변 바로 아래에는 꼰 견사를 사용하여 직각 감침질 형식으로 빈틈없이 신목을 둘러 주었는데, 이 때 박음선이 도드라지도록 속심으로 실을 한 줄 넣어서 바느질하였다. 신 바닥은 홑 상태이다.

Excavated from the tomb of Lady Mok(from the Sa-Cheon clan). The corpse was found wearing a *Wonsam* (women's ceremonial robe) and *Seup-ssin.* The top side is deep, pointy toe and overall simply shaped. The outer was flower patterned silk and the inner with a different flower pattern cloth. The bottom sole remains in a single layer.

경기도박물관(2010), 『파주 심지원 묘 및 신도비 유적』 제28책, p.398, p.411.

바닥면의 화문단

습신 彩鞋

Seup-ssin, Woman's shoes for the deceased

17세기 전반

발 길이 25cm, 볼 너비 10cm, 뒤축 6cm

2006년 경북 포항시 북구 기계면
행주기씨 묘 출토
국립민속박물관

영월신씨 죽동 종중 묘에서 출토된 행주기씨(幸州奇氏, 17세기 전반 추정)의 무덤에서 출토된 신으로, 현재 한 짝으로 남아 있다. 출토 당시 수의로 남성용 직령포(直領袍)를 입고 이 신을 신고 있었다. 형태는 발등이 길고 끝이 날렵하고 신울이 낮은 편이고 특별한 장식이 없이 단순하다. 겉감은 모란영지칠보문단을 사용하고 신울 안감은 삼베를 사용하였다. 신코는 단단하게 박음질하고 박음선 옆 부분에 꼰사를 감침질 형식으로 박아 주어 휘와 코실을 표현하였다. 신목 입구 도리는 비단을 눈썹단 형식으로 둘러 주고 안쪽에서 감침질을 하였다. 도리 바로 아래는 꼰 견사를 사용하여 직각 감침질 형식으로 빈틈없이 둘러 주었다. 안창과 바닥은 한지를 사용하였고 사이에 삼베를 심으로 넣어 주었는데, 현재는 한지가 풀이져 마치 풀솜처럼 흩어진 상태로 일부 남아 있다.

Excavated from the tomb of Lady Gi(the Haeng-ju clan). The corpse was found wearing a *Jingllyeong*(coat with straight collar) and Seup-ssin for shoes. Made simple without particular decoration. The top side is elongated with sharp ends and the outer rim quite low. The outer was made with fabric of peony pattern representing good will and the inner with hemp cloth. The inner sole and bottom used *hanji*(traditional Korean paper) and layered with hemp cloth as its core material, but currently became loose and scattered.

국립민속박물관(2012), 『행주기씨 묘 출토 복식』, p.181.

바닥면의 한지 모습

수혜 繡鞋

Su-hye, Woman's shoes decorated with embroidery

1718년

발 길이 23.5cm, 볼 너비 8cm, 뒤축 5cm

2003년 충청북도 청주 광산김씨 묘역 청송심씨 묘 출토

충북대학교박물관 소장

광산김씨 김원택의 부인 청송심씨(靑松沈氏, 1683~1718) 무덤에서 출토된 화려한 무늬를 수놓은 신이다. 수의로 수복(壽福)과 만(卍) 글씨가 금박된 원삼을 입고 습신을 신고 있었다. 이 신은 전체가 옷감으로 만들어졌으며 원래의 색이 변하여 갈색으로 남아 있다. 강릉김씨 온혜보다는 신울이 깊은 편이다. 겉감은 문단(紋緞) 바탕 전체에 연화, 모란, 서각, 서보, 호로병, 나비 등 다복(多福)과 장수를 의미하는 무늬를 수놓았다. 안감은 팔각과 사각이 연이어 지도록 도안한 금무늬 비단[錦緞]이다. 겉감과 안감 사이에는 백비로 면포 두 장을 배접하여 넣어 주었다. 코 부분에는 좌우 측 신울을 합친 박음선이 겉으로 드러나고 사이에 한 줄 장식선을 넣어 휘[揮: 선]를 표현하였고, 그 좌우에 꼰 견사를 드물게 징궈주어 코실을 표현하였다. 콧등에는 꼰 견사를 다시 겹으로 꼬아 작은 원을 만들고 옆으로 꽃줄기를 묘사하였는데, 원형 부분에 빈 공간이 있는 것으로 보아 원래 꽃이나 그 아래로 꼰 견사를 5줄 늘어뜨리고 끝을 신울에 매듭하듯이 징궈 주었다. 꽃술이 있었을 것을 추정된다. 뒤축에도 휘와 칙실을 부착하였으며 안쪽에는 포도문단 근피를 부착하였다. 신 입구 도리는 문단(紋緞)을 눈썹단 형식으로 둘러 주었다. 바로 아래에는 견사를 감침질로 연이어 박아 주었는데, 마치 꼰사를 징금하듯이 표현되었다. 바닥의 밑창은 소실되어 없고 안창만 남아 있으며, 중창으로 사용한 닥종이가 일부 남았는데 짜임이 풀어져 솜처럼 드러나 있다.

이 신은 견사를 꼬임 방식으로 박음질하여 장식한 짜임새가 강릉김씨의 결화온혜와 매우 유사하다. 또한 정교함으로 보았을 때 평소에 신었던 신을 습신으로 사용한 것으로 보인다. 상례비요(喪禮備要)』(1621) 습구(襲具)에 "여상(女喪)의 경우 만약 항상 신던 채혜가 있으면 습(襲)에 사용한다[若女喪有常著彩鞋則用之云]"고 한 것을 그 근거로 볼 수 있다.

Shoes with brilliant embroidery excavated from the tomb of Lady Shim (the Cheong-Song clan). The corpse was found wearing a *Wonsam*(women's ceremonial robe) and *Seup-ssin* for shoes. The entire background was flower patterned silk embroidered with various flower patterns signifying great luck and longevity. The toe was adorned with a flower made woven with thread. Assumed on its elaborate design, it is assumed to have been worn during daily life and not as a *Seup-ssin* for burial purposes.

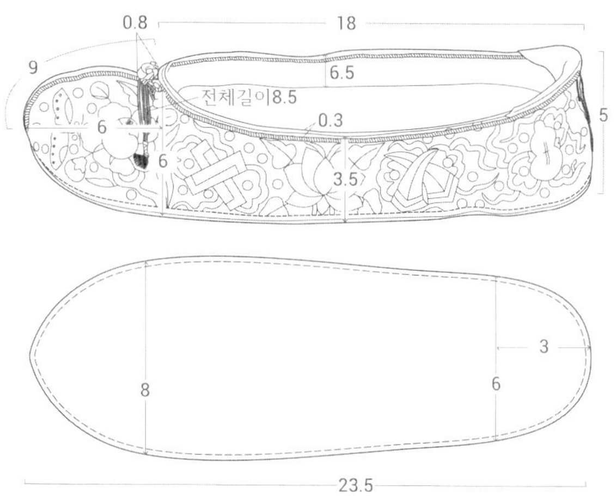

바닥면 Shoe soles 안창과 중창으로 사용한 한지만 남아있음.

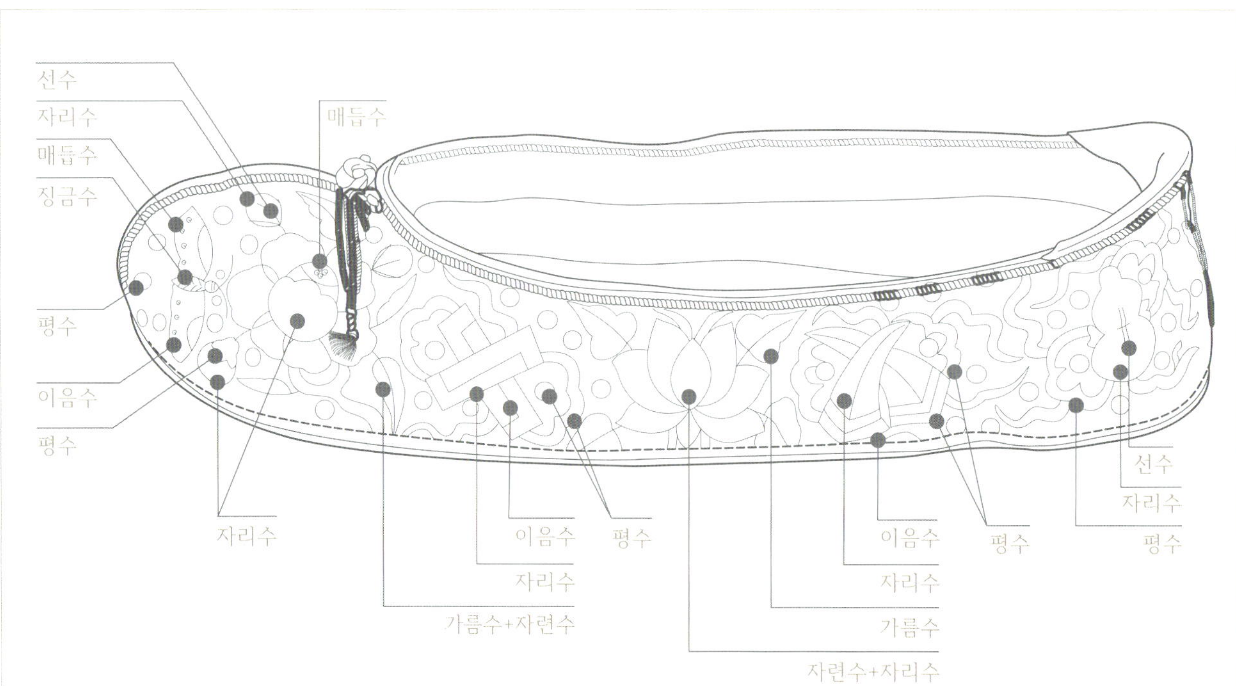
선수
자리수
매듭수
징금수
매듭수
평수
이음수
평수
자리수
이음수
평수
자리수
가름수+자련수
이음수
평수
자리수
가름수
자련수+자리수
선수
자리수
평수

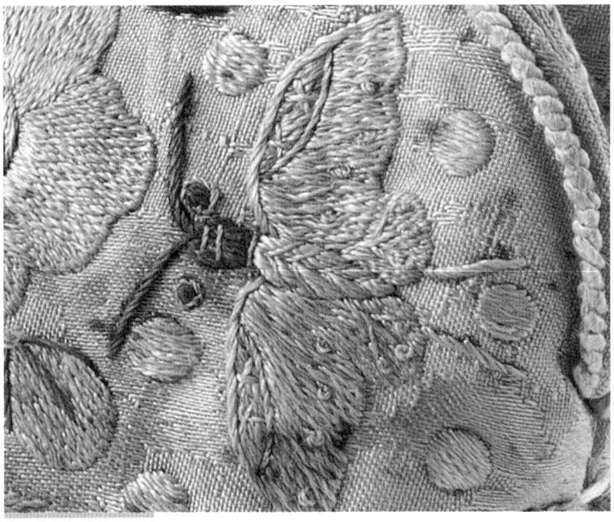

나비[蝶] 평수, 매듭수, 징금수, 이음수

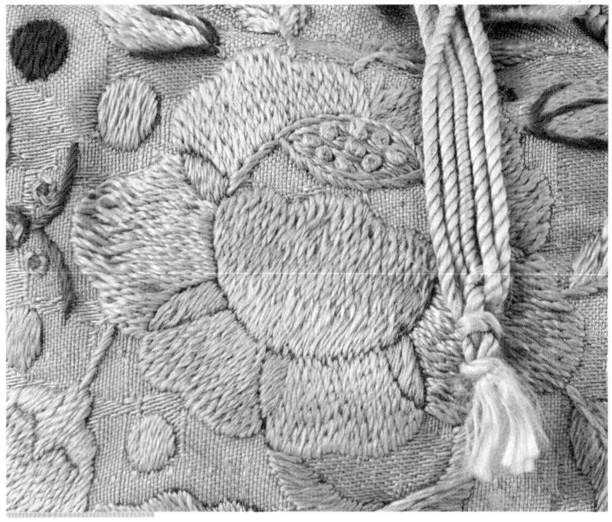

모란 자리수, 평수, 선수, 매듭수

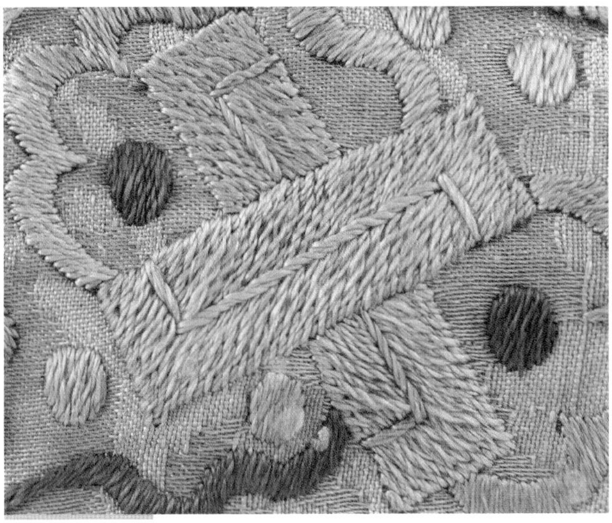

서보(書寶) 자리수, 이음수, 평수

연화(蓮花) 자련수, 자리수, 가름수

서각(犀角) 자리수, 이음수, 평수

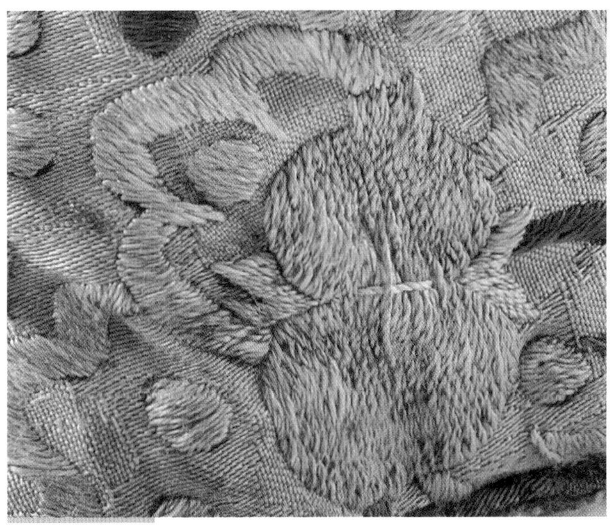

호로(瓠盧) 평수, 자리수, 선수

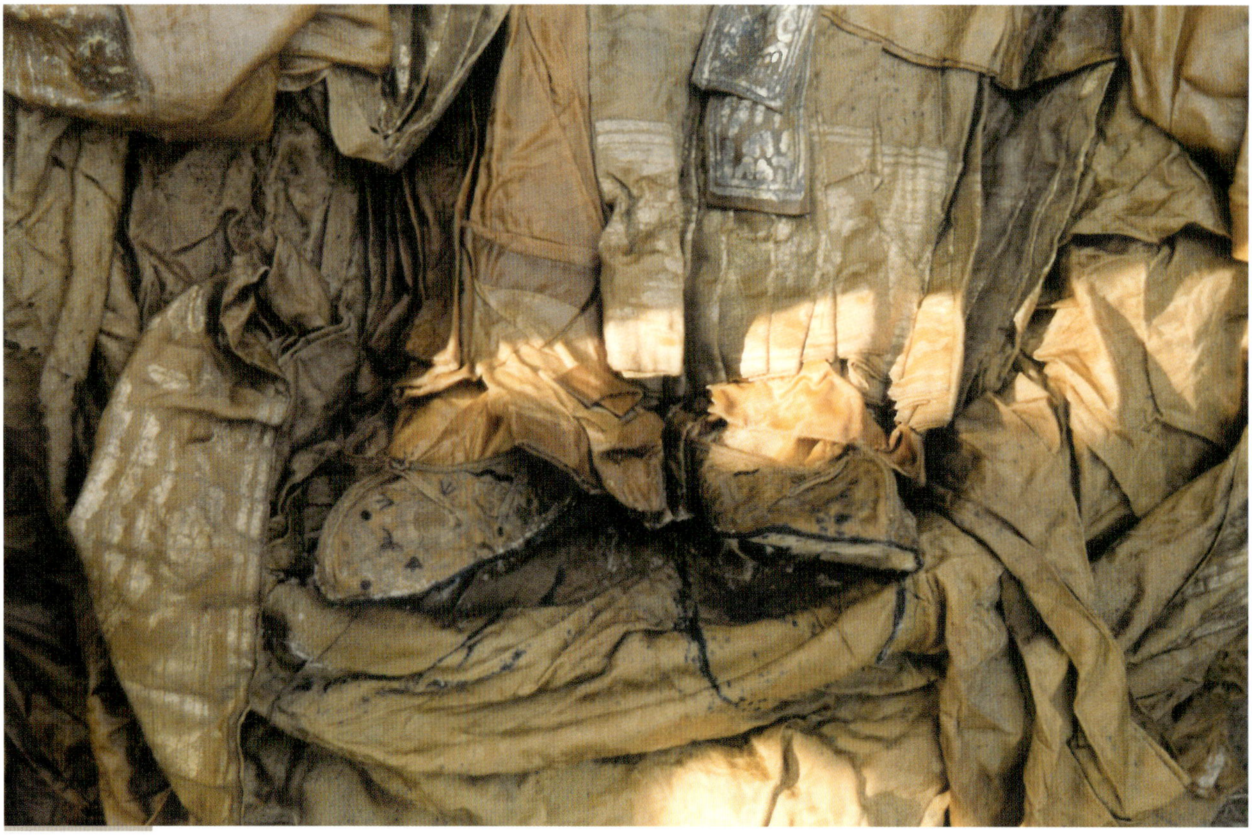

출토 당시의 습신 착장 모습 *Seup-ssin*(Shoes for the deceased) at the time of excavation

신코 Fore sole

뒤축 Heel

습신 彩鞋

Seup-ssin, Woman's shoes for the deceased

1722년

발 길이 26cm, 볼 너비 9cm, 뒤축 6cm

1999년 경기도 하남시 춘궁동
안동권씨 묘 출토
경기도박물관 소장

인평대군(인조의 3남)의 손자 의원군(義原君) 이혁(李爀, 1661~1722)의 부인인 안동권씨(安東權氏, 1664~1722) 의 무덤에서 출토되었다. 직금운용문단(織金雲龍紋緞) 원삼을 입고 이 신을 신고 있었다. 겉감을 짙은 색의 화문단을 사용하였고 안감은 고운 명주를 사용하였다. 신울과 바닥면 사이에는 거친 면포를 이용하여 심을 넣고 그 위에 굵은 실로 누벼 주었다. 신복 입구 테두리[도리]는 견사를 감칩질하 듯 박아 주어 마치 꼰사를 징금수하 듯이 표현하였으며, 앞축에는 양쪽 신울 봉합 부분을 접어 박음질하여 휘(翬)을 만들고 좌우에는 꼰사로 코실을 표현하였다. 뒤축도 같은 형식으로 휘와 칙실을 표현하였다. 신코에는 비단실로 둥글게 꽃술을 달았다. 왼쪽 신발의 꽃술은 분실되었다.

Seup-ssin of Lady Kwon originating from the Andong clan. The corpse was found wearing a *Wonsam*(women's ceremonial robe) and this *Seup-ssin*. Overlaid with flower patterned silk satin and had a round looped flower tassel woven with silk thread on the toe.

『전주이씨 묘출토복식조사보고서(2001)』, p.247, p. 259.

신코 Fore sole

습신 彩鞋

Seup-ssin, Woman's shoes for the deceased

1700년대

발길이 27.5cm, 볼 너비 9.5cm

무연고 묘 출토

개인 소장

무연고 여성의 묘에서 출토되었다. 망자가 연화문단 홑원삼을 입고 이 신을 신었다. 겉감은 작은 꽃과 방승(方勝) 등 보배무늬가 시문된 화문단이고, 안감은 명주를 사용하였다. 전체적인 모양새와 짜임새가 안동권씨 묘 습신과 유사하다.

Excavated from an anonymous tomb. The outer was a cloth with small flower patterns, and the inner with silk. The overall shape and structure is similar to the Seup-ssin.

석주선기념박물관·서울역사박물관(2006). 『다시 태어난 우리옷, 환생』. p.35.

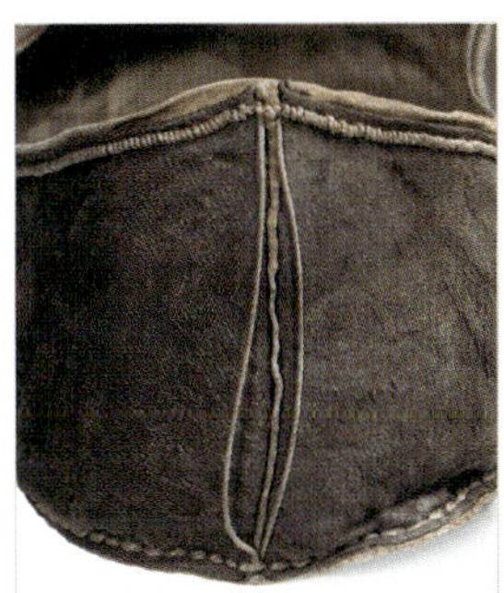

뒤축 Heel　휘와 칙실 모습

습신 彩鞋

Seup-ssin, Woman's shoes for the deceased

1772년

발 길이 25.5cm, 볼 너비 7.5cm, 뒤축 5cm

2003년 충청북도 청주 광산김씨 묘역 한산이씨 묘 출토

충북대학교박물관 소장

한성부 판윤을 지낸 김원택의 큰아들 김상덕의 부인 한산이씨(韓山李氏, 1722~1772) 묘에서 코 끝에 꽃 장식이 있는 습신이 출토되었다. 겉감은 공단이고, 안감은 명주를 사용하였다. 바닥은 명주를 누벼 주었다. 콧등에는 견사 꽃술이 달렸으며, 꼰 견사를 드물게 징궈주어 코실과 신목 가장자리를 장식하였다. 뒤축 중심선에는 공단으로 휘가 부착되었고, 좌우에는 성글게 꼰 견사 칙실이 4줄 있다. 겉 모양새는 안동권씨 습신과 유사하나, 꼰 견사의 재봉법이 단순한 점에서 짜임새가 다소 뒤쳐진다.

『육전조례』에서 '자전[신정왕후]의 온혜에는 결화가 없다'고 한 사실로 결화 장식은 남편이 있는 여성들만의 특권으로 보여지나, 일찍 혼자가 된 한산이씨가 습신으로 신은 것으로 보아 예외의 경우도 확인된다.

Excavated from the tomb of Lady Lee(from Han-san clan). The toe has a flower decoration. The shape is similar to the excavated shoe of Lady Kwon(from Andong-clan), but the rather simple needlework of the twisted silk thread gives a lack of structure. It was understood that the shoes with flower decoration on toe were a privilege for woman with husbands. However, Lady Lee became a widow early in her marriage therefore there are exceptions.

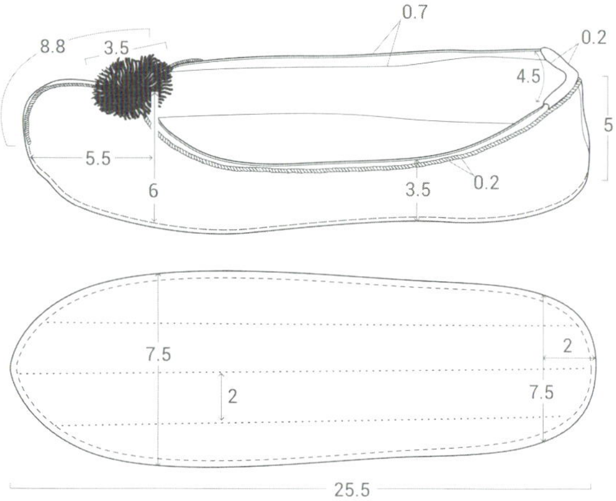

신코 Fore sole

습신 彩鞋

Seup-ssin, Woman's shoes for the deceased

1792년

발 길이 25cm, 볼 너비 7.5cm, 뒤축 5.5cm

2003년 충청북도 청주 광산김씨 묘역 전주이씨 묘 출토

충북대학교박물관 소장

김원택의 셋째 아들 김상직의 부인인 전주이씨(全州李氏, 1722~1792) 묘에서 출토되었다. 겉감은 공단이고, 안감은 명주를 사용하였다. 바닥은 명주를 누벼 주었다. 콧등에는 견사로 만든 꽃술이 달렸는데, 현재 한 쪽은 소실되었다. 전체적인 모양새와 짜임새가 한산이씨 습신과 유사하다. 꽃술 장식으로 볼 때 결화온혜에 해당된다고 볼 수 있다.

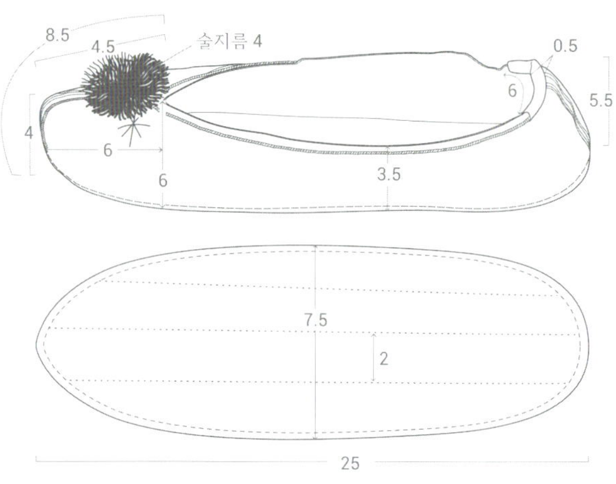

신코 Fore sole

뒤축 Heel

습신 彩鞋

Seup-ssin, Woman's shoes for the deceased

1800년대

발 길이 27cm, 볼 너비 7.5cm, 뒤축 6cm

2005년 경기도 포전 청주한씨 묘 출토

풍양조씨 조원영(趙原永, 1777生)의 부인 청주한씨(淸州韓氏)의 무덤에서 출토되었다. 수의로 원삼을 입고 습신을 신고 있었다. 이 신은 조선 말기의 남성용 습신 운혜와 유사하며 남편 조원영의 습신과 거의 동일하다. 조원영의 습신 운혜와 같이 앞과 뒤에 부착한 구름 문양의 테두리를 선단으로 처리하는 등 짜임새가 단순하다.

겉은 무문단[5매 수자직], 안감은 명주로 되어 있다. 콧등은 11가닥의 일자수와 함께 능직견과 공단을 사용한 구름무늬로 장식하였으며, 무늬의 가장자리는 선단 처리하였다. 신 입구 선[도리]는 공단으로 선단을 둘러 주었으며, 윗변도 공단으로 둘러 주었다. 신이 벗겨지지 않도록 뒤축에 오각형 무늬의 문릉(紋綾)으로 된 끈을 달고 앞면 중심에 달린 고리에 끼워 고정하였다. 바닥은 명주를 누벼 주었으며 현재는 겹누비 상태이다.

Excavated from the tomb of lady Han of Cheongju, wife of Won-Young Cho of Pungyang. It is simplified in form in comparison to earlier periods, where the front and back parts with cloud patterns were bordered in the shape of a fleet. The outer was made of satin and the inner with silk. Straps were attached to the shoes in order to fix the shoes on the feet.

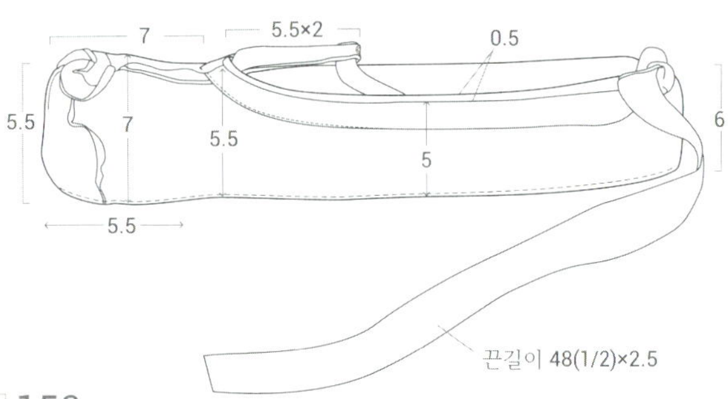

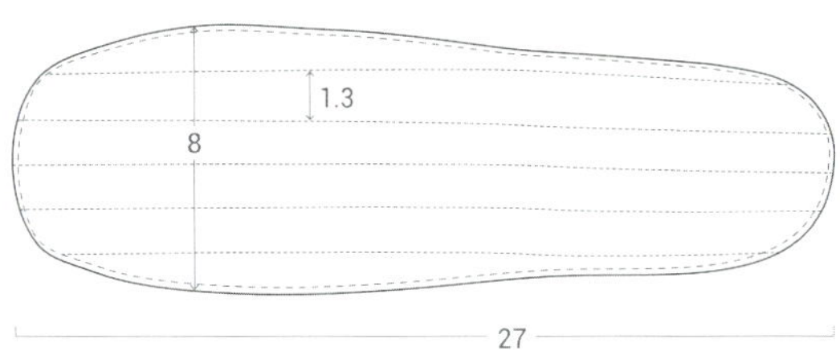

신코 Fore sole

여성용 습신 彩鞋

Seup-ssin, Women's shoes for the deceased

망자의 수의에 사용하기 위해 간편하게 만든, 신목이 없는 습신 전용 혜(鞋)류이다. 신울에는 옷감에 종이를 배접하고, 바닥은 종이로 만들었기 때문에 재질과 모양이 단순하다. 신었던 신을 습신으로 사용하거나, 특별히 생전의 신을 본 따 만든 습신과 달리, 재료를 단순하게 사용하여 임의로 만들었고 출토 신 중에 가장 많다. 경제 사정에 따라 신의 겉감을 달리하여, 금선단, 문단, 공단, 명주, 삼베 등 다양한 재료가 이용되었다. 또한 토양의 성질에 따라 식물성 섬유 또는 동물성 섬유만 남아 있어 신의 형태가 분해된 상태이거나 겉감이 퇴화되어 종이심만 남은 형태로 출토되는 경우도 있다.
습신에 대해 『상례비요喪禮備要』(1621) 또는 『사례편람四禮便覽』(18세기) 등의 예서(禮書)에는 남성은 리(履) 또는 흑리(黑履)로, 여성은 채혜(彩鞋)로 기록되어 있다. 여성 습신은 남성 습신과 달리 색상의 구속이 없었음이 확인된다.

The shoes in which the deceased is wearing is called 'seup-ssin'. Unlike the shoes that were worn during the lifetime of the deceased or a special pair crafted to resemble them, these *Seup-ssin* were made optionally with simple materials in which they became the most common type among excavated shoes. Based on the financial situation the outer material varied such as *Geum-seon-dan, satin, silk*, or *hemp*. Women's seup-ssin in particular had no constraint in the usage of different colors. It was written in the document『Sang-rye-bi-yo』that women's seup-ssin, the selection of colors could be varied.

무연고 여성 묘 출토 습신

1500년대 중후반
발 길이 26cm, 볼 너비 10.2cm
충남 천안시 유량동 출토
재질 - 명주, 종이

여흥민씨 묘 출토 습신

1600년대
발 길이 24.5cm, 뒤축 5.5cm
재질 - 종이

파평윤씨 묘 출토 습신

1700년대
발 길이 27.5cm, 앞 높이 6.7cm
재질 - 화문단

습신 彩鞋

Seup-ssin, Woman's shoes for the deceased

1566년

발 길이 26cm, 볼 너비 10cm, 뒤축 5.5cm

2002년 경기도 파주시 교하면 당하리
파평윤씨 묘 출토
고려대학교박물관 소장

문정왕후의 오빠인 윤원량의 손녀로 추정되는 파평윤씨(坡平尹氏, 1566卒)의 묘에서 출토된 습신이다. 수의로 노사(鷺鷥) 흉배가 부착된 여성용 단령을 입고 이 신을 신었다.
망자에게 습신으로 신기기 위해 간단하게 만든 것으로, 신울은 아청색 무문단(공단) 옷감에 한지를 배접하여 만들고, 바닥은 한지만을 사용하였다.

Excavated from the tomb of Lady Yoon(the Pa-Pyeong clan). The outer rim of the shoe was constructed with silk tabby layered with thick *hanji*(traditional Korean paper), also the sole with one thick sheet of *hanji*.

고려대학교박물관(2003), 『파평윤씨모자 미라 종합연구논문집 2』, p.68, p.290.

습신을 수습하는 모습 *Seup-ssin*(Shoes for the deceased) at the time of excavation

청주한씨 묘 출토 습신

1500년대
발 길이 24.5cm, 볼 너비 10cm
재질 - 겉: 명주
안과 바닥: 종이

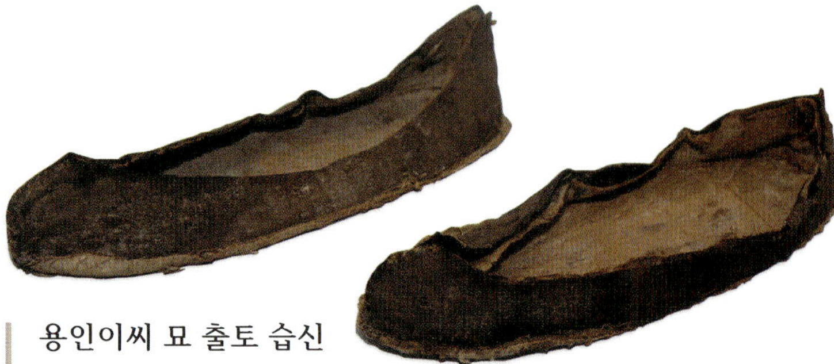

용인이씨 묘 출토 습신

1500년대
발 길이 24.5cm, 볼 너비 8cm
재질 - 겉·안: 명주
바닥: 종이
대전시립박물관 소장

장기정씨 묘 출토 습신

1614년
발 길이 25cm, 볼 너비 9.5cm
재질 - 금선단(金線緞)
안동대학교박물관 소장

순흥안씨 묘 출토 습신

1609년
발 길이 30.5cm, 뒤축 7.5cm
재질 - 명주

무연고 여 분묘 출토 습신

1600년대
발 길이 28.5cm, 뒤축 5cm
재질 - 화문단(花紋緞)
경기도 남양주시 별내면 출토
국립민속박물관 소장

순흥안씨 습신 복원품 지은이 박양희
Restored artifact

남성용 습신 彩鞋

Seup-ssin, Men's shoes for the deceased

망자의 수의에 사용하기 위해 간편하게 만든, 신목이 없는 습신 전용 혜(鞋)류이다. 생전의 신을 본 따 특별히 만든 습신과 달리, 재료를 단순하게 사용하여 임의로 만들었기 때문에 신울은 옷감에 종이를 배접하고, 바닥은 종이로 만든 사례가 가장 많다.

『상례비요喪禮備要』(1621)에서 남성의 습신을 리(履) 또는 흑리(黑履)로 기록하여 여성의 채혜(彩鞋)와 구별하고 있으나, 출토되는 습신에서 남녀 형태나 시대 구분의 뚜렷한 차이는 보이지 않는다.

남성 습신은 흑색이어야 하나, 수백 년간 땅속에서 본래의 색상이 퇴화되어 현재는 대부분 갈변된 상태이다.

The shoes in which the deceased is wearing is called '*seup-ssin*'. Unlike a *seup-ssin* constructed to resemble the shoes worn during one's lifetime, these were optionally made with simple materials, therefore using paper as a layering material. It was written in the document 『Sang-rye-bi-yo』 that men's shoes were to be made black. The seup-ssin has now become brown due to decolorization after being buried underground for hundreds of years.

이응태 묘 출토 습신

1586년
발 길이 26cm, 볼 너비 9cm
재질 - 마포
안동대학교박물관 소장

성재공 이서용 묘 출토 습신

1619년
발 길이 29cm, 볼 너비 10.5cm, 뒤축 8cm
재질 - 종이
고려대학교박물관 소장

임연 묘 출토 습신

1587~1654년
발 길이 29cm, 볼 너비 10cm
광주역사민속박물관 소장

성급 成汲 묘 출토 습신

Seup-ssin, Man's shoes for the deceased

1629년

발 길이 25.5cm, 볼 너비 9cm, 뒤축 7cm

2005년 경기도 파주시 문산읍 당동리 성급 묘 출토

창령성씨 성급(成汲, 1629년卒)의 무덤에서 출토되었다. 성급은 대사헌 이언충(李彦忠, 1524~1582)의 매제로, 선무랑[종6품] 벼슬을 역임하였다. 수의로 직령포(直領袍)를 입고 이 습신을 신었다. 신울은 명주 바탕에 종이를 배접하여 사용하였고 바닥은 두꺼운 종이를 사용하여 만들었다.

Excavated from the tomb of Sung-geup, a government official, at Dangdong-li, Munsan-eup, Paju province. The outer is silk layered with paper and the bottom sole with thick paper.

습신 출토 모습 *Seup-ssin*(Shoes for the deceased) at the time of excavation

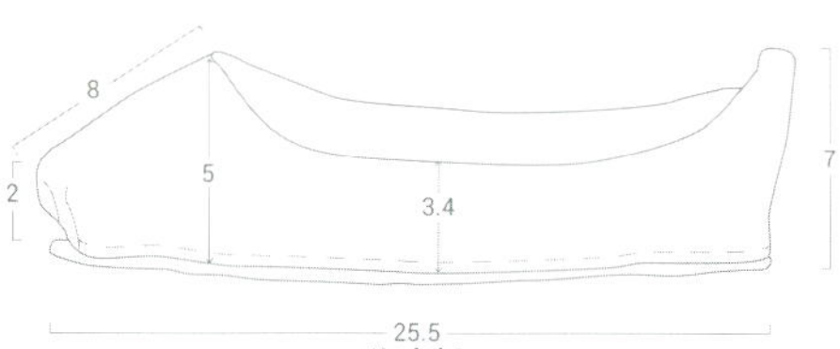

무연고 묘 출토 습신

Seup-ssin, Man's Shoes for the deceased

1500년대 중후반

발 길이 23cm, 볼 너비 11.5cm, 뒤축 7cm

2009년 서울시 동작구 무연고 분묘 출토

조선 중기에 부사(府使)를 지낸 무연고 남성 묘에서 출토되었다. 수의로 면포 단령에 포백대를 두른 모습으로 습신을 신고 있었다. 명주에 종이 배접한 신울에 한지 밑창을 성글게 시침하여 부착하고 도리를 종이로 풀붙여 마무리하였다.

Excavated in Dongjak-gu, Seoul, from the tomb of an anonymous man who worked as a *busa*, a rank denoting deputy commander of governmental affairs. The outer rim of the shoe was constructed with silk tabby layered with paper. The sole made of hanji(traditional Korean paper) was sparsely tacked on.

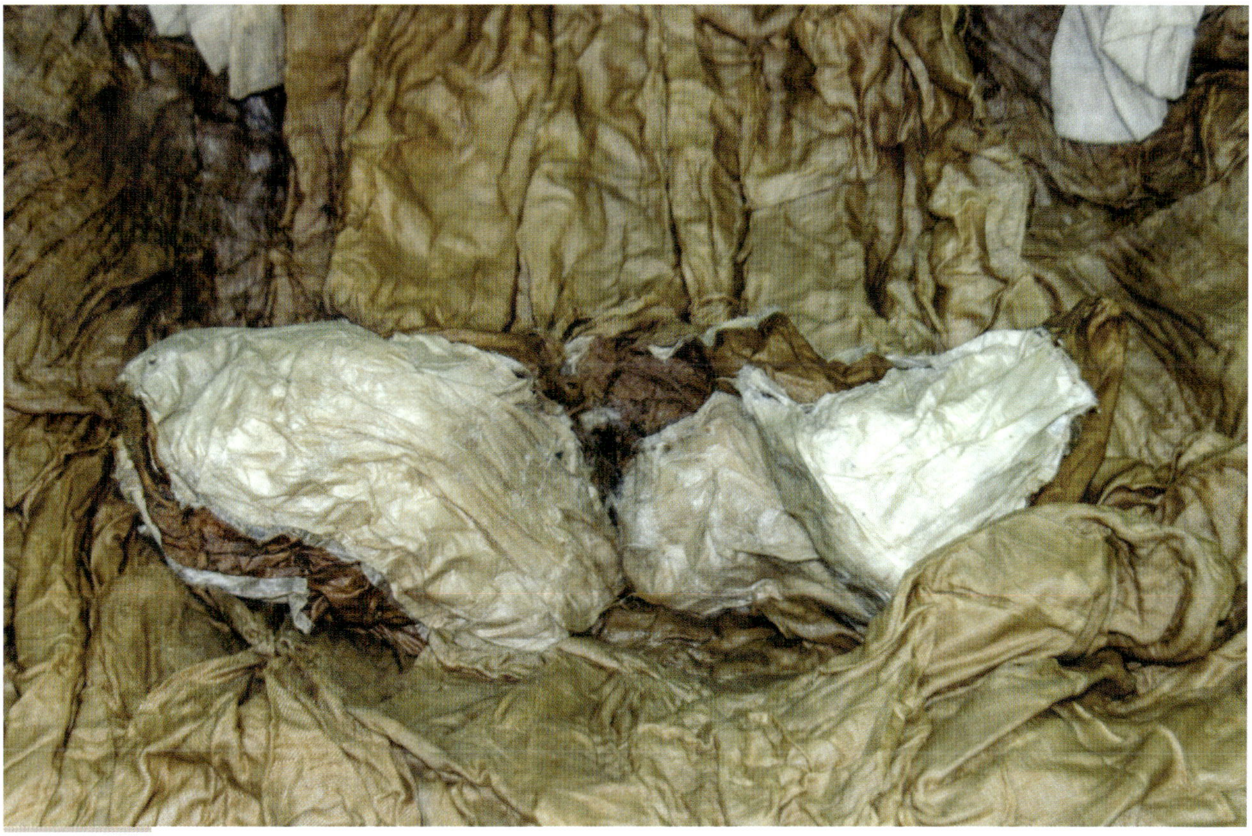

습신 출토 모습 *Seup-ssin*(Shoes for the deceased) at the time of excavation

복원품 지은이 김미정

Restored artifact

습신

Seup-ssin, Man's shoes for the deceased

1538년

발 길이 26cm, 볼 너비 10.5cm, 뒤축 6.5cm

1995년 경기도 파주군 금촌읍 정온 묘 출토

조선 중종(中宗) 시기에 통례원 찬의 벼슬을 지낸 정온(鄭溫, 1481~1538)의 무덤에서 출토되었다. 신울은 한지 3겹을 배접한 명주를 사용하였고 안창과 밑창 사이의 중창은 풀대를 삼아서 속창을 넣어 주었다.

The *Seup-ssin* was excavated at Paju, Kyeonggi-do, in 1995, from the tomb of Jeong On, who held a government position for rites and ceremonies during the reign of King Jungjong of the Joseon Dynasty. The quarter was overlaid with silk tabby which was layered with rice paper. The throat was trimmed with rice paper. The insole and sole was covered with rice paper as well. The middle sole layered in between was woven with grass stems.

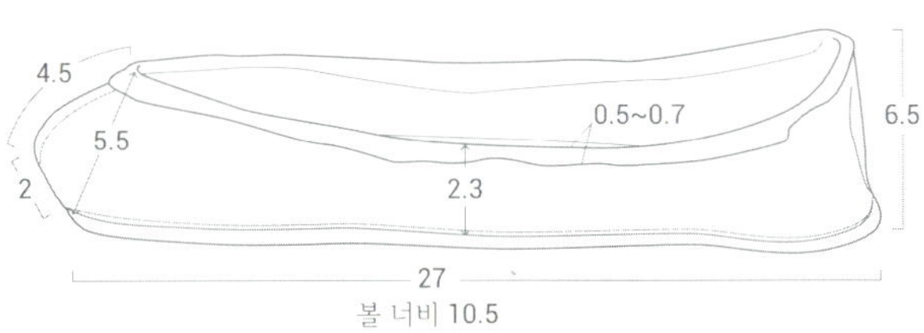

습신

Seup-ssin, Man's shoes for the deceased

1841년

발 길이 31cm, 볼 너비 8.5cm, 뒤축 6.5cm

1991년 충남 천안시 홍희준 묘 출토

홍희준(洪羲俊, 1761~1841)의 묘에서 출토되었다. 겉감은 공단, 인감은 명주를 사용하였고, 신코와 뒤축의 봉제된 사이에 휘[揮, 선]를 넣어 주었고, 뒤축 안쪽에는 공단으로 근피를 부착하는 등 혜의 구성을 그대로 재현하였다. 바닥은 명주를 누벼 주었다. 속심이 없이 겹 상태인 것은 식물성 섬유가 퇴화하면서 소실된 것으로 보인다.

The *Seup-ssin* was excavated from the tomb of Hong Hee-Jun(the 16th grandson of Hong family originating from Pungsan) at Ssangryong-dong, Chunan-si in 1991. The quarter was overlaid with satin. The sole was padded with cotton batting and quilted. There is only a single layer left without the inner, presumably since the textile made from vegetable fibers have disappeared.

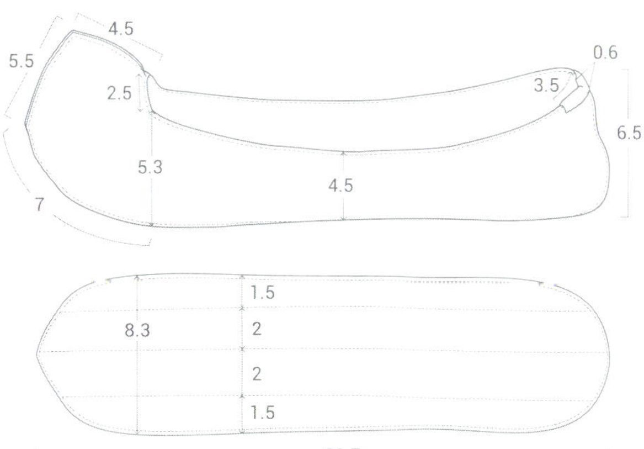

복원품 지은이 김아람
Restored artifact

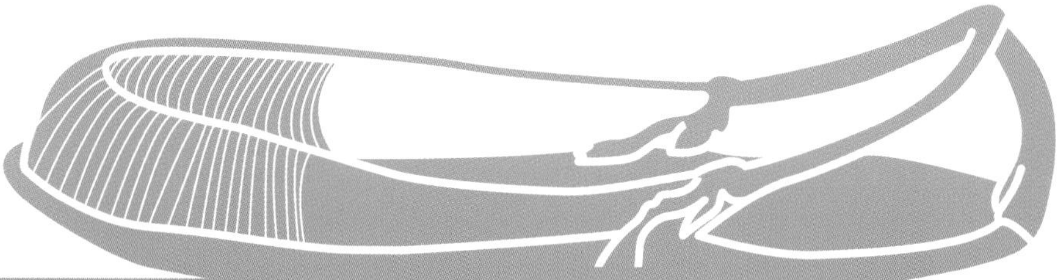

4

짚이나 풀대로 만든 신을 총칭하여 이르는 말이다. 삼국시대부터 있어온 전통이 오래된 신으로, 남녀노소 신분에 관계없이 누구나 신었다. 가는 풀대를 꼬아 날로 삼고, 양쪽 가장자리에 풀대를 꼬아 총을 세워서 올을 만든다. 짚으로 만든 짚신, 삼[麻]으로 만든 미투리, 부들로 만든 부들신[香蒲履], 칡덩굴로 만든 청올치신, 신총에 닥종이를 사용하여 만든 엄짚신 등의 종류가 있다. 미투리, 부들신처럼 고급의 초혜는 양반이 편복에 착용하였고 일반 서민은 짚신을 신었다. 중종 35년(1540) 6월에는 외간의 창기(娼妓)들이 금선(金線)을 두른 초혜를 신고 다닐 정도로 사치가 심해 이에 대한 상소가 있기도 하였다.
조선 시대 초혜 중에서 시대가 오래된 것은 주로 출토품에서 짚신, 미투리, 지총미투리 등의 형태로 발견된다. 출토 경향은 망자가 습신으로 신었던 경우가 있으며, 습신은 별도로 있으면서 관 속에 옷들과 함께 넣어 주어 염의로 사용한 경우도 있다. 습신과 별도로 상제가 초상 때부터 졸곡 때까지 신는 상례용 신을 엄짚신이라 한다. 상류층 사람들은 풀대에 한지를 둘러 꼬아서 특별히 만든 엄짚신을 신었으며, 일반적으로는 기존의 짚신이나 미투리에 면포나 한지를 끼워 만든 엄짚신을 신었다.
조선 말기의 유물은 미투리 등의 질 좋은 초혜류가 대부분이고 서민적인 짚신 유물은 드문 편이다. 이는 박물관 등의 소장처에서 질 좋은 제품을 선호하기 때문이다. 초혜는 신총, 신날, 당김잇줄, 신날, 돌기총, 뒷갱기, 뒤축 등으로 기본 구조는 시대에 따른 큰 변화는 없으나 형태와 크기의 차이가 다소 있다. 조선 후기 이전의 초혜는 신총 길이가 매우 짧고 20총 내외로 총을 세웠다. 밑창은 날줄 사이에 중창 역할을 하도록 목재질을 씨실로 보강하였다. 전체적인 짜임새는 백제 시대의 출토 짚신과 매우 흡사하다. 조선 말기 이후의 초혜는 신총의 길이가 길고 좌우 총 수가 많아진다. 그리고 밑창은 중창이 없이 날줄만 삼기 때문에 날의 너비가 좁고 굵다. 초혜는 조선 후기에 승혜전(繩鞋廛)이라는 시전에서 판매하였는데, 짚신과 미투리를 주로 취급하였으나 왕골신[菅履], 청올치신[葛履], 부들신[香蒲履]도 팔았다. 생업으로 초혜를 만드는 장인도 있었으나 농한기 때 서인(庶人)이나 머슴들이 짚신을 삼아 식구들의 수요에 충당하고 남는 것은 승혜전에 넘겨 푼돈을 마련하기도 하였다.

Shoes made from straw or the stem of plants. They have a tradition dating back to the Three Kingdoms Period. As shoes in the form of sandals, the most representative are the *Jip-sin*(straw shoes)made of straw. Just as the *Mi-tu-ri*(Hemp shoes), fine-quality Cho Hye were worn by the Yangbans, the noblemen, while the commoners wore the straw shoes. Also worn during funeral rites, the Yangbans wore the *Uhm-jip-ssin* made from a mixture of plant stems and Korean traditional paper(Dak-Jongi, or Hanji)and the commoners wore basic straw shoes with inserted white cloth. The *Cho-Hye* is found amongst excavated articles, either worn as *Seup-ssin*(shoes worn by corpse) or put inside the casket together with other clothing.

초혜 草鞋

Cho-Hye, Straw shoes

크고 작은 초혜 Various *Cho-Hye,* Small and large straw shoes

습신용 짚신

Jip-sin, Straw shoes for the deceased

1500년대 전반

발 길이 25.4cm, 볼 너비 7.5cm, 뒤축 7.5cm

2009년 충북 음성군 원남면 정담 부부묘 출토

안동대학교박물관 소장

조선 중기에 사직(司直)과 현감 벼슬을 지낸 정담(鄭聃, 1476生) 의 무덤에서 습신으로 출토되었다. 짚과 청올치(칡덩굴의 속껍질)를 이용하여 만들어 매우 거칠다. 바닥은 4날로 이루어졌으며, 앞 부분에는 좌우 5개씩 총 10개 신총을 세웠다. 앞당김 줄에서 도끼총에 연결되어 있는 좌우 끈을 발등에서 묶도록 하였다.

Excavated from the tomb of Jeong-Dam. Made by woven straw. The oldest remaining pair amongst the category of *Cho-hye*(straw shoes).

안동대학교 박물관(2010). 『정담부부의 무덤과 출토유물』, p.110, p.136.

출토 미투리

Excavated *Mi-tu-ri* , Straw Shoes

1586년

발 길이 23cm, 볼 너비 9cm

1997년 경북 안동시 정상동 이응태 묘 출토
안동대학교박물관 소장

고성이씨(固城李氏) 이응태(李應台, 1556~1586)의 무덤에서 삼베로 만든 습신 외에 대렴(大殮)에서 한지에 싸인 또 다른 신이 발견되었다. 마(麻)와 모발을 섞어 짠 짚신형 신발로, 소장처에서 마혜(麻鞋)라 칭하고 있다. 신총은 삼으로 좌우 9개씩 모두 18개의 총을 세웠으며, 총을 모아 주는 앞갱기와 뒤축에 연결된 뒷갱기는 한지로 싸 주었다. 바닥은 삼과 모발을 섞어 4날로 삼았다. 신발을 싸고 있던 한지는 파손되어 몇 글자만 확인되는데, "이 신 신어 못.."라는 글자가 쓰여 있다. 출토품 중에서 남편의 죽음을 애통해 하는 부인의 편지글이 발견된 것으로 보아, 이 신은 이응태를 위해 그의 부인이 본인의 머리카락으로 짠 것으로 추정하고 있다.

These shoes were excavated from the tomb of Lee Eung-Tae(from the Go-Sung clan). A type of Jip-sin made with hemp and hair. Found with a mourning letter from the wife of Lee, it is assumed to have bee woven with hair from herself.

안동대학교박물관(2000). 『안동 정상동 일선문씨와 이응태 묘 발굴조사보고서』. p.84. p.235.

신을 쌌던 한지

출토 미투리

Excavated *Mi-tu-ri*, Straw Shoes

1598년

발 길이 26.5cm, 볼 너비 8cm, 뒤축 7cm

1985년 전남 영암군 학산면 김함 묘 출토

임진왜란 당시 이순신 장군 휘하에서 싸우다 전사한 선전관(宣傳官) 김함(金涵, 1568~1598)의 의리장(衣履葬) 무덤에서 출토된 것이다. 의리장이란 시신이 없을 때 의복과 신발만을 관에 넣어 지내는 장사를 말한다. 후손의 증언에 의하면, 출토 당시 목신(木身)에 옷을 입히고 목에는 나무로 만든 30알(나이를 의미한 듯)의 목걸이가 걸려 있었다고 한다. 이 신은 부들과 청올치(칡덩굴의 속껍질)를 이용하여 매우 섬세하게 만들었다. 신 바닥은 닥 속껍질을 사용하여 4날을 삼았는데, 사이에 싸릿가지로 추정되는 넓은 목재질을 2줄 끼워 바닥면이 힘을 받도록 하였다. 닥 속껍질을 짧게 꼬아 만든 신총은 총수도 작아서 현대 것의 절반 정도이다. 현재 앞당김 줄이 일부 소실되어 없는 상태이다.

Excavated cattail shoes, from the tomb of Kim Ham who died in battle lead under the command of General Lee Sunsin during the Japanese Invasion. The excavated cattail shoes had the bottom woven with mixed material of cattail and dried inner bark of arrowroot. The sole was woven with 4 rows of cord made of inner skin of paper mulberry as warp and mulberry skin as weft.

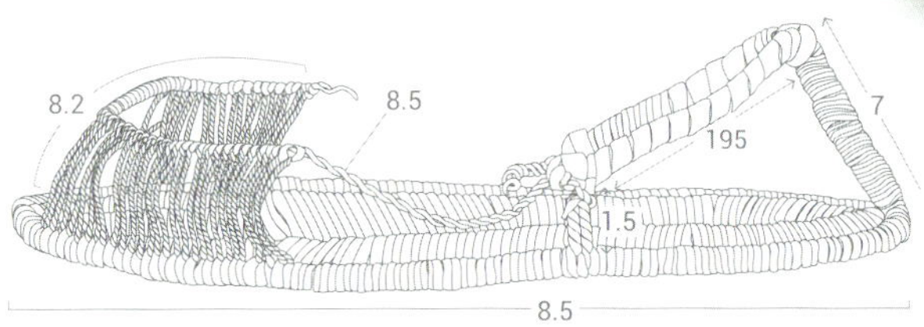

습신용 짚신

Jip-sin, Straw shoes for the deceased

1600년대 초반

발 길이 24cm, 볼 너비 10cm

2006년 경남 하동군 금성면
성주이씨 문중 배위 묘 출토
안동대학교 박물관 소장

성주이씨 집안에 시집온 무명씨 여성의 묘에서 출토되었다. 망자가 장옷 2점을 겹쳐 입고 겹버선 위에 이 신을 신었다. 재질은 짚신과 풀대, 한지를 사용하였다. 신총을 종이로 꼬아 만들어 지혜(紙鞋)로 칭하고 있으며, 좌우로 각각 11개의 지총을 세웠다. 바닥은 4날로 이루어졌는데, 2가지 풀대 재질을 사용하여 중간에 넓게 가로로 이색 장식선을 넣었다.

Excavated from an anonymous tomb of a married women of the Lee family of the Sung-Joo clan. Had worn a cloak and these *jipsin* at the time of excavation.

안동대박물관(2013). 『하동 할매들 안동 나들이』. p.67.

습신용 짚신 출토 시 모습 *Jip-sin*(Straw shoes for the deceased) at the time of excavation

출토 짚신

Excavated *Jip-sin*, Straw Shoes

1600년대 중반

발 길이 24cm, 볼 너비 10cm, 뒤축 5.5cm

2014년 충북 괴산 성주도씨 묘 출토
경기도박물관 소장

청주양씨 양환(楊瓛)의 부인 성주도씨(星州都氏, 1650~1660 추정)의 관 안 하부 모서리에 세워진 상태로 발견되었다. 짚과 한지를 사용하여 거칠게 만든 짚신이다. 신총의 재질은 한지이며, 좌우 12개씩 총을 세웠다. 신 바닥은 2가지 풀대를 사용하여 이색(異色)으로 삼았다. 일명 지혜(紙鞋)라 할 수 있으며, 안동대학교 박물관 소장의 성주이씨 문중 배위의 습신용 짚신과 유사한 구조이다.

A *jipsin* in which the front part of shoes was made from twisted paper. It was additionally put inside the coffin, not a *seupsin* that the corpse had worn.

경기도박물관(2015). 『조선의 명가 청주양씨 기증 유물전』, p.100, p.251.

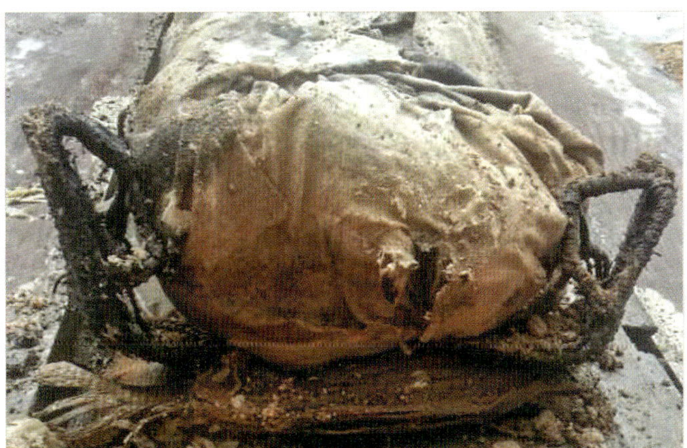

짚신의 출토 시 모습 *Jip-sin*(Straw Shoes) at the time of excavation

출토 미투리

Excavated *Mi-tu-ri*, Straw Shoes

1630년대

발 길이 26cm, 볼 너비 9cm

1995년 충남 천안시 풍세면 고여우 일가 묘 출토

제주고씨 문충공파(文忠公派) 참판공(參判) 고여우(高汝雨, 1630년대 추정) 일가 묘에서 출토된 미투리이다. 닥 속껍질로만 삼은 신으로 매우 정교하게 만들었다. 신총은 좌우 33개씩 모두 66개의 총을 세웠으며 신총 길이는 현대 미투리에 비해 길이가 매우 짧다. 바닥은 6날이며, 날줄 속에는 싸릿가지로 추정되는 목질(木質)을 넓게 깔아 씨줄로 바닥을 보강하였다. 뒷갱기는 닥 속껍질을 넓게 잘라 말아 주었다. 뒤축 도갱이 부분이 활처럼 휘어 조형미가 돋보인다.

The mi-tu-ri were excavated from the tomb of Goh Yeo-u, and his second son, at Pungse-myun, Cheonan-si, Chungcheongnam-do in 1995. This *mi-tu-ri* is unique in that they were made of the inner skins of oak and presumed branches of bush clover. The sole was constructed in six rows of warp and in addition woody parts in between the rows were inserted for reinforcement. The length of *sinchong*(the chassis) is very short in comparison to its contemporary ones.

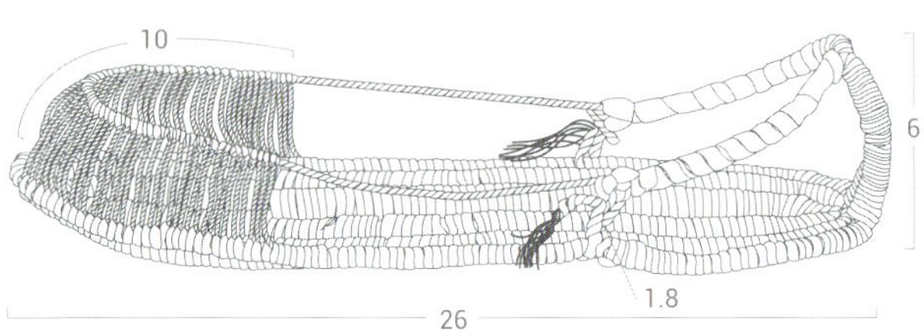

신코 Fore sole

출토 짚신

Excavated *Jip-sin*, Straw Shoes

1600년대 초반

발 길이 23cm, 볼 너비 8.5cm, 뒤축 6cm

2004년 전북 부안 파평윤씨 문중 선산 고부이씨 묘 출토

병자호란에서 활약한 어모장군(禦侮將軍) 윤좌형(尹佐衡, 1600년대 초 추정)의 부인 고부이씨(古阜李氏, 1600년대 초 추정)의 무덤에서 대렴 중 발밑 가장 안쪽에서 발견되었다. 대렴이 시작되는 소렴 끝 부분 발 바닥 위치에 마치 신을 신은 듯 세워진 채 놓여 있었다. 습신이 출토되지 않은 것을 볼 때 이 신을 습신용으로 마련한 것일 수도 있다. 전체 짚을 사용하여 거칠게 만들었다. 신총은 좌우 각각 8개씩 모두 16개 총을 세웠다. 신코 부분에 하지 꼬임이 조금 남아 있다. 바닥은 4날인데, 속에 목 재질의 씨줄은 삽입하지 않고 온전히 날줄로만 구성되어 있다.

Excavated from the tomb of Lady Lee(the Gobu clan). They were located towards the very inner side of the foot area when being excavated. The entire is roughly made with straw.

짚신 출토 시 모습 *Jip-sin*(Straw Shoes) at the time of excavation

출토 미투리

Excavated *Mi-tu-ri*, Straw Shoes

1607년

발 길이 24cm, 볼 너비 9.5cm, 뒤축 6cm

2008년 전남 장성 함풍이씨 묘 출토

석탄(石灘) 이기남(李箕南, 1533~1605)의 넷째 아들 이경용(李慶龍, 1563~1603)의 부인 함풍이씨(咸豊李氏, 1607卒) 무덤에서 출토된 미투리이다. 대렴에 넣어준 것으로 삼을 꼬아 만들었다. 신총은 엄지총을 중심으로 좌우 각각 20개씩 모두 40총을 세웠다. 뒷갱기는 칡 줄기를 감아 주었다. 바닥은 4날을 엮어 삼았는데, 속에는 목 재질 씨줄을 넣어 보강재 역할을 하였다.

Excavated from a woman of the Lee clan originating from Hampoong. Made with twisted layers of hemp.

미투리 출토 시 모습 *Jip-sin*(Straw Shoes) at the time of excavation

미투리

Mi-tu-ri for Man, Hemp shoes

1800년대

발 길이 26cm, 볼 너비 7cm

사대부가의 남성용 미투리이다. 싸리 껍질, 왕골, 왕골속, 닥 속껍질을 사용해서 삼았다. 신총은 좌우 합쳐서 200가닥이 넘을 정도로 매우 섬세하다. 돌기총은 일반적으로 씨줄에서 바로 빼서 세우는데, 이 신은 돌기총을 따로 꼬아서 덧대어 세웠다. 바닥은 6날인데 날줄이 가늘어 바닥 너비도 좁게 만들어졌다. 바닥 재료는 싸리 껍질로 전체를 삼고, 가운데만 왕골속을 엮어 주어 바닥면이 가로로 이색 장식선이 나타난다.

The *mi-tu-ri* were woven with bark of bush clover, sedge, sedge core and inner skin of paper mulberry. The front part of the *mi-tu-ri* was constructed with more than two hundred chassis on one odd pair. The sole was woven with only bark of bush clover as weft and six rows of bush clover string as warp. The *mi-tu-ri* seem to be worn by the noble class due to the elaborate workmanship.

미투리

Mi-tu-ri for Man, Hemp shoes

1800년대

발 길이 27.3m, 볼 너비 7cm, 뒤축 8cm

엄짚신으로 추정되는 남성용 미투리이다. 삼 껍질, 왕골 잎, 닥 속껍질, 한지를 섞어 삼았다. 신총은 아주 가늘고 매우 정교하며 총마다 한지를 꼬아 주었던 흔적이 남아 있다. 뒷갱기는 넓적한 닥 속껍질로 감았다. 신 바닥은 4날이고 삼 껍질과 가운데만 왕골속을 엮어 주어 가로로 이색 장식선이 나타난다. 길이에 비하여 너비가 매우 좁고 날렵하다.

The *Mi-tu-ri* were woven with hemp skin and inner skin of paper mulberry. The sole was woven with only bark of bush clover as weft and four rows of bush clover string as warp. The *Mi-tu-ri* seem to be worn by the noble class due to the elaborate workmanship.

뒤축 Heel

엄짚신

Eomjip-ssin,
Chief mourner's straw shoes

1800년대 후반

(左) 발 길이 24cm, 볼 너비 7.5cm, 뒤축 7cm
(右) 발 길이 21cm, 볼 너비 7cm

(左) 엄짚신은 상을 당한 상주(喪主)가 신은 신이다. 싸리 껍질, 왕골, 한지, 닥 속껍질로 삼았다. 신총은 닥 속껍질을 일정한 너비로 찢어 한지로 감아 주어 총을 만들었다. 한지만으로는 약하므로 식물재를 속에 넣고 한지로 감싸며 꼰 것이다. 앞갱기, 뒷갱기는 닥 속껍질로 감았으며 앞당김잇줄은 한지를 꼬아 사용하였다. 신 바닥은 6날이고, 전체를 삼 껍질로 삼았다.
(右) 크기로 보아 여자 어린이가 신었던 것으로 추정되는 엄짚신이다. 성인용과 비교해서 재질과 구조가 동일하다.

The *eomjip-ssin*, shoes for the mourners, were woven with hemp skin and inner skin of paper mulberry. The front part of shoes was constructed with *sinchong*(chassis) which was made of inner skin of paper mulberry slitted in a certain width and rolled up with rice paper. The smaller eom-jip-sin is assumed to be shoes for girl.

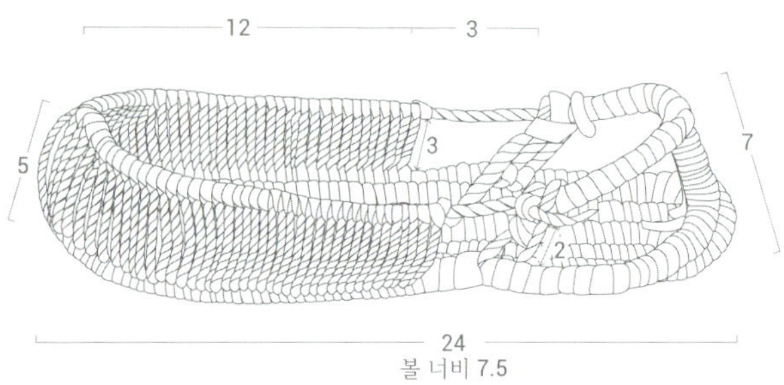

가죽미투리

Leather *Mi-tu-ri*

1900년대

발 길이 25.5cm, 볼 너비 8cm, 뒤축 8cm

온양민속박물관 소장

전체를 가죽으로 만든 미투리 모양의 신이다. 일반적이지 않은 신으로, 주로 제주도 지방에서 유행하였다. 형태는 일반 미투리와 유사하면서도 조선 전기의 피초혜와 근대의 여름용 샌들 느낌을 준다. 신울은 가늘게 자른 가죽으로 신총을 표현하였으며 뒤축에는 휘(彙)가 표현되는 등 태사혜 뒤축과 같은 모양을 하고 있다. 바닥면은 타이어의 안쪽을 대어 주고 군데 군데 징을 박았다.

Made entirely with leather, in the shape of *Mi-tu-ri* . Not rarely seen, they were in style in the Jeju Island. The shape is reminiscent of the *Pi-cho hye*(leather shoes made in the form of Straw shoes), from the early Joseon Dynasty period.

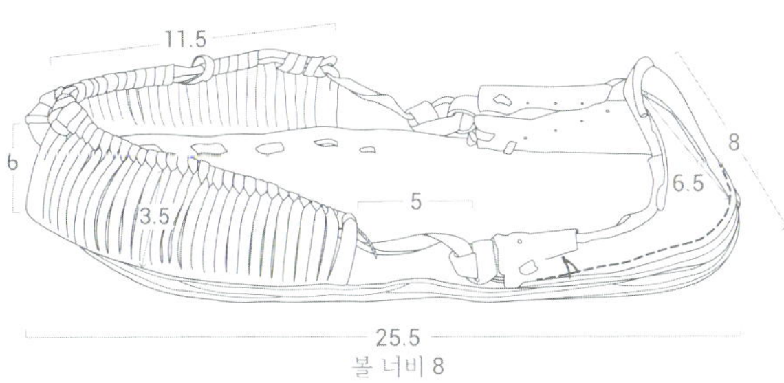

박만인(1983).
「우리나라 나막신(木屐)에 관한 고찰-
朝鮮王朝를 中心으로-」.
이화여자대학교 대학원
의류직물학과 석사학위 청구논문.
국립민속박물관(2005).
『한민족역사문화도감』 의생활편.
문화체육관광부 외(2019).
『한 눈에 보는 화혜靴鞋』.

5

비가 올 때나 땅이 젖었을 때 신는 신이다. 나막신[木屐], 유혜(油鞋, 징신), 놋[鍮]신 등이 있다. 1910년경 고무신이 등장하면서 차츰 쇠퇴하여 1940년 이후 거의 사라졌다.
나막신[木屐]은 통나무를 파서 만든 것으로, 신분과 성별, 연령에 상관없이 누구나 신을 수 있었다. 최세진(崔世珍)이 쓴 『사성통해四聲通解』에는 목극木屐을 '나모 격지'라 하여 나무로 만든 나막신은 격지라는 이칭으로 기록하고 있다. 나무를 파서 신과 굽을 통째로 만들었는데, 코 끝이 날렵하여 울까지 이어지는 당코형이 있으며, 코가 약간 둔한 발막형이 있다. 그리고 돌이 많은 제주도 지방에서는 굽이 낮거나 없는 평격지가 대세였다.
유혜(油鞋, 징신)는 기름에 생가죽을 절여서 만든 신으로, 주로 양반 계층에서 신었다. 신 바닥에 징을 박았다 하여 '징신'이라 불렀다. 기름에 생가죽을 절여서 여러 겹을 겹쳐서 물이 스며들지 않게 만들었다. 남성용 신은 태사혜 모양이며, 여성용 신은 당혜와 같았다.
놋신은 놋쇠로 만들어 유혜(鍮鞋), 유제혜(鍮製鞋)라고도 한다. 최상위 양반 계층에서 신었다. 이전부터 착용되었지만 조선시대에 실용적인 형태로 완성되어 상위 특수층에서 비 오는 날 신었다. 이외에도 눈이 온 진 땅에 신는 설피(雪皮)와 설화(雪靴, 둥구니신)가 있다.

Shoes worn whilst raining or on wet grounds. Amongst them are called *Namak-ssin, Yu-Hye, Not-ssin.* These shoes declined as the rubber shoes became introduced around the 1910s, and disappeared almost after the 1940s. The *Namak-ssin*(wooden clogs) is made by carving a log and specially characteristic for its high heels or platforms. They were worn by both men and women. There are versions where the toe-cap(tip of a shoe) is sleek and others which are slightly low and flat. Some did not have the heels or platforms such as in the Jeju province.
The *Yu-Hye*(leather shoes) is made by oil-preserved leather. The raw leather was preserved in oil and then layered to prevent water from permeating. Usually worn by the Yangban, the noble class. They were called 'Jing-ssin' due to the cleats('Jing')that were engraved on the shoe soles.
The *Not-ssin*(Brass shoes) made with brass were worn by the extreme noble class, the Yangbans. They existed during the Three Kingdoms Period however became completed into its more practical form in the Joseon Dynasty period, worn by the noble class on rainy days.
In addition, there are Seolpi and *Dung-gunisin*, which are worn when it snows in mountainous areas.

진신

Jin-ssin, Rain shoes

여러 가지 진신 Various *Jin-ssin,* Small and large Rain Shoes

나막신 木屐

Woman's *Namak-ssin*,
Wooden rain clogs

1800년대
발 길이 28cm

소나무로 만든 상류층 여성용 나막신이다. 완만하게 굴려진 신코 부위에 죽엽 무늬를 음각하고, 신 입구 가장자리를 한 줄 음각하여 도리를 표현하였다. 생나무 색을 그대로 살리고 외피를 매끈하게 손질하였다. 굽 안쪽에 '저하'라는 먹 글씨가 쓰여있어, 왕실에서 사용한 것으로 추정된다.

The clogs, *Namak-ssin* of the end of the Joseon Period were made of pine tree in natural color. The surface of clogs was sleek in good care. The toe-cap is curved smoothly. The throat has chiseled out a line all around as if it was trimmed. Handwriting in Chinese ink as '저하 (pronounced 'jeoha', meaning 'your majesty)' has still remained inside of the stilt.

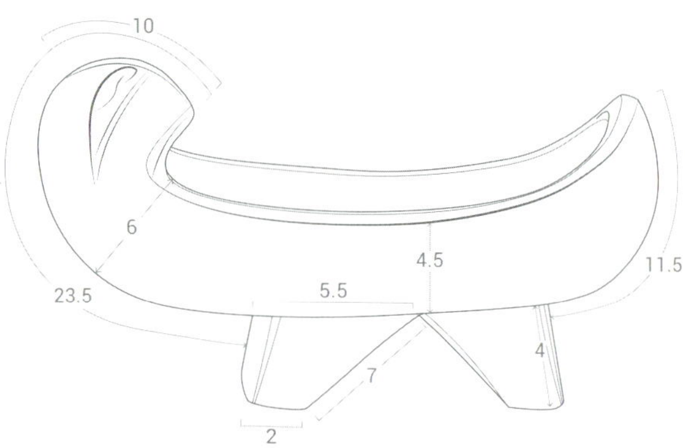

굽안쪽 묵서: '저하' Handwriting in Chinese ink as '저하 (jeoha, means your majesty)'

나막신 木屐

Woman's *Namak-ssin*, Wooden rain clogs

1800년대

발 길이 32cm

소나무로 만든 사대부가의 여성용 나막신이다. 신코가 날렵하고 매끈하며 붉은 색조를 띠고 있다. 신코에 난을 치듯 두 줄의 선이 음각되어 있으며 굽이 매우 높게 달려 있다. 크기로 보아 비오는 날 덧신었던 것으로 보인다.

The clogs of the end of the Joseon Period, called also *Namak-ssin*, were made of reddish pine tree. The toe-cap is slender and smooth, and the two exquisite lines as the orchid leaves were chiseled out on each side.

나막신 木屐

Man's *Namak-ssin*,
Wooden rain clogs

1870년

발 길이 32.5cm

참죽나무로 만든 남성용 나막신이다. 신코가 좁고 짧으며 코 아래 부분이 유연한 곡선으로 처리되어 있다. 신울 부분에는 나무의 결을 살리고 기름을 발라 광채가 나도록 손질하였다. 크기로 보아 덧신용으로 착용한 듯하다.

The *Namak-ssin* of the end of Joseon Period, made of red oak hollowing out a log, were clogs same as typical men's hye(low sided shoes) except the short and narrow vamp. The fine grain of the quarter varnished transparently wood bring out the structural beauty of the remains. They seem to be worn as overshoes based on its size.

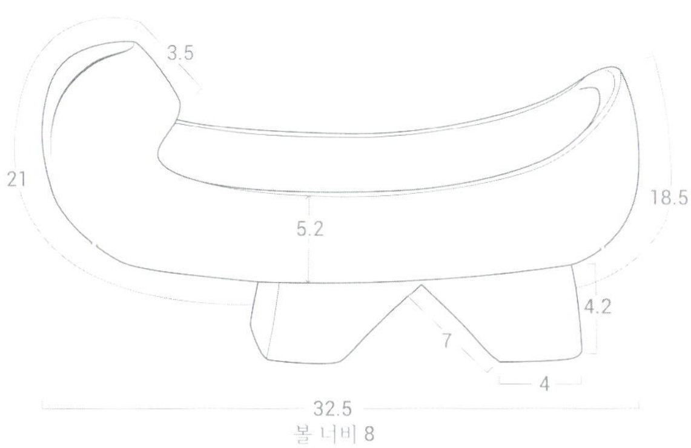

나막신 木屐

Man's *Namak-ssin*,
Wooden rain clogs

1890년
발 길이 28cm

오동나무로 만든 사대부가의 남성용 신이다. 생나무에 색을 입히고 비교적 얇게 만들어졌다. 신코와 뒤축에 당초문[雲氣]을 음각하고 윗변과 아랫변, 도리 등을 입체적으로 깎아 만들어 태사혜와 같이 표현하였다. 굽을 제외하고 전체적으로 붉은 색을 먹였다. 이처럼 정교한 나막신은 마른 날에 신기도 하였다.

The *Namak-ssin* of the end of the Joseon Period, were made reddish colored paulownia tree somewhat thinly. The stylized motifs of *dangchomun* were carved at the toe and heel. The lower part of the quarter was also decorated by carving elaborately to create the effect of welt. The *Namak-ssin* were worn on sunny days as well.

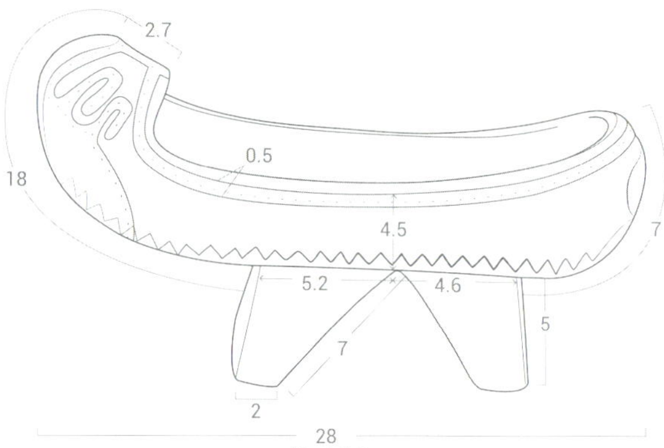

앞축 Fore sole

뒤축 Heel

나막신 木屐

Child's *Namak-ssin*,
Wooden rain clogs

1800년대

발 길이 19.5cm, 볼 너비 6.3cm

소나무로 만든 서민 아동용 나막신이다. 생나무에 신코 부분을 난을 치듯이 선으로 음각하였다. 굽이 낮고 두터워 기능적으로 안정감이 있고 소박한 느낌이다. 나막신은 일반적으로 비오는 날 신도록 만든 것이나, 마른 날에 어린이가 신고 있는 조선 말기 사진들이 남아 있다.

Namaksin, made from pine wood for children of the commoners. A line was chiseled out to create the effect of trim around the throat. They look unsophisticated but functional and stable. The clogs were shoes for rainy days, but there are pictures taken from the end of the Joseon-Dynasty Period, of a child wearing them on non-wet days.

마른날 나막신을 신은 어린이 A young child wearing clogs on a sunny day　유리원판, 국립중앙박물관 소장

나막신 木屐

Woman's *Namak-ssin*,
Wooden rain clogs

1800년대

발 길이 27cm, 볼 너비 7.8cm

느티나무로 만든 고무신 모양의 여성용 신이다. 기교를 부리지 않아 투박하고 나무의 거친 결이 그대로 드러나 있다. 바닥에는 굽이 달리지 않았다. 서민용으로 제주도 지방에서 보여지는 형태이다. 마른날에 신기도 하였다.

Female clogs made of zelkova wood with a rubber shoe shape. The design is simple and the rough grain of the wood is externally visible. Intended for commoners and found in the Jeju-Island province. Also worn on non-wet days.

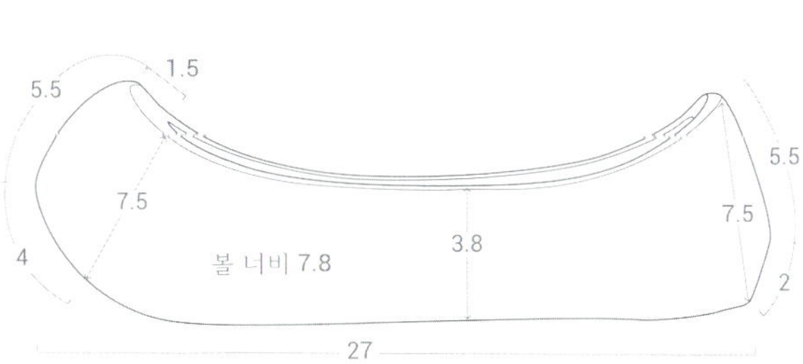

유혜 油鞋

Man's *Yu-Hye*, Waterproof shoes by oil-preserved leather

1800년대

발 길이 26cm, 볼 너비 6.8cm

소가죽[牛皮]으로 만든 태사혜 모양의 사대부가 남성용 유혜이다. 비오는 날 신도록 들기름에 절인 가죽으로 만들고 밑창에 징을 박았다. 신코와 뒤축의 당초문과 윗변은 검은 색이 도는 짙은 갈색으로 장식하였고 앞코에 2가닥 코실과 뒤축에 6가닥의 칙실로 마무리하였다. 신목 입구 도리[回伊]와 뒤축에 근피는 신울과 같은 재질이고 안창도 가죽을 사용하였다. 두터운 가죽 밑창에 징을 가득 박았다. 전체적으로 바느질이 매우 섬세하다.

Yu-Hye, waterproof shoes for the rainy day, were made of rawhide that was preserved in perilla oil for one month to protect from water absorbent, and were set with metal pegs on the sole bottom. The elaborate shoes made of brown cowhide in the shape of *taesa-hye*, were adorned with applique in stylized pattern of *dangchomun* at the toe and heel.

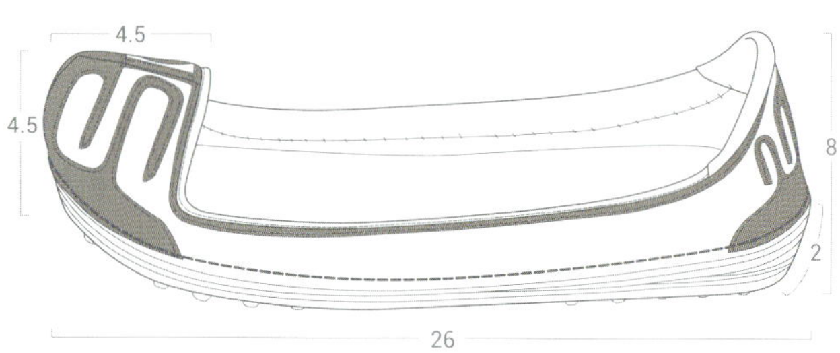

유혜 油鞋

Woman's *Yu-Hye*, Waterproof shoes by oil-preserved leather

1800년대

발 길이 24cm, 볼 너비 7cm

소가죽[牛皮]으로 만든 당혜(唐鞋) 모양의 사대부가 여성용 유혜이다. 물이 배이지 않도록 들기름에 절인 가죽으로 만들어 비오는 날 신었다. 코와 뒤축에 당초문이 얇은 가죽으로 둘려져 있으며 코에는 휘를, 뒤축에는 5가닥의 칙실로 마무리하였다. 밑창 바닥에는 징을 전체적으로 촘촘히 박았다. 다른 신에 비해 징신은 바닥이 두텁게 되어 있다.

Yu-Hye, shoes in the shape of *dang-hye* for the rainy day, were made of rawhide that was preserved in perilla oil for one month to protect from water absorbent. All the part of the shoes were made of reddish cowhide. The toe and heel was decorated with stylized pattern of *dangchomun* (honeysuckle). The leather sole was set with round metal pegs close together.

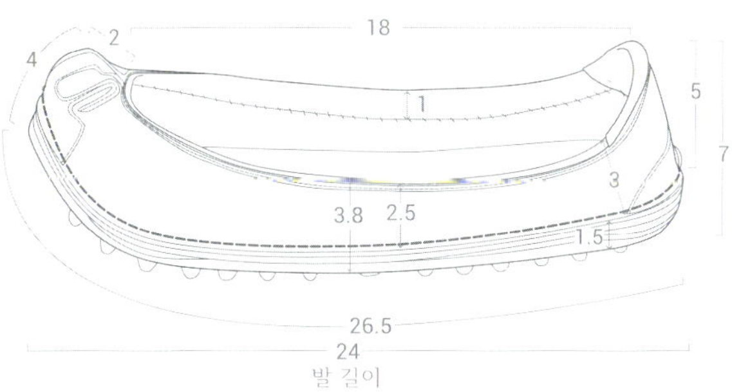

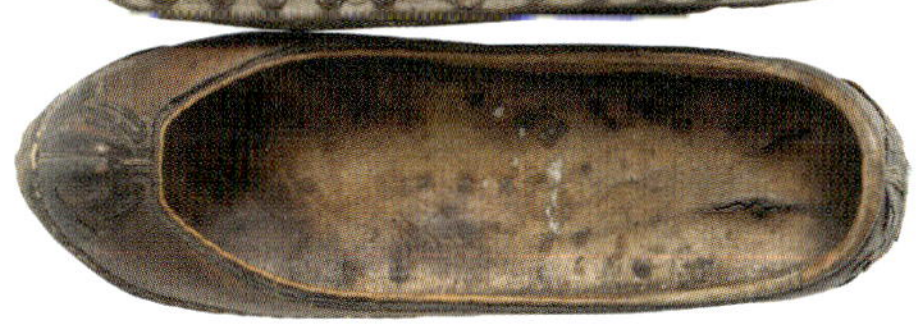

유혜 油鞋

Man's *Yu-Hye*, Waterproof shoes by oil-preserved leather

1800년대

발 길이 25cm, 볼 너비 6.5cm

흑혜와 같이 단순한 형태의 남성용 유혜이다. 수분이 스며들지 않도록 들기름에 절인 소가죽[牛皮]으로 만들고 밑창에 징을 박아 우중(雨中)에 착용하였다. 전체적으로 옅은 갈색 가죽이며 도리, 근피, 내피, 안창이 모두 동일한 가죽이다. 꼰사를 사용하여 앞코에 2가닥의 코실과 뒤축에 6가닥 칙실로 장식하였다. 밑창은 마른신보다 가죽이 두꺼우며 징을 가로로 바닥 전체에 박아주었다.

Yu-Hye, waterproof shoes for the rainy day, were made of cowhide that was preserved in perilla oil for one month to protect from water absorbent, and were embedded with metal pegs on sole bottom. A simple design *yu-hye* were made of light brown cowhide in whole. The thick leather sole was set with round metal pegs all over transversely.

유혜 油鞋

Woman's *Yu-Hye*, Waterproof shoes by oil-preserved leather

1800년대

발 길이 25cm, 볼 너비 7cm

들기름에 절인 가죽으로 만든 여성용 신으로 비오는 날 신었다. 여성용 징신은 당혜 모양이 대부분이나 이 신은 코에 장식이 없이, 고무신 형태와 유사하다. 검은 빛이 도는 가죽으로 만들었으며 신코가 다소 낮아 소박한 느낌이다. 밑창이 두텁고 전체적으로 가로 방향의 징을 박았다.

Yu-Hye, waterproof shoes for wet weather, were made of rawhide that was preserved in perilla oil for one month to protect from water absorbent. The shoes is wuekosin without any decoration on the toe as the rubber shoes, while *Yu-hye* for women are mostly the same shape as *dang-hye*. The quarter was made of blackish leather as well as the insole lining. The toe is somewhat stumpy. The sole was set with the round metal pegs horizontally all over.

유혜 油鞋

Man's *Yu-Hye*, Waterproof shoes by oil-preserved leather

1890년

발 길이 26.5cm, 볼 너비 6.8cm

수분이 스며들지 않도록 들기름에 절인 가죽으로 만든 태사혜 모양의 신이다. 사대부가 남성이 신었다. 코와 뒤축에 장식된 당초문은 신울보다 옅은 색의 가죽을 사용하여 배색의 효과를 살렸다. 앞코에 2가닥의 코실과 뒤축에 6가닥의 칙실로 마무리하였다. 내피와 안창, 선이 모두 가죽으로 되어 있으며, 밑창에는 징이 고르게 박혀 있다. 전체적으로 모양이 날렵하고 재봉선이 섬세하다.

The *Yu-hye*, same shape as *taesa-hye*. were made of dark brown cowhide preserved in oil, to be free from the water absorbent, and set with metal pegf on the sole. It is effective on coloring that the color of the applique in motifs of *dangchomun* is lighter than the quarter. The shoes are wide and long. The was set with dull and stout pegs along the sole line.

설피 雪皮

Seol-pi, Snow Shoes

길이 40cm, 너비 27cm
국립민속박물관 소장

눈길에 빠지거나 미끄러지지 않도록 신 바닥에 덧대어 신는 신발이다. 타원형의 틀 안쪽에 가로 3줄씩 걸어 발판을 만든 형태로, 틀 안쪽에 신발을 묶을 수 있도록 끈이 달려 있다.

A pair of footwear used for walking over the snow in the mountainous area by wearing over the normal shoes. The shoe was made by combining an oval frame built with bamboo strips and attached with a pair of two long straw cords used to fasten it.

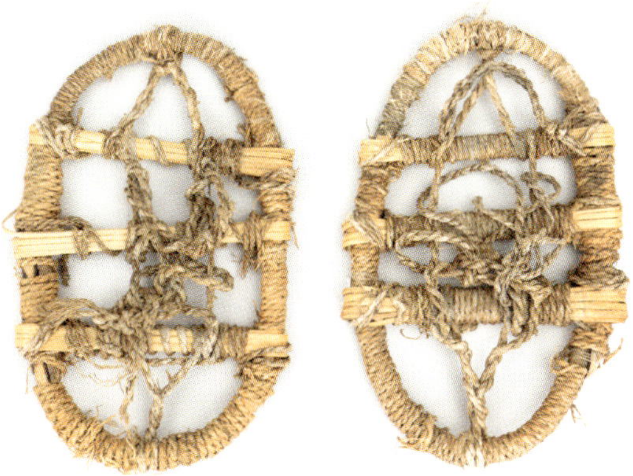

둥구니신 雪靴

Dung-gunisin, Straw snow shoes

발 길이 26cm, 볼 너비 13cm, 높이 13cm
국립민속박물관 소장

산간 지방에서 눈이 올 때 신는 방한화이다. 짚을 사용하여 만든 것으로, 바닥면은 짚신의 구조와 동일하다. 앞이 둥글고 펑퍼짐하며, 신었을 때 발목까지 닿는 길이이다.

Winter shoes worn when it snows in mountainous regions.

놋신 鍮鞋

Not-ssin, Brass shoes worn by the upper class for rain

1800년대

발 길이 22cm, 볼 너비 6.4cm, 뒤축 5.5cm

놋[鍮]으로 당혜(唐鞋) 모양을 내어 만든 여성용 신이다. 최상류층에서 비오는 날 신는 최고급 신이다. 신코와 뒤축에 당초문을 선각(線刻) 하여 당혜 모양새를 표현하였다. 바닥에 징이 박혀 있는데, 징이 닳아 있는 것으로 보아 상당 기간 신었던 것으로 보여진다. 정조 연간의 한성의 역사를 서술한 『한경지략 漢京識略』의 시전 기록에 따르면 갖신 중에서도 놋갖신[鍮釘鞋]은 종루전(鍾樓廛)에서만 팔았다고 한다. 협금혜(挾金鞋)는 유혜(鍮鞋), 놋신, 놋갖신으로 다양하게 칭하고 있으며, 조선시대 1, 2품 당상관이 신던 협금혜(挾金鞋)와 연결된다.

Not-ssin, waterproof shoes for wet weather, worn by the extreme upper class. The shape of *Not-ssin* follows the form of dang-hye. The toe and heel were engraved with the *dangchomun* symbol through the line method. The outer rim of the shoe was set low, and the sole was set with many round metal pegs. The shoe seems to be worn numerous times as the pegs were worn out.

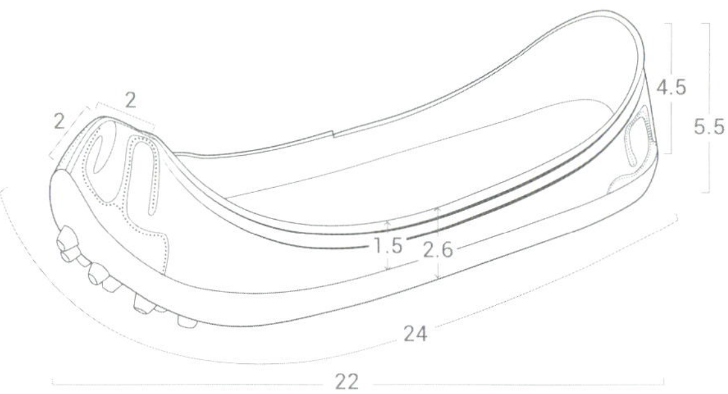

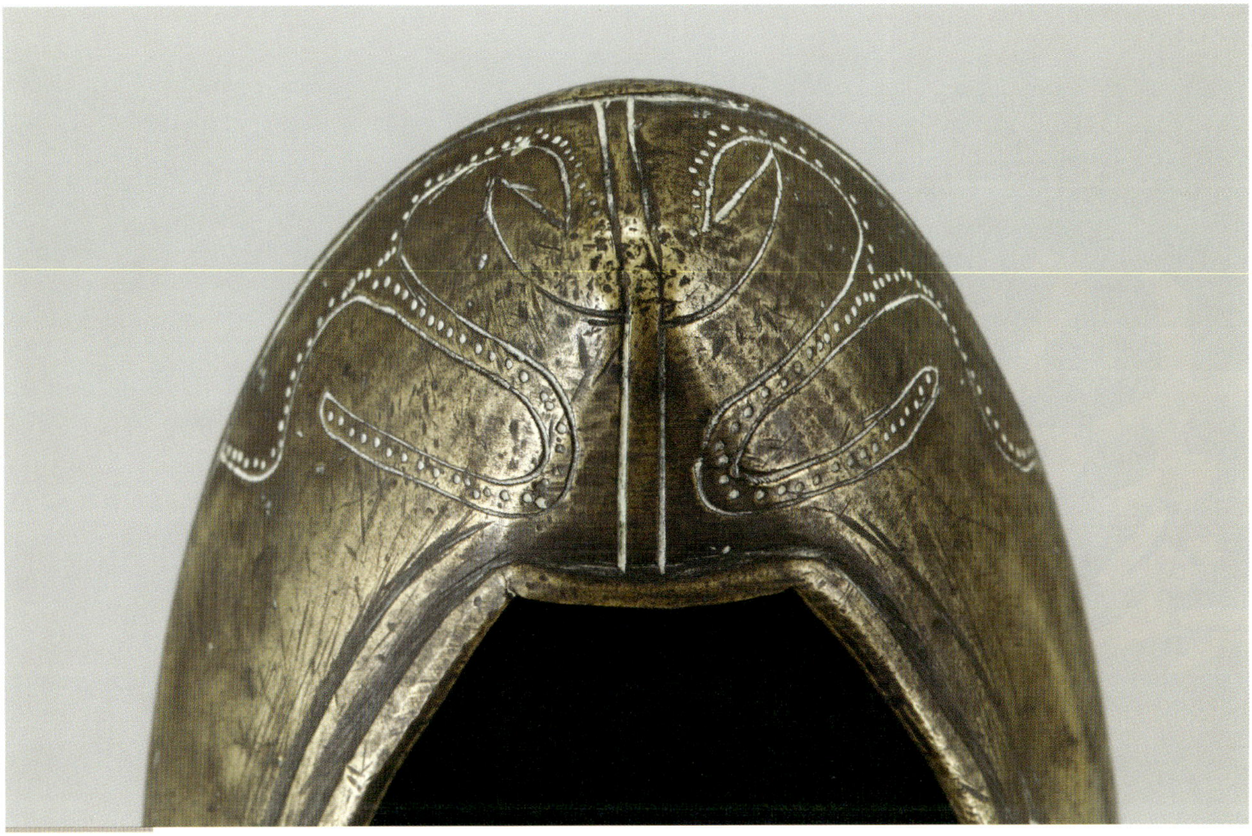

신코 Fore sole

뒤축 Heel

6

논고 論考

Research paper

조선 후기 서울의 신발 가게

서울대학교 경제학부 부교수 조영준

조선 시대 분묘墳墓 출토出土 신에 관한 고찰

단국대학교 석주선기념박물관 학예사 이명은

조영준
서울대학교

조선 후기 서울의 신발 가게

조선 후기의 신발과 신발 가게

이규경(李圭景, 1788~1856)이 편찬한 『오주연문장전산고(五洲衍文長箋散稿)』의 「의복재봉변증설(衣服裁縫辨證說)」에서는, 황제(黃帝)의 신하인 오칙(於則)이 처음으로 비리(扉履)를 만들었다고 하면서, 풀(艸)로 만든 것은 비(扉), 삼(麻)으로 만든 것은 구(屨), 가죽(皮)으로 만든 것은 이(履)라고 했다.[1] 또 진(晉)의 문공(文公)이 목극(木屐)을 만들었고, 조(趙)의 무령왕(武靈王)이 화(靴)를 만들었으며, 이윤(伊尹)이 마구(麻屨)를 만들었다고 했다.[2] 이와 같은 내용은 서유구(徐有榘, 1764~1845)가 편찬한 『임원경제지(林園經濟志)』의 「섬용지(贍用志)」에도 마찬가지로 소개되어 있으며,[3] 아래와 같이 설명이 보다 자세하며, 그 뒤에는 용혜법(用鞋法)도 수록되어 있다.

구(屨)	『자서(字書)』에 "풀(艸)로 만든 것을 비(扉)라 하고, 삼(麻)으로 만든 것을 구(屨)라 하고, 가죽(皮)으로 만든 것을 이(履)라 하며, 황제(黃帝)의 신하인 오칙(於則)이 만들었다"고 했다. 그러나 『설문(說文)』에서는 "구(屨)는 이(履)요, 제(鞮)"라 했는데, 서현(徐鉉)은 "제(鞮)는 혁리(革履)"라 했다. 『의례(儀禮)』「사관례(士冠禮)」에서 "여름에는 갈구(葛屨), 겨울에는 피리(皮履)"라 했으니, 이(履)와 구(屨)는 통용(通用)된다. 녹비(鹿皮)로 만든 것이 가품(佳品)이고, 장피(獐皮)가 그 다음이다. 혹은 지승(紙繩)으로 짜서 만들지만, 녹비로 가장자리를 장식하면 편리하고 온당하며, 또 따스하다. 새끼 나귀의 가죽(驢兒皮)을 써서 만들어 기름을 배게 하고 못을 붙여서 진창을 지날 수 있게 한 것을 이혜(泥鞋)라 한다. 관서(關西) 사람이 피구(皮屨)를 잘 만든다.
비(扉)	『석명(釋名)』에서 "초구(艸屨)는 비(扉)"라고 했다. 지금의 마구(麻屨)나 고구(藁屨)가 모두 비의 종류이다. 물건이 값싸고 마련하기 쉬워서 임시로 빌리려 하지 않아도 되었기에, 일설에는 "불차(不借)"라 했다. 한(漢)의 문제(文帝)가 조정에 임하여 불차를 신었으니, 옛날에도 미천한 사람만 쓰는 것이 아니었지만, 지금의 사대부는 초구(艸屨)를 신는 자가 드물다. 그러나 산봉우리같이 높은 곳에 오르려면 이것이 아니면 가능하지 않으므로, 산속에 살거나 계곡에 거처하는 자는 마땅히 많이 쌓아두어야 하는 것이다.
극(屐)	목극(木屐)은 진창을 지날 수 있게 하는 것이다. 통영(統營)에서 만들어 낙인을 찍은 것이 가품(佳品)이다.

1) "黃帝臣於則始作扉履艸曰扉麻曰屨皮曰履."
2) "晉文公作木屐趙武靈王作靴伊尹作麻屨."
3) 서유구 자신의 저술인 『금화경독기(金華耕讀記)』를 인용한 것으로 되어 있다.

19세기에 이루어진 이규경과 서유구의 해설은 신발의 유래를 밝힌 것인 동시에 신발의 종류를 구분한 것이기도 하다. 다시 말해, 신발을 유형화하는 기준은 그 재료에 있었으며, 크게 나누어 ① 가죽(皮)으로 만든 신발, ② 풀(艸)이나 삼(麻) 또는 짚(藁)으로 만든 신발, ③ 나무(木)로 만든 신발의 세 가지였다. 19세기 말에 기산(箕山) 김준근(金俊根)이 남긴 그림을 보면, 이들 각각의 신발을 만드는 모습이 〈그림 1〉에서와 같이 잘 표현되어 있다. 이러한 신발의 종류에 따라 각기 판매하는 가게가 별도로 지정되어 있었던 것이 조선 후기 서울 시전(市廛)의 특징이었다.

그림 1 신 삼는 모양, 목혜 파고, 갓신 깁고

주 짚신(草鞋) 삼기(왼쪽), 나막신(木鞋) 파기(가운데), 갖신(皮鞋) 깁기(오른쪽).

출처 숭실대학교 한국기독교박물관 (2008).「기산 김준근 조선풍속도-스왈른 수집본」, 27~29쪽.

18세기 중엽에 작성된『시폐(市弊)』는 신발과 관계된 시전이 유형별로 등장하는 최초의 자료로서, 혜전(鞋廛), 유기목물초혜전(柳器木物草鞋廛), 목혜전(木鞋廛), 창전(昌廛) 등의 네 곳을 수록하고 있다.『시폐』외에도『동국문헌비고(東國文獻備考)』,「산대별단(散貸別單)」,『탁지지(度支志)』,『만기요람(萬機要覽)』,『동국여지비고(東國輿地備考)』,『한경지략(漢京識略)』,『대동지지(大東地志)』,『육전조례(六典條例)』등에서 신발과 관계된 시전의 목록을 확보할 수 있는데, 모두 18~19세기의 자료에 해당한다. 하지만『시폐』와 달리 대개 세 곳이 열거되어 있으며, 첫째는 이전(履廛) 또는 혜전(鞋廛), 둘째는 승혜전(繩鞋廛) 또는 승혜전(繩鞵廛), 셋째는 창전(昌廛) 또는 이저전(履底廛) 또는 혜저전(鞋底廛)이다. 전체 자료에서 어떤 명칭의 시전이 등장하는지를 요약하면 〈표 1〉, 〈표 2〉와 같다.

〈표 1〉 18세기 시전 목록의 신발 관련 시전

폐막별단	시폐	동국문헌비고	산대별단	탁지지
	鞋廛	履廛(2)	鞋廛(1,100)	履廛(2)
	柳器木物草鞋廛木鞋廛	繩鞋廛(0)	繩鞋廛(500)	繩鞋廛(0)
昌廛	昌廛	履底廛(0)	昌廛(100)	履底廛(0)

주 괄호 안의 숫자는 국역 분담의 기준인 푼수(分數)이며, 「산대별단」의 경우에는 금액(兩)임.

〈표 2〉 19세기 시전 목록의 신발 관련 시전

만기요람	동국여지비고	한경지략	대동지지	육전조례
履廛(2)	履廛(2)	鞋廛(2)	履廛	履廛(2)
繩鞋廛(0)	繩鞵廛(0)	繩鞋廛(0)	繩鞋	繩鞋廛(1)
履底廛(0)	履底廛(0)	鞋底廛(0)	履底	昌廛(0)

주 괄호 안의 숫자는 국역 분담의 기준인 푼수임.

〈표 1〉과 〈표 2〉를 통해 알 수 있듯이, 18~19세기 서울의 신발 관련 시전은 대개 세 가지 종류가 있었으며, 각 시전의 명칭은 일관된 것이 아니라 여러 이칭이 두루 통용되고 있었다. 그 구체적 양상에 대하여, 『시폐』에 등장하는 네 곳의 시전을 기준으로 하여 구체적으로 살펴보도록 하자.

첫째, 혜전(鞋廛)은 여러 가지의 가죽신을 파는 곳이었으며,[4] 이전(履廛)이라는 명칭과 혼용되었다. 〈표 1〉과 〈표 2〉의 시기별 추이를 통해, 특정 시기에 특정 명칭이 선호되었다고 보기가 어려움을 알 수 있다. 하지만 엄밀히 따지자면, 『동국문헌비고』, 『탁지지』, 『만기요람』, 『육전조례』 등의 공식 문헌에서 일관되게 '이전'이라 하였으므로, '이전'이 정식 명칭이고 '혜전'이 속칭(俗稱)이라 할 수 있겠다. 이전은 2푼(二分)의 국역(國役)을 담당하는 유푼전(有分廛)으로서, 신발과 관련된 다른 시전이 모두 무푼전(無分廛)이었던 것과 대비된다. 이는 당시 서울에서 유통된 신발 중에서 갖신[皮鞋]이 가장 고급에 속했기 때문일 것이다.[5]

둘째, 『시폐』의 유기목물초혜전(柳器木物草鞋廛)이 구체적으로 어떤 곳인지에 대해서 직접적인 정보를 얻기는 어렵다. 하지만 『시폐』의 '목혜전(木鞋廛)' 항목을 보면, 유기목물초혜전에 대해서 목혜전에서는 '유기목물승초혜전(柳器木物繩草鞋廛)', 평시서에서는 '유기전(柳器廛)', 비변사에서는 '승혜전(繩鞋廛)' 또는 '초물전(草物廛)' 등으로 불렀음이 확인된다. 그렇다면 후대의 다른 자료에서 보이는 승혜전(繩鞋廛)이나 승혜전(繩鞵廛)을 『시폐』의 유기목물초혜전과 같은 것으로 보아도 좋을 것이다. 승혜전은 본래 무푼전인데, 〈표 2〉에서 볼 수 있듯이 『육전조례』 시기에 들어서 1푼의 국역을 분담하는 유푼전으로 변경되었다.[6] 승혜전에서 생마 미투리와 숙마 미투리 및 짚신을 팔았다고 하므로,[7] 유기목물초혜전에서도 버들고리[柳器]나 짚신 또는 미투리[免土履]를 팔았음을 짐작할 수 있다. 하지만 취급한 목물(木物)이 구체적으로 어떤 것인지 분명히 말하기는 어려운데, 목기전(木器廛), 목혜전(木鞋廛) 등이 『시폐』에 따로 등장하기 때문이다.[8]

셋째, 목혜전(木鞋廛)은 『시폐』 이외의 다른 자료에서 찾아보기가 어렵다. 목혜전 측의 하소연 내용 중에 인용된 평시서 제조의 제사(題辭)에 따르면, 목혜전은 앞에서 살펴보았던 유기목물초혜전으로부터 분설(分設)된 것이지만, 유기목물초혜전과의 갈등이 여전히 남아 있었다고 한다. 또한 "저희 전은 목혜라는 한 가지 물건을 일찍이 전업(專業)"하였다는 말로 미루어 볼 때, 목혜전의 취급 물종은 나막신(木鞋) 한 가지였을 것이다. 나막신은 대표적인 우구(雨具) 또는 우장(雨裝)의 하나로서 삿갓(簑笠)의 보완재에 해당한다.[9]

넷째, 창전(昌廛)은 혜저전(鞋底廛) 또는 이저전(履底廛)이라고도 했다. 무푼전이었으며, 취급 품목은 소가죽과 신발 밑창이었다.[10] 즉, 창(昌)이란 신발 밑바닥에 덧대어 붙이는 가죽 조각을 가리키는 '창'을 음차(音借)하여 표현한 것에 다름 아니다.[11]

여러 신발 가게의 위치 및 신발 관련 계(契)

〈표 1〉과 〈표 2〉에서 살펴보았듯이 신발과 관련된 여러 시전이 18~19세기의 각종 자료에서 확인된다. 그 중에서 『동국여지비고』나 『한경지략』은 각 시전의 위치에 관한 정보를 기술하고 있어 유용하다.

이전은 여러 곳에 있었지만, 갖신 중에서도 놋갖신[油釘鞋]은 종루전(鍾樓廛)에서만 팔았다고 한다.[12] '여러 곳'이 어디였는지 알 수는 없으나, 청포전의 동쪽에 있다고 한[13] 것은 바로 '종루전'을 가리키는 것이라 하겠다.[14] 규장각 소장의 『청구요람(靑邱要覽)』에 포함된 「도성전도」에는 이전의 위치가 〈그림 2〉와 같이 '이엄(履广)'이라고 표기되어 있으며,[15] 이전이 종루(鍾)에

4) "賣各色皮鞋", 『한경지략』.
5) 조영준 역해 (2013), 『시폐(市弊): 조선 후기 서울 상인의 소통과 변통』, 아카넷, pp.30~31.
6) 조영준 역해 (2013), 『시폐(市弊): 조선 후기 서울 상인의 소통과 변통』, 아카넷, p.132.
7) "賣生熟麻鞋及稿草鞋", 『한경지략』.
8) 조영준 역해 (2013), 『시폐(市弊): 조선 후기 서울 상인의 소통과 변통』, 아카넷, p.133.
9) 조영준 역해 (2013), 『시폐(市弊): 조선 후기 서울 상인의 소통과 변통』, 아카넷, pp.169~173.
10) "賣牛皮鞋底", 『한경지략』 및 『동국여지비고』.
11) 조영준 역해 (2013), 『시폐(市弊): 조선 후기 서울 상인의 소통과 변통』, 아카넷, p.183.
12) "在各處而油釘鞋獨賣於鍾樓廛", 『한경지략』.
13) "履廛在靑布廛東", 『동국여지비고』.
14) 조영준 역해 (2013), 『시폐(市弊): 조선 후기 서울 상인의 소통과 변통』, 아카넷, p.31.
15) 여기서 '엄(广)'은 '전(廛)'의 약호에 해당한다. 시전에 대해 기록한 각종 자료에서 '전(廛)' 대신에 '엄(广)' 또는 '전(前)'이라고 표기한 사례가 다수 확인된다.

위치한 청포전(靑布)의 동쪽에 있음이 한 눈에 확인된다. 또한 '여러 곳'에 있었던 이전 중의 한 곳은 아마도 남부(南部) 훈도방(薰陶坊)에 있었던 것으로 보인다. 그렇게 추정할 수 있는 근거로서 19세기 한성부 지도에 이전동(履廛洞)이라는 지명이 확인됨을 들 수 있으며, 〈그림 3〉은 그 일례이다.

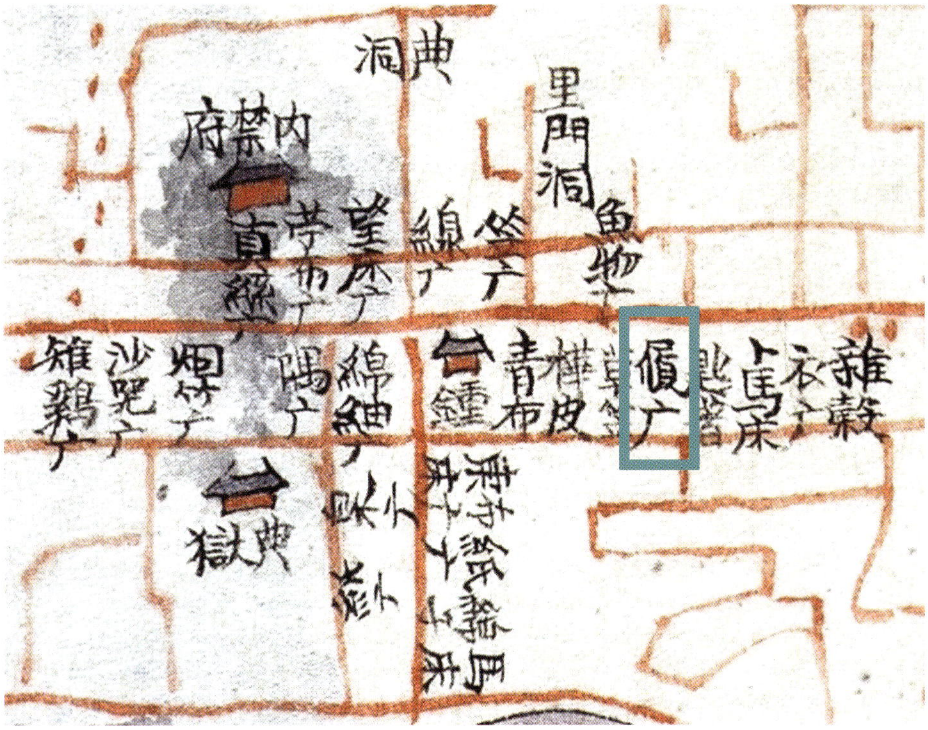

그림 2 종루 동쪽의 이전(履廛)

출처 『청구요람』의 「도성전도」, 서울대학교 규장각한국학연구원 소장(古4709-21A).

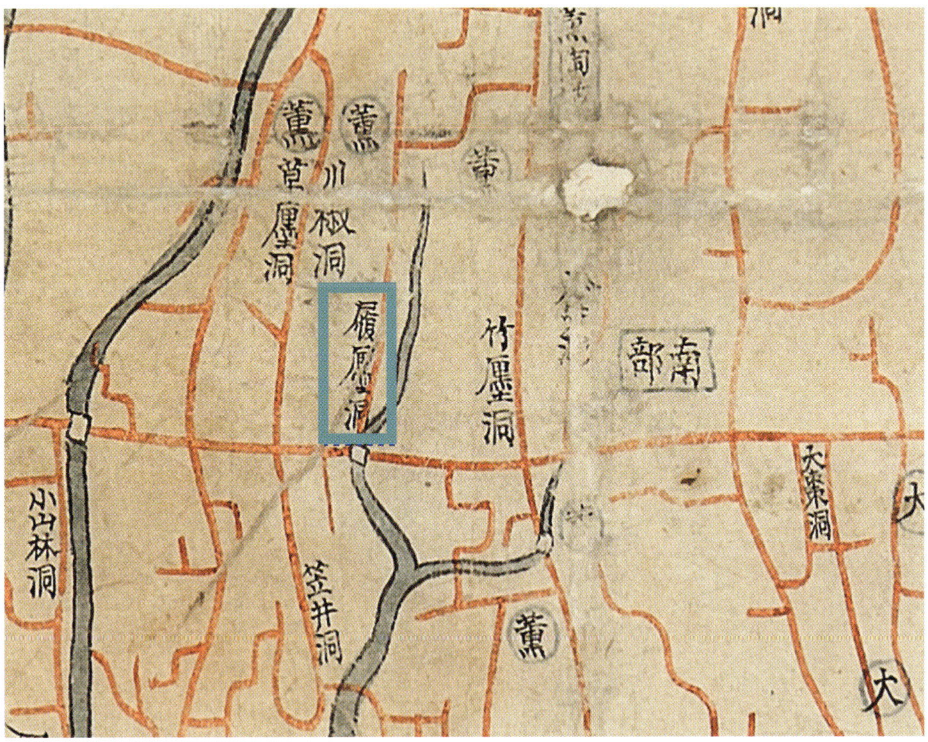

그림 3 남부 훈도방의 이전동(履廛洞)

주 '훈(薰)'이라는 글자에 동그라미 모양의 테를 두른 것은 훈도방(薰陶坊)을 의미한다.

출처 「도성도」, 서울대학교 규장각한국학연구원 소장(古軸4709-3).

승혜전 역시 여러 곳에 있고, 도가는 의금부 문밖의 동쪽에 있다고 했다.[16] 역시 '여러 곳'이 어디였는지는 알 수 없고, 의금부는 〈그림 2〉의 내금부(內禁府)인데, 해당 위치의 동쪽에서 승혜전을 찾을 수 있는 사례는 확인하지 못했다. 단, 〈그림 4〉와 같이 『청구요람』에서는 배오개(梨峴)에 승혜전이 표시되어 있다.[17]

창전은 입전동(笠廛洞)에 있었다고 하는데,[18] 고지도에 창전이 표시된 사례를 찾아보기는 어렵다. 입전동의 위치가 중부(中部) 장통방(長通坊)이었음은 〈그림 5〉를 통해 알 수 있다.

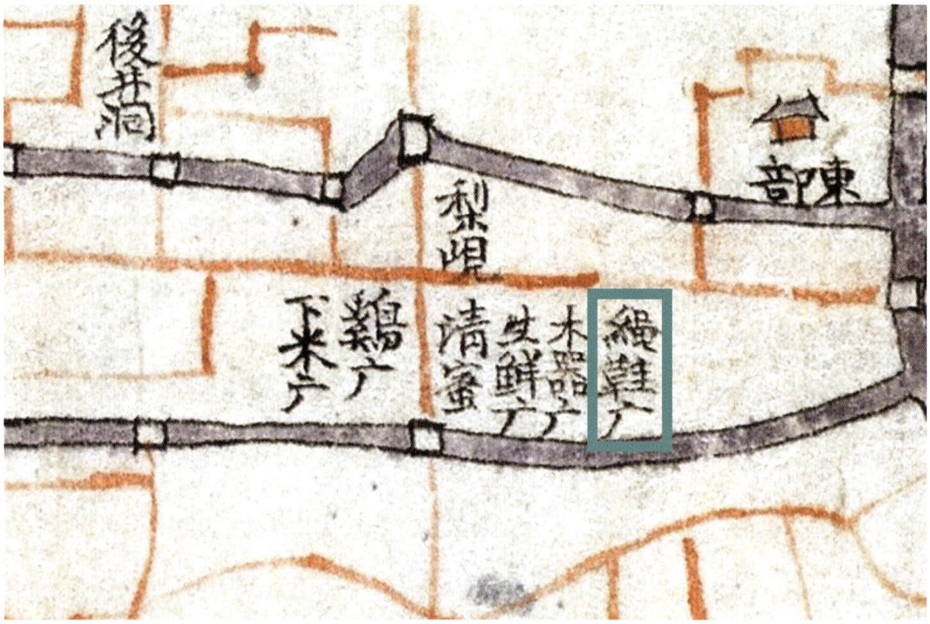

그림 4 배오개의 승혜전(繩鞋廛)

출처 『청구요람』의 「도성전도」, 서울대학교 규장각한국학연구원 소장(古4709-21A).

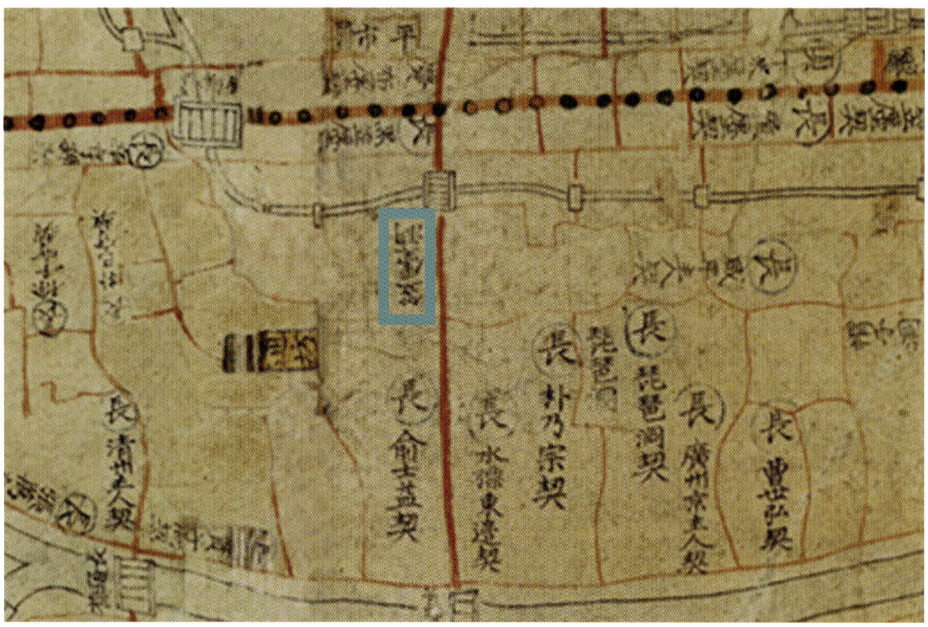

그림 5 중부 장통방의 입전동(笠廛洞)

주 '장(長)'이라는 글자에 동그라미 모양의 테를 두른 것은 장통방(長通坊)을 의미한다.

출처 「도성대지도」, 서울역사박물관 소장.

16) "在各處 都家在義禁府門外東", 『동국여지비고』.

17) 조영준 역해 (2013), 『시폐(市弊): 조선 후기 서울 상인의 소통과 변통』, 아카넷, p.133.

18) 조영준 역해 (2013), 위의 책.

조선 후기 한성부의 행정구역은 중부(中部), 동부(東部), 남부(南部), 서부(西部), 북부(北部)의 다섯 부(五部)로 나뉘었으며, 부(部)의 아래에는 방(坊)이, 방의 아래에는 계(契)가 있었다.[19] 계의 명칭에는 시전의 이름이 반영되는 사례가 있었으며, 신발과 관련된 곳으로는 이전계(履廛契), 혜전계(鞋廛契), 창전행랑계(昌廛行廊契), 창전중로계(昌廛中路契) 등이 확인된다. 이들 시전은 모두 중부 장통방에 속한 것으로 되어 있고, 18~19세기의 내역을 정리하면 〈표 3〉과 같다.

〈표 3〉 신발 관련 시전 이름이 반영된 한성부의 계(契)

『어제수성윤음』 (1751)	『동국여지비고』 (1751~1783)	『일성록』 (1783)	『일성록』 (1788)	『호구총수』 (1789)	『육전조례』 (1864)
履廛契	履廛契	鞋廛契	鞋廛契	鞋廛一契	鞋廛一契
				鞋廛二契	鞋廛二契
昌廛行廊契	昌廛行廊契	昌廛行廊契	昌廛行廊契	昌廛行廊契	昌廛行廊契
中路契	中路契	昌廛中路契	昌廛中路契	昌廛中路契	昌廛中路契

주 1751년의 『어제수성윤음』은 「도성삼군문분계총록」을 가리킨다. 『동국여지비고』의 작성 연대는 미상이시만, 대체로 19세기 초로 추정되고 있다. 1783년의 『일성록』은 「자휼전칙(字恤典則)」의, 1788년의 『일성록』은 「가체신금사목(加髢申禁事目)」의 배부에 관한 내용을 가리킨다.

〈표 3〉에서 확인되는 몇 가지 사실을 정리하면 다음과 같다. 우선 이전과 관련한 계명(契名)은 본래 이전계였고, 1750~1780년의 사이에 혜전계로 변경되었다. 앞에서 공식 명칭이 이전이고, 혜전은 별칭이었을 것으로 추정한 바 있는데, 행정구역에 있어서는 1780년대 이후에 별칭으로 완전히 대체되었던 것이다. 또 혜전계는 1789년에 일계(一契)와 이계(二契)로 나뉘게 되었다. 이러한 계의 분할과 관련해서는 인구의 증가와 집중이 요인이라고 해석하는 견해가 있으나, 미시적 차원에서의 충분한 근거가 확보되었다고 보기는 어렵다. 한 가지 분명한 것은 1789년에 분할된 두 개의 계가 19세기 후반까지 그대로 유지되었다는 점이다.

승혜전의 경우에는 계명에 반영되지 않았지만, 창전은 행랑계(行廊契)와 중로계(中路契)라는 두 가지 계에 이름이 들어갔다. 행랑계는 창전행랑계, 중로계는 창전중로계라는 명칭과 혼용되었으며, 18~19세기에 걸쳐 아무런 변화가 없었다. 이전계, 행랑계, 중로계의 명칭을 중부 장통방에서 바로 확인할 수 있는 지도의 대표적 사례가 〈그림 6〉이며, 작성 시기는 1754~1760년 사이로 추정되고 있다.[20] 그러한 시기적 특징으로 인해 혜전계가 아닌 이전계로 표기되었던 것이다.

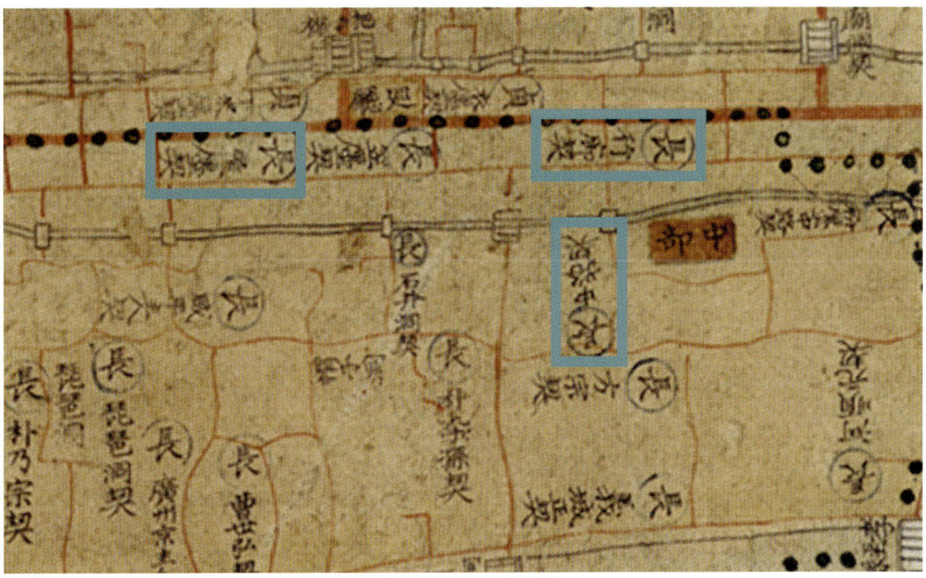

그림 6 중부 장통방의 이전계(履廛契), 행랑계(行廊契), 중로계(中路契)

주 '장(長)'이라는 글자에 동그라미 모양의 테를 두른 것은 장통방(長通坊)을 의미한다.

출처 「도성대지도」, 서울역사박물관 소장.

19) 조선 후기 한성부의 계(契)에 대해서는 조영준 (2018), 「계의 도시, 서울: 계로 조직된 시민들이 수도를 함께 돌보고 지키다」, 『18세기 도시: 교류의 시작과 장소의 역사』, 문학동네, pp.332~343을 참조.

20) 서울역사박물관 (2004), 『都城大地圖』, p.84.

신발 가게의 조직, 그리고 가죽의 수급

흔히 오해되는 것 중의 하나가 시전을 단순한 '가게'로 치부하는 것이다. 시전(市廛)은 그 명칭에서 '전(廛)'이라는 글자를 찾을 수 있지만, 실상 이는 가게 건물만을 의미하는 것이 아니라 보다 넓은 의미로서 해당 시전에 속한 상인을 포괄하는 단체 또는 조직을 가리키는 것이다. 앞에서 승혜전의 '도가'에 관해 언급하였는데, 도가(都家)가 바로 그러한 조직의 사무소에 해당하며, 일반적으로 해당 조직을 도중(都中)이라고 표현하였다.

이전이 2푼(2/100)의 국역을 부담한 유푼전이라고 하였듯이, 시전은 특정 물종의 취급을 독점하는 대가로서 국가에 부역을 제공할 의무를 가지고 있었다. 그리고 부역의 제공은 조직에 소속된 상인 개인을 단위로 이루어지는 것이 아니라, 도중에 의해 집단적으로 행해지는 것이었다. 조선 후기 시전의 조직 운영과 부역 제공의 실태에 관해서는 면주전(綿紬廛)의 사례가 가장 풍부한데, 일본 교토대학(京都大學) 가와이문고(河合文庫)에 방대한 분량의 문서와 장부가 현존하고 있기 때문이다.

이전, 승혜전, 창전 등 신발 관련 시전의 조직이 남긴 기록을 찾기는 쉽지 않다. 하지만 이른바 공시인순막(貢市人詢瘼)의 기록을 통해 이들 조직이 정부에 하소연한 사례를 어렵지 않게 찾을 수 있다. 그러한 소통의 대표적 실례로서 『시폐』에 수록된 혜전의 민원(上言)과 비변사의 처분(題辭)을 소개해 둔다.[21)]

민원 여러 상사(上司)와 각 도감(都監)에서 소용(所用)하는 뒷발막(後分土)의 전례(前例)는, 호조(戶曹)에서 물력을 지출하면 공조(工曹)에서 만들어 진배(進排)하는 것입니다. 그런데 요사이는 여러 상사와 각 도감에서 직접 평시서(平市署)에 감결(甘結)을 보내고, 이에 평시서에서는 혜전(鞋廛)에 체문(帖文)을 내려 근거 없이 진배하게 하며, 잠깐이라도 더디고 느즈러지면 상사와 도감에서 출패(出牌)하여 징계하고 다스리므로 부비(浮費)가 헤아릴 수 없을 정도이니, 변통하셔서 이를 하지 못하게 막아 주시기 바랍니다.

처분 여러 곳에서 소용하는 뒷발막은, 호조에서 물력을 지출하면 공조에서 만들어 진배하게 하는 것이 정식(定式)인데, 요사이 여러 상사와 각 도감에서 전례 없이 직접 평시서에 감결을 보내어 전인(廛人)으로 하여금 진배하게 하는 것은, 실로 퇴짜를 놓아(點退) 뇌물을 요구하려는(索賂) 속셈에서 나온 것이다. 이다음에 직접 감결을 보내는 일이 있으면 평시서에서는 시행하지 말고, 해당 낭청(郎廳)은 경중에 따라 죄를 논하고, 하인배는 법사에 보내어 죄를 다스리도록 하라.

앞에서 창전의 판매 품목 중에 소가죽이 있었다고 했는데, 창전에 우피(牛皮)를 공급한 곳은 현방(懸房)이었다.[22)] 현방은 우전(牛廛)에서 소를 구입하여 도축한 다음 고기, 뼈, 피, 가죽 등을 분리하여 곳곳에 공급하였는데, 창전에 공급된 소가죽은 소비자에게 직접 판매된 것이 아니라는 점에서 일종의 중간재에 해당한다.

또한 가죽신의 재료 중에 최상급으로 인정되었던 녹비는 구피계(狗皮契)에서 취급하였으며,[23)] 공계의 명칭에는 '개가죽'만 보이지만, 전담 품목은 대·중·소(大中小)의 녹비, 노루털(獐毛), 호랑이가죽(虎皮), 표범가죽(豹皮) 등으로 다양했다. 이런 다양한 가죽은 "시가(市街)에서 화매(和賣)하는 것이 아니"었다고 하며, 그래서 시전이 아닌 공계에서 마련하였던 것이다. 구피계에서 마련하는 녹비가 신발의 재료였음은 『공폐』에 보이는 "화혜소입녹비(靴鞋所入鹿皮)", "화혜소입중녹비(靴鞋所入中鹿皮)" 등의 표현을 통해 바로 알 수 있다.

참고문헌

『대동지지(大東地志)』
『동국문헌비고(東國文獻備考)』
『동국여지비고(東國輿地備考)』
『만기요람(萬機要覽)』
『어제수성윤음(御製守城綸音)』
『오주연문장전산고(五洲衍文長箋散稿)』
『육전조례(六典條例)』
『일성록(日省錄)』
『임원경제지(林園經濟志)』
『탁지지(度支志)』
『한경지략(漢京識略)』
『호구총수(戶口總數)』
「산대별단(散貸別單)」(『비변사등록(備邊司謄錄)』 1784년 3월 21일자)
「폐막별단(弊瘼別單)」(『비변사등록(備邊司謄錄)』 1741년 11월 18일자)
「도성도(都城都)」(古軸4709-3), 서울대학교 규장각한국학연구원 소장.
『청구요람(靑邱要覽)』(古4709-21A) 서울대학교 규장각한국학연구원 소장.
서울역사박물관 (2004), 『都城大地圖』.
숭실대학교 한국기독교박물관 (2008), 『기산 김준근 조선풍속도-스왈른 수집본』.
조영준 역해 (2013), 『시폐(市弊): 조선 후기 서울 상인의 소통과 변통』, 아카넷.
조영준 (2018), 「계의 도시, 서울: 계로 조직된 시민들이 수도를 함께 돌보고 지키다」, 『18세기 도시: 교류의 시작과 장소의 역사』, 문학동네, 332~343쪽.
조영준·최주희 역해 (2019), 『공폐(貢弊): 조선 후기 공물 제도 운영의 병폐』, 아카넷.

21) 조영준 역해 (2013), 『시폐(市弊): 조선 후기 서울 상인의 소통과 변통』, 아카넷, pp.29~30쪽. 번역의 오류를 일부 바로 잡아 다시 풀었다.

22) 현방은 시전이 아니었으며, 따라서 시전 목록이나 『시폐』에는 수록되어 있지 않다. 『공폐』에 수록되어 있지만 공계도 아니었다. 조영준 역해 (2013), 『시폐(市弊): 조선 후기 서울 상인의 소통과 변통』, 아카넷, pp.183~185. 조영준·최주희 역해 (2019), 『공폐(貢弊): 조선 후기 공물 제도 운영의 병폐』, 아카넷, pp.606~608.

23) 조영준·최주희 역해 (2019), 『공폐(貢弊): 조선 후기 공물 제도 운영의 병폐』, 아카넷, pp.542~548.

In Oju-Yeonmun-Jangjeon-Sango (五洲衍文長箋散稿) written by Lee Gyu Kyung and Imwon-Kyungjeji (林園經濟志) written by Seo Yugu, the kinds and origin of shoes were described. It is hard to find any introduction of the inherent shoes of the Joseon Dynasty in two literatures where it was written that the shoes were originated from ancient China. The types of shoes largely classified into three mostly based on the materials. The first kind of material was leather; the second was grass, hemp, or straws. The third was wood. In the painting by Kim Jun Geun in the last 19th century, there were scenes making various shoes. As for straw sandals (*Jip-sin*), they were made by twisting straws. Wood sandals (*Namaksin*) were made by cutting grooves, and leather shoes (*Gatsin*) were made by sowing leathers.

The production method was different depending on the types and the sales place for the shoes were clearly classified. According to Sipye(市弊) which recorded the agonies and evil effects of the market in Seoul in the middle of the 18th century, four places were recorded related to shoes among the big stores in Seoul. They were Hyejeon (鞋廛), Yugi-Mokmul-Cho-Hyejeon(柳器木物草鞋廛), Mokhyejeon(木鞋廛), and Changjeon(昌廛). In other materials, Yijeon (or Hyejeon), Seunghyejeon(繩鞋廛), Changjeon (昌廛, otherwise, Yijeojeon (履底廛) or Hyejeojeon (鞋底廛) were enumerated.

Yijeon sold leather shoes and it was called Hyejeon as well. Yijeon was different from other stores in that they were in charge of 2% of national work assigned from the government as national duties. Seunghyejeon, also called Yugi-Mokmul-Chohyejeon or Chomuljeon, sold *Mi-tu-ri* (hemp shoes) or *Jip-sin* and it had no national assignments. Mokhyejeon sold wooden shoes. As wooden shoes were worn on rainy days, Mokhyjeon also sold big bamboo hats (*Satgat*) as complementary goods. Changjeon was not a shoe store. They sold soles without any national assignment. The materials of soles were mainly cowhide.

It is difficult to find exactly where the shoe stores were located. However, appropriate locations can be assumed by utilizing various descriptive materials and ancient maps. Yijeon was located not far from the east of Jongru. Since there was the district name of Yijeon-dong in Hundo-bang in the south area, it is assumed that Yijeon was there too. Sunghyejeon is told to have been located at the east area outside the Euigeumbu (Ministry of Justice), but we cannot confirm the location on the ancient maps. Meanwhile, there were the ancient maps where Sunghyejeon was marked near Baeogae. Changjeon is told to have been located in Yipjeon-dong which was located in the middle area.

As such, the place names where the shoe stores were located were reflected in the administrative districts. Name including "gye" was related to shoe stores. The examples were Yijeon-gye(履廛契), Hyejeon-gye(鞋廛契), Changjeon Haengrang-gye(昌廛行廊契), Jungro-gye(昌廛中路契), etc. As time passed, the "gye" were divided into ilgye (first gye) and yigye (second gye) but no further significant changes in the long run.

One commonly misunderstood thing was that Sijeon means a store. Sijeon was a store but at the same time, it was an association of those who worked in the same industry. Such kind of organization was also called Dojung(都中) of which office was called Doga(都家). Merchants who belonged to a specific Dojung did not act individually but they supplied products or provided services in group and in organization. It was hard to find the record related to shoes in Sijeon, but we can suspect their hardships suffered from various government offices through the cases of Hyejeon recorded in Sipye.

It was Hyunbang that supplied cowhides to Changjeon that made soles. Hyunbang purchased cows from cow market (Wujeon) and killed them and separated various parts and by-products to sell. Changjeon were their main consumers.

Buckskins which were used a lot for leather shoes. They were handled by Gupi-gye(狗皮契) that also sold dogskins, buckskins, roe deer hairs, tiger skins, leopard skins, etc. To operate a shoe store, it was essential to connect with various Sijeons and tribute Gyes.

이명은

단국대학교
석주선기념박물관

조선 시대 분묘墳墓 출토出土 신에 관한 고찰

1. 서론

조선시대 사대부의 무덤에서는 많은 옷이 출토된다. 죽은 이를 입히고, 싸주고 그것도 아쉬워 관 속에 빈 공간 하나 없이 모두 옷으로 가득 채웠다. 주자 『가례(家禮)』의 영향을 받은 이 상장 풍습은 현대인들이 조상의 의생활을 이해하는 길잡이가 되고 있다. 습의(襲衣), 소렴의(小斂衣), 대렴의(大斂衣), 보공의(補空衣) 등 출토품에서 가장 많은 부분을 차지하는 복식은 이제는 묘주 미상이라도 시대를 가늠할 수 있을 정도로 자료와 연구가 축적되어 있다. 특히 습의는 머리에서 발끝까지 입히기 때문에 모자부터 신까지 다양한 품목이 출토된다.

이 글은 출토품에서 의복 다음으로 수량을 차지하는 '신'에 초점을 맞추었다. 출토 신의 대부분은 망자가 수의로 신은 습신인데, 조선희(2013)[1] 장인우(2015)[2] 등에 의해 습신이 연구된 바 있다. 드물게 습신 외에 소렴이나 대렴에 넣어준 신들이 발견되는데, 조선희는 이러한 예외의 경우와 함께 조선 시대 습신 남성 16건, 여성 17건을 제시하고 '수의로서의 습신','착용 가능 습신', '보공용 신'으로 성격을 분류하였다. 이 분류법은 본 연구자도 동의하는 것으로, 출토 신의 성향을 파악하는 데 매우 적절한 분류로 여겨진다.

본 연구자는 습신뿐 아니라 소렴 또는 대렴에서 출토된 신의 가치를 높이기 위하여 '출토 신'이라는 범주로 다루고자 한다. 이 글에서는 88건에 달하는 출토 신의 현황을 제시하여 형태를 분석한 후 출토 신의 성향을 파악함으로써 조선 시대 실생활 신에 접근해 보려 한다. 출토 신의 유형 분석에는 조선희의 분류법에 동의하며 참조하였다.

2. 예서(禮書)를 통해 본 습신

현대에서 흔히 수의라 불리는 습의(襲衣)는 상장례 단계의 하나이다. 좁은 의미에서는 죽은 자에게 입히는 옷을 말하지만 넓은 의미로는 옷 외에 관모나 신발도 포함되며 얼굴을 가리는 멱목(幎目)이나 손을 감싸는 악수(幄手), 귀를 막는 충이(充耳)까지, 즉 머리에서 발끝까지 시신을 덮고 싸는 데 사용되는 물품 전체를 아우른다.[3] 따라서 전해지는 예서의 습의 기록에는 의복뿐

1) 조선희(2013. 12),「조선시대 습신에 관한 연구」,『한복문화』 제16권 3호, 한복문화학회, pp.5~16.
2) 장인우(2015. 11),「기록과 실물을 통해 본 조선시대 습신(履.鞋)- 김원택 일가 출토 습신 중심」,『服飾』 제65권 8호, 한국복식학회, pp.95~109.
3) 이은주 외(2005),『17세기의 무관 옷 이야기』, 민속원, p.29.

만 아니라 신에 관한 사항도 기록되어 있으며 습의의 구성품으로서 '습신'이라 칭한다.

〈표 1〉은 상장례를 다룬 예서에서 복의와 습의만을 간추린 기록이다. 예서에서 남성용 습신은 '履'로 기록되었다. 〈표 1〉에서 리의 재질은 흑주, 검은 깁 또는 면주, 흑견(黑絹) 조포(皀布)으로 기록되어 남성용 습신은 검은색 옷감을 사용함을 알 수 있다. 그러나 예서의 검은색은 현대의 검은색과 달랐다. 백관의 의례복인 흑단령이 아청색이라 한 것을 볼 때, 과거의 흑색은 검은 빛을 띠는 정도였을 것으로 추정된다.

상례의 기본서로 알려진 『상례비요(喪禮備要)』에는 남성 수의 겉옷으로 방령(方領)형 심의(深衣) 또는 단령(團領)을 입고 리(履)를 신는다 하였다. 리는 '검은색 명주[黑紬]를 종이 배접[糊紙]하여 만드는데, 길이 2자 정도의 흰 띠[白帶] 또는 끈[條]을 신 뒤축에다 가로로 부착한다. 또 신 머리에는 끈[條]으로 고리[絇]를 만드는데, 신 끈을 걸어서 착용하기 위한 것이다'[4]라 하였으며, 리의 형태를 <흑리도(黑履圖)>에 상세히 묘사하고 있다. 『사례편람(四禮便覽)』에는 리에 대해 조포, 흑견을 사용하는데 관례 때에 사용하는 것과 같은 모양[5]이라고 하였으며, 관례 부분에 상례비요의 흑리도와 유사한 도상이 있다.

『상례비요』에는 여성의 습신도 언급하였다. 여성의 상(喪)일 경우 겉옷으로 원삼(또는 몽두의, 장오자)을 입고 리를 신는데, 생시의 채혜(彩鞋)가 있다면 그대로 사용하라고 하였다. 남성의 습신은 검은색으로 규정한 반면, 여성의 습신은 색상에 제한을 두지 않았으나 이것이 남성의 리와 같은 형태였는지는 알 수 없다.

『상례비요』는 『국조오례의』보다 『가례』에 충실한 상례를 제시하였고, 이후의 많은 예서들이 『상례비요』의 설을 따르면서 후기의 상례 기본 서(書)로서의 역할을 하였다.[6] 실제로 〈표 1〉에서 조선 후기 예서의 남녀 습신은 『상례비요』의 기록에서 큰 변화 없이 반복 표기되어 있다.

조선시대 상례는 이러한 예서를 기반으로 이루어졌다. 수의 중 가장 겉에 입는 옷으로 남성의 경우 중기까지는 『국조오례의』의 예를 따라 주로 단령을 사용하였다. 그러나 17세기에 접어들면서 『상례비요』에서 보이는 심의를 수의의 겉옷으로 사용하는 풍속도 더불어 나타났다. 하지만 습신의 경우 예서의 기록에서 벗어나는 경우가 종종 발견되는데, 예서의 기록으로는 습용으로 사용하는 '리'는 끈과 고리가 달린 것이 특징이다. 그러나 출토품에서 남성용 습신에 끈과 고리가 달린 것은 일반적이지 않고 운혜가 있는 정도이다. 또한 수의 겉옷의 종류에 따라 단령에는 화를 착장하고 심의에는 운혜를 착장하여야 하지만 누구나 그렇지는 않다. 이는 출토품에서 볼 때 수의는 시대적인 변화를 적절히 수용하면서 당시의 실정에 맞게 변화되어 갔기[7] 때문일 것이다.

〈표 1〉 예서의 남여 복의·습의 물목

문헌	성별	복의 復衣	습襲					
			모자류	겉옷	상의	하의	족의	기타
국조오례의 (1474)	남	衣	網巾幅巾	黑圓領 大帶	褡複, 帖裏, 裹肚, 汗衫	袴	襪	充耳/幎目/握手
상례비요 (1621)	남	有官者: 公服, 深衣 庶人: 深衣 또는 直領衣	幅巾(黑繒·紬) 網巾(黑繒)	深衣(裳, 圓袂, 方領, 黑緣) 혹은 圓領+褡複·直領衣 大帶(白繒, 常時用)	裹肚, 袍, 襖, 汗衫	單袴(綿·布) 袴(紬·綿, 有絮)	襪(有絮) 履(黑紬, 糊紙) 勒帛	充耳 幎目(緇帛·紬/有絮) 握手 冒(紬·繒) 裹肚
	여	大袖 圓衫 長襖子		圓衫 (혹 蒙頭衣 혹 長襖子)	袍襖	裳	履 (혹 평시의 彩鞋)	상동
상례언해 (1623)	남	망건(冒段) 치포관(검은깁) 복건(검은깁·모단)		심의(흰가는베) 혹은 단령+더그레·직령 대대(흰깁, 常時띠)	한삼 혹 적삼 (면쥬·뵈) 오(핫속옷) 포(겹옷, 중치막)	단고(즁의, 면쥬·뵈) 고(솜바지, 면쥬·무명)	(솜) 흑리(검은깁·면쥬) 늑백(힝뎐)	충이(새풀솜) 멱목(솜모단·흑증·면쥬) 악수(모단·검은면쥬) 모(검은면듀질·붉은쇄) 과두(=비오라기)
	여	임(=녀보, 언백·모단)		원삼·몽두의·장오자 (=당옷) 대대		치미	채혜(생시용)	충이 이하 상동

4) 『喪禮備要』 上, 襲, 襲具, 履 "二用, 黑紬糊紙爲之用, 二白帶惑條長二尺餘橫綴於履後跟又於履頭以條爲絇所以受繫穿貫者也"
5) 『四禮便覽』 卷之三, 冠, 十
6) 박성실·정종수·이은주·이미식·조효숙·권영숙(2002). 『한국의 수의 문화』. 도서출판 신유, p.85.
7) 이은주 외(2005). 앞의 책, p.31.

상례쵸언해 (연대미상)	남		망건(흑단) 복건(흑단·면듀)	심의(관대·직령) 대대(홍·남단/사·면쥬)	젹삼(면듀·무명)	고의(면듀·무명) 바지(면듀·무명)	보션 신	듀이(새솜) 명목(흑단·흑면듀) 악슈(흑단·흑면듀)
	여		녀모(흑단)	원삼·쟝옷 대대(홍색)	-	-	-	상동
가례언해 (1632)	남	有官者-公服, 深衣 庶人-襴衫, 皂衫, 심의	幅巾	深衣, 大帶	袍,襖, 汗衫	袴 勒帛	履 襪	充耳, 幎, 握, 裹肚
	여	大袖, 背子	-	-	-	-	-	-
가례집람 (1685)	남	有官者-朝服	網巾, 幅巾	黑團領, 深衣, 大帶	褡호, 帖裏, 汗衫	袴	襪, 履	裹肚, 幎目, 握手, 冒
	여	-	-	長衫	衣, 汗衫	裳	靑履	
사례편람 (18세기)	남	有官者-公服 [단령종류], 深衣, 朝服 庶人-深衣 (없으면 直領 또는 道袍)	網巾(黑繒) 幅巾(黑繒·紬)	深衣(白細) 또는團領(+褡𧞤·直領) 大帶(白繒) 絛(五色絲)	汗衫 (俗稱 的衫, 紬·綿布) 袍襖 (如俗中赤莫, 冬衣)	單袴(紬·綿布) 袴(솜, 紬·綿布) 小帶(腰帶)	單袴(紬·綿布) 袴(솜, 紬·綿布) 小帶(腰帶) 襪(솜) 履(黑絹·皂布) 勒帛	充耳(雪綿) 幎目(솜, 紬) 幄手(솜, 帛·紬) 裹肚(紬·綿布)
	여	衣, 大衣長裙	纚(黑繒) 掩(練帛)	深衣(玄衣素裏) 혹 褖衣(黑) 혹 圓衫(大衣, 色絹·紬) 혹 長襖子(俗稱 長衣) 帶·錦帶(심의×) 絛(심의○)	衫子(唐衣) 袍襖 (俗稱 赤古里三稱) 小衫	單袴 袴 裳	襪(솜) 彩鞋	充耳(雪綿) 幎目(솜, 紬) 握手(솜, 帛·紬) 裹肚(俗稱 腰帶: 紬, 綿布) 冒
광례람 (1893)	남	-	網巾(冒段) 貫子(剪紙) 幅巾	深衣(黑褋) 大帶(黑褋) 絛帶	單衫 赤古里(甫羅/裌) 裏衣(玉色/裌) 中赤莫(藍色/裌)	單袴 袴(襦) 腰帶 脛帶	襪(솜) 履 行縢	充耳 幎冒 幄手
	여		女帽	圓衫 大帶	單衫 赤古里(겹, 甫羅) 赤古里(겹, 綠豆) 綃莫只(겹, 草綠, 紫朱回裝)	單袴 袴 紅裳(裌) 藍裳(單)	襪 履	(상동)
신구주해 현토사례 의절 (1942)	남	-	網巾 幅巾	絛帶	中赤莫 袍襖(俗稱 冬衣) 單衫	袴 端袵	襪 勒帛(俗稱 行纏) 履	充耳 暝目 握手 裹肚 幎巾 雪綿
	여	-	女帽	圓衫 大帶	赤古里 三稱	單袴 廣袴 紅裳 靑裳	襪 彩鞋	裹肚(俗稱 腰帶) 充耳 暝目 握手 幎巾 雪綿

3. 출토 신 현황

전국에 산재한 출토 신 중 선행 연구가 되어 형태와 치수 파악이 가능한 출토 신 88건을 〈표 2〉~〈표 7〉까지 제시하였다. 성별로는 남성 묘 출토 신 40건, 여성 묘 출토 신 48건이다. <그림 1>은 신의 형태별 수량을 분류한 것이다. 〈표 2〉는 화(靴)에 대한 것으로 총 7건이다. 〈표 3〉은 남성 묘에서 주로 출토되는 운혜로서 총 11건이다. 〈표 3〉은 여성의 신 중에서 신코 장식이 있는 신에 대한 것으로 총 10건이다. 〈표 4〉는 남녀 묘에서 출토된 초혜를 분류한 것으로 14건이 있다. 〈표 5〉는 남성 묘에서 출토된 혜 형태의 수의 전용 습신으로 총 17건이다. 〈표 6〉은 여성 묘에서 출토된 수의 전용 습신으로 총 29건으로 가장 많다.

이들 신은 시대적으로 화는 1600년대~1700년대, 운혜는 1600년대~1800년대, 신코 장식 혜는 1600년대~1800년대, 초혜는 1500년대~1600년대, 수의 전용 습신은 1500년대~1600년대로 분포되어 있으며 남성용 습신은 1600년대 이전 유물이 다수이고 홍희준(洪羲俊, 1761~1841)의 습신이 후대 유물로 남아 있다. 운혜가 1600년대부터 발견되는 것은 예서에 심의가 기록되면서부터이다. 또한 묘제가 단순하게 변한 1800년대까지도 운혜가 출토된 것은 신 자체가 바느질이 정교하고 재질 또한 무문단으로 조직이 치밀하게 짇긴 상태였기 때문으로 추정된다. 신코 장식 혜도 1600년대부터 발견되는 것은 예서에서 원삼을 입고 채혜를 신는다는 기록이 나타나면서부터이다. 수의 전용 습신은 시대와 관계없이 가장 일반적인 것임에도 1600년대 이후로는 드문 것은 것은 회곽묘가 사라지고, 2중관이 단관으로 변화되면서 관속의 복식이 퇴화가 심하여 출토 사례가 줄어들었고, 출토되더라도 습신의 재질이 단순하여 완형으로 나오기가 쉽지 않았던 것으로 추정된다. 실제로 출토 당시 모자부터 의복까지 완벽하게 출토되었으나 습신은 식물성 섬유로 만들었는지 흔적도 없어 수습하지 못한[8] 사례가 있다.

<그림 2>는 출토 신의 염습 상태는 분류한 것이다. 88건 중에서 습신으로 출토된 것은 70건이다. 형태 면에서 습신이 분명함에도 망자에게 신기지 못하고 내관에 넣어준 경우가 3건이 있다. 경기도박물관 소장 연안김씨(延安金氏, 1500년대)는 대렴 때 대렴용 보에 붙어 있는 상태였으며,[9] 광주역사민속박물관 소장 임연(林延, 1587~1654) 묘 출토 신은 시신에 신겨지지 않고 내관 속 자리 위에 나란히 놓여 있었다.[10] 그리고 공주박물관 소장 청양 안심리 출토 무연고 여성(1468~1547)의 신은 소렴금 바깥쪽 시신의 발 위치에 끼워져 있었다.[11] 이 3건은 옷감에 종이 배접하여 간단하게 만들어, 수의로 만든 습신이 분명하나 염의로 놓여있었으며, 그 이유는 알 수 없다. 순수하게 염의로 넣어준 신은 6점이다. 석주선기념박물관 소장 강릉김씨 묘 출토 가죽신 2건(결화온혜, 피초혜), 고부이씨(古阜李氏, 1600년대 초반) 묘 출토 짚신 1건, 함풍이씨(咸豊李氏, 1607卒) 묘 출토 미투리 1건, 이응태(李應台, 1556~1586)의 마혜 1건, 성주도씨(星州都氏, 1650~1660) 지혜 1건이다. 이 신들은 소렴 또는 대렴에 넣어준 것으로 형태와 재질로 보았을 때 묘주의 생시용 신이 분명하다. 이외에 출처가 불분명한 신이 9건이 있는데, 석주선기념박물관 소장 정태제(鄭泰齊, 1612~1669) 묘 출토 운혜와 국립대구박물관 소장 무연고 남성 묘 출토 운혜와 초혜류 7건은 발굴 당시 놓여진 위치를 확인하지 못하였다.

<그림 3~5>는 출토 신의 재질을 분류한 것이다. 강릉김씨의 신이 안감으로 가죽을 사용한 것과 짚이나 마(麻) 종류로 만든 초혜를 제외하면 출토 신은 대부분 옷감으로 만들었다. 그 재질을 살펴보면, 화, 운혜, 채혜는 무문단 또는 문단으로 만들고 명주로 된 사례는 1건뿐이다. 수의 전용 습신은 겉감은 옷감, 안감은 종이 배접하여 사용한 것이 대부분인데, 전체적으로 동물성 섬유로 만든 습신이 많이 남아 있다. 면, 마 종류의 신으로는 이응태, 일선문씨, 최진의 습신이 있다. 특히 최진 묘의 습신은 면포로 된 신울과 바닥에 두꺼운 한지 심을 대고 만든 습신이다.[12] 여성용 습신에는 금선단, 문단, 무문단, 명주, 면포, 마포 등 남성용보다 다양한 재질이 사용되었다. 여성용 습신이 더 선택이 폭이 넓었음이 확인된다. 예서에서는 주(紬), 견 등을 사용할 것을 제안하였지만 실제 높은 관직이나 경제력이 있는 사대부는 예서를 따르지 않았음이 확인된다.

수의 전용 습신 중에는 특이하게 옷감이 없이 한지로 남아있는 사례가 남녀 합쳐 13건이 된다. 이는 동물성 겉감이 퇴화되어 식물성 섬유만 남았기 때문으로 추정되는데, 함께 출토된 복식도 동물성 섬유가 없거나 있더라도 매우 훼손된 상태로 출토된 경우가 해당된다. 그러나 예외도 있는데, 심수륜(沈秀崙, 1534~1589) 묘의 출토품은 견직물이 전체의 67%를 차지함에도[13] 습신은 닥종이로만 구성되어 있다. 문헌에서 습신에 한지만을 사용한다는 것은 찾을 수 없었으나, 앞으로 한지만 남아 있는 습신에 대해 동물성 겉감이 퇴화된 것이라는 판단에는 신중을 기해야 할 것이다.

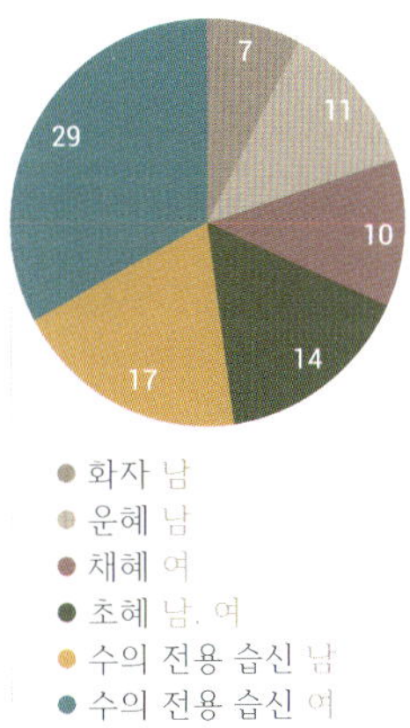

그림 1 출토 신 현황 분류

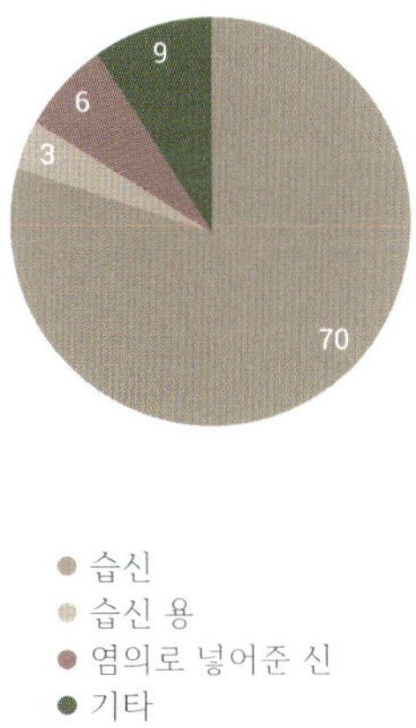

그림 2 염습 위치에 따른 분류

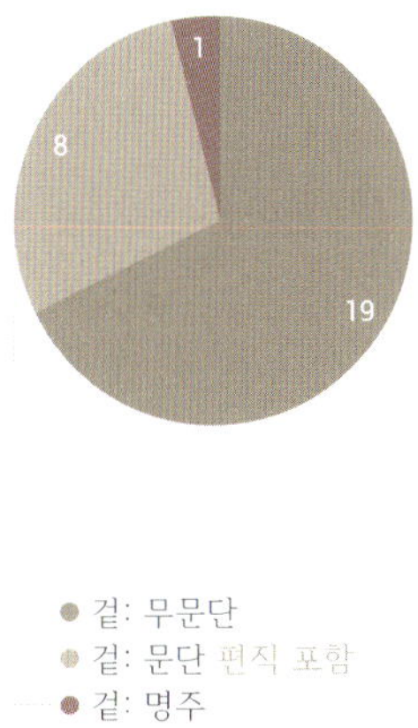

그림 3 화, 운혜, 신코 장식 혜의 재질

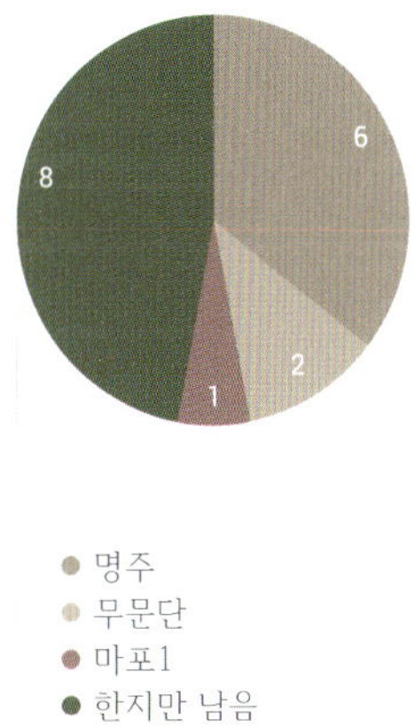

그림 4 수의 전용 남성 습신 재질

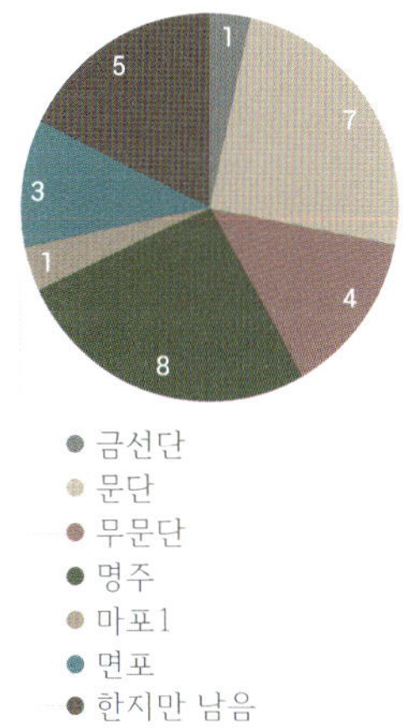

그림 5 수의 전용 여성 습신의 재질

8) 이명은(2011).「염습의를 통해 본 별내유적 회묘 출토 복식연구」,『남양주 별내 조선시대 회묘 발굴성과 학술대회』, (재) 한백문화재연구원, p.128.
9) 경기도박물관(2005),『영안김씨 묘 출토복식』, p.269.
10) 광주광역시립민속박물관(2013).『400년전 우리옷 이야기』. p.53.
11) 공주대학교박물관(2006),『청양 안심리 복식.지류 유물』, p.148.
12) 이명은·하명은(2010).「최진 일가 묘 출토 유물의 구성법에 관한 연구」,『중치막 자락에 깃든 사연』, 옛길박물관 엮음, 문경시, p.169.
13) 경기도박물관(2004),『용인출토 청송심씨 정이공파 심수륜묘 출토복식』, p.106.

4. 출토 신 유형

〈표 2〉에서 화는 수의용 겉옷으로 단령을 입고 화를 신은 상태로 출토되었다. 7건 중 4건은 공단 또는 명주로 간단하게 제작된 수의용 화이다. 신울에 신목이 부착된 긴 장화 형태의 신으로, 신목 부분 2조각, 신울 부분 2~3조각으로 이루어져 있다. 현재 신울 겉감만 남아 있고 바닥도 없는 홑으로 남아 있으나 애초에는 겹으로 만들었을 가능성도 있다. 함께 출토된 유물이 대부분 견직물만 남아 있기 때문에 본래는 겉감의 안쪽면이 식물성 재질로 배접되었거나 겹쳐 있었을 것으로 추정되며 바닥면 또한 식물성 재질이 소실된 상태로 추정된다. 이화여자대학교박물관 소장 무연고 남성 묘에서 출토된 화는 무문단 겉감에 한지가 배접된 상태[14]로 보존되어 있어 원래의 수의용 화 모습을 짐작할 수 있다. 이 신들은 원래의 색상이 변화여 상색으로 남아 있으나 이화여자대학교박물관 소장 화와 안동대학교박물관 소장 김여온의 화(金汝溫,1596~1665)는 접힌 부분에 아청색의 흔적이 남아 있고 단령에 착용하여, 아청색 옷감으로 만든 흑화였을 것으로 짐작할 수 있다.

이외에 경기도박물관 소장 심익창(沈益昌, 1652~1725) 묘 출토 화[15]는 바닥이 면포 바닥에 아주 굵은 면사를 수놓듯 규칙적으로 한땀 한땀 반복하여 바느질 하여 세로형 바늘 땀이 겉으로 드러나 있다. 18세기 초상화에서 보이는 화의 바닥 면을 묘사한 것과 흡사한 모양이다. 바닥이 둔탁한 밑창으로 된 것을 볼 때 생시에 신었을 가능성도 추정가능하다. 석주선기념박물관 소장 밀창군 이직(李樴, 1677~1746)의 누비화(樓緋靴)는 옷감 사이에 견 솜을 두고 가로 방향으로 줄줄이 홈질하여 당겨서 만든 서양의 smocking 기법[16]으로 누벼 준 화이다. 일반 수의용 화와는 비교할 수 없을 정도로 정교하게 만들어, 생시에 신었을 가능성을 보인다. 그러나 명주 2장을 겹쳐 누벼준 바닥면은 실생활용이라고 하기에는 허술한 편이다. 그러나 선행 연구에서 중국의 혜저(鞋底)와 같은 별도의 덧창이 있었을 가능성[17]을 제시하였으며, 심익창 화의 밑창을 보았을 때 그 가능성이 충분하다.

〈표 3〉은 신코와 뒤축에 구름무늬를 아플리케 장식한 남성용 운혜를 모은 것이다. 염습 과정이 불분명한 4점을 제외하고는 모두 심의를 입고 운혜를 신었다. 김확(金矱, 1572~1633) 묘 출토 운혜[18]는 신코와 뒤축에 구름무늬 장식이 있고 평직의 옷감 위에 견사(絹紗)를 사용하여 편직물 짜듯이 바탕을 가득 채웠다. 전체적으로 신의 정교한 꾸밈새로 보아 망자가 생전에 신었던 것을 습신으로 신겨주었을 가능성이 있다. 신경유(申景裕, 1581~1633), 이진숭(李鎭嵩, 1702~1756) 이익정(李益炡, 1699~1782) 묘 출토 운혜는 신울을 무문단으로 만들고, 신코와 뒤축에 구름무늬 장식이 있고 가장자리를 사뜨기로 장식한 것이 특징이다.

정태제(鄭泰齊, 1612~1669), 김원택(金元澤, 1683~1766), 국립대구박물관 소장 무연고 묘 출토 운혜는 위의 운혜와 모양은 같으면서 뒤축에 끈을 달아 앞 중심 고리에 끼워 발목에 고정하도록 구성되어 있다. 이 신들은 구름장식, 도리, 코실, 휘 등을 꼰 견사로 사뜨기를 하여 마무리하는 등 매우 정교하게 만들어진 신이다. 특히 신경유와 정태제의 신에는 신코 아래 부위에 씨앗수를 놓아 정교함이 더하다. 또한 정태제의 신은 신 바닥에 삼으로 정교하게 엮은 두터운 밑창을 덧대어 생시에 신던 신으로 추정되며, 여기에 수의용으로 사용하기 위해 끈을 부착하였다.

신광헌(申光憲, 1731~1784)과 이연응(李沇應, 1818~1879) 묘 출토 운혜는, 신코와 뒤축에 장식된 구름무늬를 바이어스 처리하여 사뜨기보다 간단하게 바느질하였고, 신등에는 일자 수 장식으로 여러 줄의 코실을 부착하여 17, 18세기의 운혜보다는 정교함이 덜하다. 여기에 끈과 고리가 부착되어있다. 신코와 뒤축에 구름무늬가 장식된 운혜와는 다소 다른 형태로 의원군(義原君) 이혁(李爀, 1661~1722)의 운혜가 있다. 수의로 단령(團領)과 심의(深衣)를 함께 겹쳐 입고 운혜를 신고 있었다. 앞과 뒤축에는 운기(雲氣) 무늬를 박음질로 부착하고 신경유나 정태제의 운혜보다는 간략하게 제작되었다. 실생활 운혜를 본떠 만든 습신으로 추정된다.

출토 운혜에 끈이 달린 형태는 예서에서 '리(履)'에 끝과 고리가 달렸다는 기록에 합치된다. 『사례편람』(18세기)에서 습의에 사용한 신을 '리(履)'로 기록하고 관례와 동일하다 하였는데, 관례의 <흑리도(黑履圖)>에 묘사된 리는 신울이 낮은 검은색 신에 끈[綦]과 고리가 달린 형태이다. 또한 『악학궤범(樂學軌範)』의 관복도설에는 운혜(雲鞋)의 그림도 있으나 그보다는 도리어 오피리(烏皮履)가 출토 운혜의 형태와 유사하다.[19] 도설에서 그 모양은 신코에 구름무늬가 장식되었고 좌우측에 끈이 달린 형태이다. 이를 보았을 때 끈 달린 형태의 운혜는 '리(履)'로 지칭하여도 무방하다. 그러나 끈이 달리지 않은 운혜도 해당이 되는지는 알 수 없다.

14) 이화여자대학교 담인복식미술관(2016), 『조선시대의 신』, p.94.
15) 경기도 박물관(2010), 『파주 심지원 묘 및 신도비 유적-발굴 조사 보고서 제28책』, p.405.
16) 유화경(2009), 「密昌君 李樴墓 出土 靴의 복제 연구」, 단국대학교 대학원 석사학위 논문, pp.45.
17) 단국대학교 석주선기념박물관(2004), 『名選, 中』, p.206.
18) 경기도 박물관(2007), 『안동김씨 문온공파 김확 합장묘 출토복식』, p.221.
19) 『樂學軌範』 券之九 冠服圖說, 烏皮履.

이들 운혜는 시대가 내려갈수록 바느질이 단순화되어 정교함이 줄어든다. 1700년대 들어서는 1600년대 운혜에 있던 씨앗수는 생략되었으며, 가장자리를 시뜨기로 정교하게 하였던 바느질 방법은 1700년대 말에 접어들면서 사뜨기를 대신하여 바이어스 처리하는 방법으로 변모하였다.

〈표 4〉는 신코에 장식이 있는 여성용 혜를 모은 것이다. 석주선기념박물관 소장 강릉김씨(江陵金氏, 1520년대)의 가죽신 2점을 제외하고는 모두 원삼을 입고 습신을 신었다. 강릉김씨 신 중에 신코에 꽃을 맺어 장식한 신을 결화온혜(結花溫鞋), 짚신과 같은 형태의 신을 피초혜(皮草鞋)라 이름 지었다. 이들 신은 망자의 발밑 좌우에 놓여 있었다.[20]

모양새와 짜임새의 정교함으로 보아 일상생활에서 신었던 신으로 추정된다. 피초혜는 겉감은 녹색 연화문단(蓮花紋緞)이고 안감[內皮]과 밑창은 가죽으로 만들었다. 짚신과 비교했을 때 신총 부위만 막혀있고 나머지 구조는 동일하여 뒤가 트여있는 모양새로 보아 하절기용 신으로 추정된다. 결화온혜는 겉감은 아청색 무문단을 사용하고 안피에는 얇은 가죽, 밑창은 두꺼운 가죽으로 만들고 코 부분에 꽃(국화 추정)을 장식하였다. 도리는 녹색 견사를 사용하여 짧고 치밀하게 이음수하여 마치 꼰사를 징금수 한 듯 표현되어 정교함이 극치를 이룬다.

강릉김씨의 결화온혜와 같이 신코에 꽃이 장식된 신은 동래정씨(東萊鄭氏, 1567~1631), 청송심씨(靑松沈氏, 1683~1718), 안동권씨(安東權氏, 1664~1722), 무연고 여성(1700년대 추정), 한산이씨(韓山李氏, 1722~1772), 전주이씨(全州李氏, 1722~1792)의 신이 해당된다. 이들 신은 가죽은 사용하지 않고 모두 옷감으로 만들었다. 신목은 없이 신울이 짧은 편으로 고무신과 같은 형태에 신코에 꽃장식이 있다. 겉감을 문단 또는 공단으로 만들고, 도리, 신코, 뒤축이 강릉김씨의 결화온혜와 유사한 방식으로 바느질하였다. 특히 청송심씨의 신은 문단(紋緞) 바탕 전체에 연화, 모란, 서각, 서보, 호로병, 나비 등의 무늬를 수 놓아 주었으며, 휘가 바느질된 콧등 중앙에 작은 원형으로 비어 있는 공간이 있는데 이곳에 꽃술이 꽂혀 있었던 것으로 추정되나 현재는 탈락되어 꽃이 없는 상태이다. 특히 청송심씨의 신은 갖은 무늬를 수 놓아 정교하게 만들어 생시에 신었던 신의 가능성이 있다. 『상례비요』에 여성의 상(喪)일 경우 생시의 채혜(彩鞋)가 있다면 그대로 사용하라[23]고 한 사실에서도 그 가능성이 충분하다고 하겠다.

『상방정례(尙方定例)』(1752년)에 의하면[21], 중궁전과 빈궁의 탄일과 정조, 추석 등의 절일에 흑웅피결화온혜(黑熊皮結花溫鞋)와 흑당피결화온혜(黑唐皮結花溫鞋)를 진상하는데, 온혜의 재료로 가죽 외에도 꽃 재료로 추정되는 대홍연사, 초록사, 금전지(金錢紙)의 기록이 있다. 결화온혜는 대비전(大妃殿)에는 진상하지 않았는데, 『육전조례六典條例』(1867년) 「공전」 상의원 조에도 '자전[신정왕후]의 온혜에는 결화가 없다[溫鞋結花無]'[22]고 명시한 것으로 보아, 꽃이 장식된 신은 남편이 있는 부인만이 특별히 신을 수 있었던 것으로 보인다. 그러나 일찍 혼자가 된 한산이씨가 습신으로 신어, 예외의 경우도 확인된다.

문화유씨(文化柳氏, 1654卒)와 청주한씨(淸州韓氏, 19세기 전반)의 신은 운혜에 해당하는 것으로 여성의 묘에서 발견된 특이한 사례이다. 문화유씨의 신은 앞과 뒤축에는 운기(雲氣) 무늬를 박음질로 부착한 형태가 이혁(李爀, 1661~1722)의 운혜와 유사하다. 겉감은 문단이고 안감은 한지를 배접하여 만들고 좌우에 끈을 달았다. 수의용으로 만들어진 것임이 분명한데, 이 신을 신고 남은 끈으로 두 발을 동여맨 상태로 출토되었다. 『상례비요』에 망자에게 신을 신길 때 '신에 달린 끈을 신코에 꿰어 발등에다 묶고, 남은 끈으로 또 두 발을 합쳐 묶어서 서로 떨어지지 않도록 한다.[24]라 하여 문화유씨의 염한 상태와 일치함을 보여준다. 청주한씨(淸州韓氏, 19세기 전반)의 신은 남편인 조원영의 신과 같은 형태의 운혜이다.

〈표 5〉는 남녀의 초혜를 모은 것으로 짚신, 미투리, 지총미투리 등의 형태로 발견되었다. 출토 경향은 망자가 습신으로 신었던 경우가 있으며, 습신은 별도로 있으면서 관 속에 옷들과 함께 넣어 주어 염의로 사용한 경우도 있다. 염습 과정을 알 수 없는 것도 있다. 습신으로 신은 경우는 3건으로, 수의용 겉옷으로 모두 장옷을 입고 있었다. 염으로 사용한 경우는 5건이다. 고부이씨(古阜李氏, 1600년대 초반)는 소렴과 대렴 사이 발 아래 놓여 있었으며, 함풍이씨(咸豐李氏, 1607년)와 성주도씨(星州都氏, 1650~1660 추정) 초혜는 출토 당시 대렴 아래쪽 좌우에 마치 망자가 신은 모습으로 놓여 있었다. 고여우(高汝雨, 1630년대 추정)와 이응태(李應台, 1556~1586)는 습신이 별도로 있으면서 별도로 넣어준 신에 해당한다. 즉 한 무덤에서 신이 2종이 출토된 것이다. 이들 소렴 또는 보공으로 넣어준 신은 생시의 신을 넣어준 것으로 추정되지만, 반드시 망자의 것은 아니며 이응태 묘 출토 마혜와 같이 부인이 먼저 떠나는 남편을 애통해하며 머리카락을 넣어 삼아[25] 수례(襚例)로 넣어준 경우가 확인된다. 출토 초혜는 1500년대~1600년대 시기의 유물이 남아 있다. 형태는 신총 길이가 매우 짧고 20총 내외로 총을 세워 현대 것의 절반 정도이다. 밑창은 날줄 사이에 중창 역할을 하도록 목재질을 씨실로 보강하였다.

---

20) 단국대학교 석주선기념박물관(2007). 『한국복식』 제25호, pp.78~79.

21) 『尙方定例』(1752년), 天, 準折式.

22) 『六典條例』(1867), 「공전」 상의원 조

23) 『喪禮備要』 上, 襲, 襲具, 履 "或女喪而有常着彩鞋則用之"

24) 『喪禮備要』 上, 襲, 爲位之具, 履以其繫穿于約中結于足背又以餘組合繫兩足使不相離

25) 안동대학교박물관(2000). 『안동 정상동 일선문씨와 이응태 묘 발굴조사보고서』, p.84, p.235.

〈표 6〉과 〈표 7〉은 수의로 사용하기 위해서 간단하게 만든 수의 전용 습신이다. 형태는 신울만 있는 혜(鞋) 형태이며 특별한 장식이 없고, 옷감에 한지를 배접하여 신울을 만들고 바닥은 한지로 만든 단순한 형태가 많은 편이다. 남녀 습신의 형태적 차이는 예외의 경우도 있으나 남성 습신 발등이 여성보다 길고 깊은 편이다. 또한 대부분 수의용 겉옷으로 단령을 입고 출토되었다. 윤선언(尹善言, 1580~1628)처럼 흉배가 부착된 흑단령을 입은 경우도 있으나 대부분은 흉배가 달리지 않은 시복 형태의 단령을 입었다. 여성의 습신은 여성용 단령, 원삼, 장옷을 수의로 입고 습신을 신었다. 재질은 남성에 비하여 좀 더 다양하게 사용되었으며, 금선단이나 화문단 습신은 여성용 단령이나 원삼을 입을 때 신었다.

습신 중에는 안감과 신 바닥은 소실되어 신울의 형태로 남은 경우와, 겉감이 없이 한지만 남은 경우가 있다. 이는 땅속에서 수백 년 있으면서 퇴화된 것으로, 한지로 남아 있는 습신은 옷감에 종이를 배접하여 만든 습신이 동물성 섬유가 퇴화된 경우에 해당되며, 신울만 남아 있는 습신은 배접지인 식물성 섬유가 퇴화된 경우이다. 하지만 앞서 언급한 심수륜 묘 출토 사례와 같이 간혹 예외의 경우도 있으므로 신중하게 판단하여야 할 것이다.

금선단 또는 화문단으로 신울만 남아있는 습신은 어떠한 형태였을까? 질 좋은 옷감에도 안감으로 배접지를 사용하였을까? 경기도박물관 소장 사천목씨(泗川睦氏, 1657~1699)의 습신은 겉감과 안감을 화문단을 사용한 화려한 것이고, 국립민속박물관 소장 행주기씨(幸州奇氏, 1600년대 初) 습신은 화문단 겉감에 안은 종이 배접하여 만든 것이다. 신울만 남은 것으로 보았을 때 행주기씨의 신과 유사한 형태로 추정된다.

〈표 2〉 남성 묘 출토 화자(靴子)

출토 상태	묘주	생몰 연대	유물	수의	치수 cm	재질 겉	재질 안	소장처	출처
습신	김여온	1596~1665		단령	길이 34, 높이 32.5	무문단	-	안동대학교박물관	국립안동대학교박물관(2005), 17세기의 무관 옷 이야기
습신	남오성	1643~1712		단령	길이 31, 높이 43.5	무문단	-	국립민속박물관	국립민속박물관(2004), 남오성 묘 출토 복식, p.259.
습신	심익창	1652~1725		단령	길이 30, 높이 43	무문단	명주	경기도박물관	경기도 박물관(2010), 파주 심지원 묘 및 신도비 유적-발굴 조사 보고서 제28책
습신	이변	1636 ~ 1731		단령	길이 36, 높이 46	무문단	-	석주선기념박물관	석주선기념민속박물관(1983), 한국복식 제1호
습신	이직	1677 ~ 1746		단령	길이 32, 높이 39	무문단	명주	석주선기념박물관	단국대학교 석주선기념박물관(2004), 한국복식 제22호
습신	광릉 참봉 신씨	17세기		단령	길이 34, 높이 36	명주	-	석주선기념박물관	미발표 [2002년, 서울 강서구 공항동 출토]
습신	무연고 남성	17세기		-	길이 31, 높이 43	무문단	한지	이화여자대학교박물관	이화여자대학교 담인복식미술관(2016), 조선시대의 신

〈표 3〉 남성 묘 출토 운혜(雲鞋)

출토 상태	묘주	생몰 연대	유물	수의	치수 cm	재질 겉	재질 안	소장처	출처
습신	김확	1572~1633		심의	길이 27.5, 너비 9, 뒤축 5.5	편직물	면포 (한지)	경기도박물관	경기도박물관(2007), 안동김씨 문온공파 김확 합장묘 출토복식
습신	신경유	1581~1633		-	길이 27.5(추정), 뒤축 6	무문단	(무문능)	석주선기념박물관	단국대학교 석주선기념박물관(2008), 한국복식 제26호
-	정태제	1612~1669		-	길이 28, 너비 12, 뒤축 8.5	운문단	명주	석주선기념박물관	단국대학교 석주선기념민속박물관(1990), 한국복식 제8호
습신	이혁	1661~1722		단령 +심의	길이 28, 뒤축 6	무문단	세주	경기도박물관	경기도박물관(2001), 전주이씨 묘 출토복식 조사보고서
습신	이진숭	1702~1756		심의	길이 28, 뒤축 6.	무문단	명주 (무명)	국립민속박물관	국립민속박물관(2010), 이진숭(李鎭嵩) 묘 출토 복식.

습신	**김원택**	1683~1766		심의	길이 27, 너비 8, 뒤축 7	무문단	명주	충북대학교박물관	충북대학교박물관(2006), 한성부 판윤 김원택 묘 출토 복식
습신	**이익정**	1699~1782		심의	길이 28, 너비 10, 뒤축7	무문단	명주 (무명)	석주선기념박물관	단국대학교 석주선기념박물관(2001), 한국복식 제19호
-	**무연고 남성 묘**	1700년대 후반		-	길이 26, 너비 7.6, 뒤축 5.8	무문단	무문단 (무문능)	국립대구박물관	국립중앙박물관(신수15047)
습신	**신광헌**	1731~1784		심의	길이 25, 너비 8, 뒤축 6.1	무문단	명주	국립민속박물관	(재) 한백문화재연구원(2011), 남양주 별내 조선시대 회묘 발굴성과 학술대회
습신	**조원영**	1777년생			길이 27, 너비 8.5, 뒤축 6	무문단	명주	석주선기념박물관	미발표
습신	**이연응**	1818~1879		심의	길이 27.5, 너비 6.2	공단	공단	경기도박물관	경기도박물관(2001), 전주이씨 묘출토복식 조사보고서

〈표 4〉 여성 묘 출토 채혜(彩鞋)

출토 상태	묘주	생몰 연대	유물	수의	치수 cm	재질 겉	재질 안	소장처	출처
소렴	**강릉김씨**	1520		-	길이 21.8, 너비 8.3, 뒤축 4.6	무문단	가죽	석주선기념 박물관	단국대학교 석주선기념박물관(2007), 한국복식 제25호
소렴	**강릉김씨**	1520		-	길이 21, 너비8, 뒤축 4.5	화문단	가죽	석주선기념 박물관	상동
습신	**동래정씨**	1567~1631		-	길이 27.5, 너비 10.5, 뒤축 7.5	화문단	한지	경기도박물관	경기도박물관(2007), 안동김씨 문온공파 김확 합장묘 출토복식
습신	**문화유씨**	1654		원삼	길이 25.5, 너비 9.2, 뒤축 6.5	문단	한지	석주선기념 박물관	미발표
습신	**청송심씨**	1683~1718		원삼	길이 23.5, 너비 8, 뒤축 5	문단·수	문단	충북대학교 박물관	충북대학교박물관(2006), 한성부 판윤 김원택 묘 출토 복식
습신	**안동권씨 의원군의妻**	1664~1722		원삼	길이 26, 너비 9, 뒤축 6	문단	명주	경기도박물관	경기도박물관(2001), 전주이씨 묘출토복식조사보고서
습신	**무연고 여성 묘**	1700년대 추정		원삼	길이 27.5, 너비 9.5	문단	명주	개인소장	석주선기념박물관·서울역사박물관(2006), 다시 태어난 우리옷, 환생
습신	**한산이씨**	1722~1772		원삼	길이 25.5, 너비 7.5, 뒤축 5	공단	명주	충북대학교 박물관	충북대학교박물관(2006), 한성부 판윤 김원택 묘 출토 복식
습신	**전주이씨**	1722~1792		원삼	길이 25, 너비 7.5, 뒤축 5.5	공단	명주	충북대학교 박물관	충북대학교박물관(2006), 한성부 판윤 김원택 묘 출토 복식
습신	**청주한씨 조원영의 부인**	19세기 전반		원삼	길이 27, 너비 7.5, 뒤축 6	공단	명주	석주선기념 박물관	미발표

〈표 5〉 남·녀 분묘 출토 초혜(草鞋)

출토 상태		묘주	생몰 연대	유물	수의	치수 cm	재질 겉	재질 안	소장처	출처
짚신	여	**정담**	1476~?(16세기 전기 추정)		-	길이 25.4, 너비 7.5, 뒤축 7.5			안동대학교 박물관	안동대학교박물관(2010), 정담부부의 무덤과 출토유물
미투리 (보공)		**이응태**	1556~1586		(보공)	발길이 23, 너비 9	한지, 草, 모발	한지	안동대학교 박물관	안동대학교박물관(2000), 안동 정상동 일선문씨와 이응태묘 발굴조사보고서
미투리	남	**김함**	1568 ~ 1598		-	길이 26.5, 너비 8, 뒤축 7	부들, 닥속껍질	청올치	석주선 기념박물관	석주선기념민속박물관(1983), 한국복식 제1호
짚신	여	**상산김씨**	1500년대		-	길이 25.5, 너비 8	草		광주역사 민속박물관	광주광역시립민속박물관(2013), 400년전 우리옷 이야기
짚신	여	**최진의 부인**	1500년대 후반		장옷	길이 23, 너비 8	草		옛길박물관	옛길박물관(2010), 중치막 자락에 깃든 사연
미투리	여	**함풍이씨**	1607년		소렴	길이 24, 너비 9.5, 뒤축 6	草		석주선 기념박물관	미발표

미투리		**고여우**	1630년대 추정		-	길이 26, 너비 9	草		석주선 기념박물관	석주선기념민속박물관(1997), 한국복식 제15호
지혜	여	**성주이씨 집안배위**	1600년대 초반		장옷 2점	길이 24, 너비 10	한지, 草	풀대, 한지	안동대학교 박물관	안동대박물관(2013), 하동 할매들 안동 나들이
지혜	여	**정희현 배위**	1600년대 전반		장옷 2점		한지, 草		안동대학교 박물관	안동대박물관(2013), 하동 할매들 안동 나들이
짚신	여	**고부이씨**	1600년대 초반		(보공)	길이 23, 너비 8.5, 뒤축 6	草		석주선 기념박물관	단국대학교 석주선기념박물관(2011), 한국복식 제29호
미투리	여	**윤좌형**	1600년대 전반		단령		草		석주선 기념박물관	단국대학교 석주선기념박물관(2011), 한국복식 제29호
짚신	여	**장흥임씨**	1600년대 초		-	길이 22.5, 너비 9	草		광주역사 민속박물관	문화재청(2006), 문화재대관중요민속자료 2- 복식 자수편
지혜	여	**성주도씨**	1650~1660 추정		(보공)	길이 25.5, 너비 8	한지, 草	한지	경기도박 물관	경기도박물관(2015), 조선의 명가 청주양씨 기증 유물전
짚신	남	**김귀진**	1600년대		-	길이 25, 너비 9.5	草		광주역사 민속박물관	광주광역시립민속박물관(2000), 광주전남지역 출토 조선 중기의 우리옷

〈표 6〉 남성 분묘 출토 일반 습신

출토 상태	묘주	생몰 연대	유물	수의	치수 cm	재질		소장처	출처
						겉	안		
습신	**송효상**	1430~1490		단령	길이 27.5, 너비 11.5	명주	한지	대전시립박물관	대전선사박물관편(2009).대정여산송씨묘출토복식특별전-옷섶사이로비치는조선
습신	**정온**	1481~1538		단령	길이 26, 볼너비 10.5	명주	한지 (풀대)	석주선기념박물관	석주선기념민속박물관(1998), 한국복식 제16호
습신	**남양홍씨**	1550년대		-	길이 27, 볼너비 8.8, 뒤축7	명주	한지	석주선기념박물관	석주선기념민속박물관(1983), 한국복식 제1호
습신	**이응태**	1556~1586		단령	발길이 26, 볼너비 9	마포	마포	안동대학교박물관	안동대학교박물관(2000), 안동 정상동 일선문씨와 이응태묘 발굴조사보고서
습신	**심수륜**	1534~1589		단령	길이 29.5, 너비 12, 뒤축 8		닥종이	경기도박물관	경기도박물관(2004), 용인출토 청송심씨 정이공파 심수륜묘 출토복식
습신	**최진**	1500년대 후반		-	길이 30, 너비 10, 뒤축 6	면포	면포 (한지)	옛길박물관	중치막 자락에 깃든 사연, 옛길박물관(2010) 엮음
습신	**송희종**	1500년대 후반		단령	길이 26.5, 너비 11	-	한지	대전시립박물관	대전선사박물관편(2009).대정여산송씨묘출토복식특별전-옷섶사이로비치는조선
습신	**무연고 남성 묘**	1500년대 중후반		단령	발길이 30, 볼너비 11.5, 뒤축 7	명주	한지	석주선기념박물관	미발표(동작구 출토)
습신	**배천조**	1532~?		단령	길이 27.5, 너비 11	-	한지	청주박물관	건국대학교 박물관(2007), 충북 영동 성산 배씨 문중 기증 16.17세기 출토복식
습신	**이서용**	1557~1619		단령	발 길이 29, 볼 너비 10.5, 뒤축 8		한지	고려대학교박물관	고려대학교박물관(2019), 오백년의 기억, 삶과 죽음을 입다
습신	**윤선언**	1580~1628		단령	길이 39, 뒤축 6	무문단	-	석주선기념박물관	단국대학교 석주선기념박물관(2009), 한국복식 제27호
습신	**성급**	1629		단령	발길이 25.5, 볼너비 9, 뒤축 7	명주	한지	석주선기념박물관	미발표
습신	**심설**	1570~1630		단령	길이 22, 너비 11	명주	한지	경기도박물관	경기도박물관(2010), 「파주 심지원 묘 및 신도비 유적」, 『경기도박물관 유적조사보고서』 제28책
습신	**한준민**	1570~1638		단령	길이 27, 너비 11, 뒤축 7	-	종이	석주선기념박물관	단국대학교 석주선기념박물관(2013), 한국복식 제31호
습신	**류인서**	1644		-	길이 26.3, 너비 9.1	-	종이	국립민속박물관	충북 보은군 마로면 적암리 류인서(?~1644)부부 묘 출토
습신	**임연**	1587~1654		단령	발길이 29, 볼 너비 10	명주	한지	광주역사 민속박물관	광주광역시립민속박물관(2013), 400년전 우리옷 이야기
습신	**홍희준**	1761~1841		-	길이 31, 너비 8.5, 뒤축 6.5	공단	명주	석주선기념박물관	단국대학교 석주선기념박물관(1994), 한국복식 제12호(?~1644)부부 묘 출토

〈표 7〉 여성 분묘 출토 일반 습신

출토 상태	묘주	생몰 연대	유물	수의	치수 cm	재질 겉	재질 안	소장처	출처
습신	별내면 무연고 여성 분묘	1500년대초		장삼	길이 25, 너비 9.5	명주	한지	국립민속박물관	(재) 한백문화재연구원(2011). 남양주 별내 조선시대 회묘 발굴성과 학술대회
습신	청양 안심리 출토 무연고 여성	1468~1547		장옷		무명	한지	공주대학교박물관	박승원(2006). 「충남 청양 안심리 출토복식의 과학적 보존」. 공주대학교 석사학위논문
습신	장흥마씨	1491~1553		장옷	길이 23, 너비 9	-	한지	광주역사 민속박물관	광주광역시립민속박물관(2013). 400년전 우리옷 이야기
습신	일선문씨	남편이명정 1504~1565		장삼	길이 24, 너비 9	고운 삼베	거친 삼베	안동대학교박물관	안동대학교박물관(2000). 안동 정상동 일선문씨와 이응태묘 발굴조사보고서
습신	파평윤씨	1566년		여성용 단령	길이 26, 너비 10, 뒤축 5.5	무문단	종이	고려대학교박물관	고려대학교박물관(2003). 『파평윤씨모자 미라 종합연구논문집 2』
습신	고령신씨 무연고 여성	1500년대		장삼	길이 23.5, 너비 9	면포	면포 (한지)	국립민속박물관	(재) 한백문화재연구원(2011). 남양주 별내 조선시대 회묘 발굴성과 학술대회 화접리 4-5지점묘13
습신	연안김씨	1500년대		여성용 단령	길이 25, 너비 9, 뒤축 5.2		닥종이	경기도박물관	경기도박물관(2005). 연안김씨 묘 출토복식
습신	흥덕동 출토 무연고 여성	1500년대		여성용 단령	길이 32, 뒤축 7	명주	-	국립대구박물관	국립대구박물관(2013). 조선 반가의 여인, 용인에 잠들다
습신	전주이씨 선성군파 묘역 여성 분묘	1500년대		여성용 단령	길이 30, 뒤축 6.5	금선단	-	하남역사박물관	미발표
습신	평산신씨	1500년대 후반		단령	길이 25.5, 너비 9.5, 뒤축 5.5	화문단	명주 (종이)	옛길박물관	문경시(2002). 금선단치마입고 어디 다녀오셨을까
습신	용인이씨	1500년대 중후반		장삼	길이 24.5, 너비 8	명주	종이	대전시립박물관	대전시립박물관(2017) 그리움을 깁고 연정을 짓다
습신	여흥이씨	1500년대 후반		장저고리2점	길이 24, 볼너비 9.1, 뒤축 4	명주	종이	수원박물관	수원박물관(2015). 경기도 오산 출토 조선 전기 여흥이씨, 구성이씨묘 출토복식 조사보고서
습신	구성이씨	1500년대 후반		장저고리2점	길이 27.8, 뒤축 5	명주	-	수원박물관	수원박물관(2015). 경기도 오산 출토 조선 전기 여흥이씨, 구성이씨묘 출토복식 조사보고서
습신	충주박씨	1500년대 후반		-	길이 26.5, 너비 10, 뒤축 5	명주	무명	대전시립박물관	대전시립박물관(2018). 그리움을 깁고 연정을 짓다
습신	청주한씨	1500년대		-	길이 24.5, 볼너비 10	공단	종이	석주선기념박물관	석주선기념민속박물관(1983). 한국복식 제1호
습신	유량동 무연고 여성	1500년대 후반		여성용 단령	길이 26.5, 너비 10.5, 뒤축 6	명주	종이	석주선기념박물관	단국대학교 석주선기념박물관(2015). 한국복식 제33호
습신	행주기씨	1600년대 초		남성용 직령포	길이 25, 너비 10, 뒤 축 6	화문단	삼베, 종이	국립민속박물관	국립민속박물관(2012). 영월신씨 축동종중묘 출토 행주기씨묘 출토복식
습신	순흥안씨	1551~1609		-	길이 30, 뒤축 7	무문단	-	석주선기념박물관	단국대학교 석주선기념박물관(2009). 한국복식 제27호
습신	장기정씨	1565~1614		여성용 단령	길이 24, 너비 9.5	무문단	한지	안동대학교박물관	안동대학교박물관(2000). 포항 내단리 장기 정씨묘 출토 보고서
습신	평양조씨	1600년대 전반		장옷	길이 26, 뒤축 6.5	-	종이	석주선기념박물관	단국대학교 석주선기념박물관(2013). 한국복식 제31호
습신	여흥민씨	1600년대 전반		장옷	길이 24.5, 뒤축 5.5	-	한지	석주선기념박물관	단국대학교 석주선기념박물관(2013). 한국복식 제31호
습신	안동김씨녀	1600년대		여성용 단령	길이 27.5, 뒤축 6.5	명주		수원박물관	수원박물관(2011). 수원 이의동 안동김씨 묘 출토복식 조사보고서
습신	적성이씨	1600년대		장옷	길이 27, 뒤축 5	화문단	명주	석주선기념박물관	미발표
습신	단양우씨	1600년대		-	길이 26, 볼너비 10, 뒤축 7	-	종이	석주선기념박물관	석주선기념민속박물관(1997). 한국복식 제15호
습신	파평윤씨	1600년대		-	길이30, 뒤축7	화문단	-	석주선기념박물관	미발표
습신	별내면 무연고 여성 분묘	1600년대		-	길이 30, 뒤축 6.5	화문단	-	국립민속박물관	(재) 한백문화재연구원(2011). 남양주 별내 조선시대 회묘 발굴성과 학술대회
습신	연안이씨	1600년대 후반 추정		원삼	-	화문단	-	충주박물관	미발표, 중원문화재연구원
혜	경주이씨	?~1684			길이 27, 너비 8.5, 뒤축 6	명주	한지	광주역사 민속박물관	광주광역시립민속박물관(2000). 광주 전남지역 출토 조선 중기의 우리옷
습신	사천목씨	1657~1699		장옷	길이 23.5, 너비 9	화문단	바닥 화문단	경기도박물관	경기도박물관(2010). 『파주 심지원 묘 및 신도비 유적』 제28책

5. 결론

88건에 달하는 출토 신의 현황을 제시하여 현황과 출토 신의 유형을 분석하였다. 유형 분석에는 조선희의 분류법에 동의하며 참조하였다. 출토 신의 유형은 습신이 가장 많으며 염의로 넣어준 신도 있다. 형태 면에서 신목이 긴 화(靴) 형태와 신울만 있는 혜(鞋) 형태가 있다.

남성의 습신은 수의 겉옷 종류에 따라 종류가 달라졌다. 상례용 신발 중 화는 수의용 웃옷으로 단령을 착장한 경우에 주로 수습되있다. 이 때의 화는 아청색의 흑화로 짐작할 수 있다. 신목과 신울로 구성되고, 신울도 발등 부분과 뒷축 부분으로 나뉘어져 있다. 탐릉군 묘, 남오성 묘 등에서는 임시로 간단하게 만든 흑화가 수습되었으며, 밀창군 묘 출토 누비화는 표면을 누벼서 섬세하게 만들었는데, 정교한 짜임새로 보았을 때 생시의 신일 가능성도 있으며, 심익창의 화와 같이 밑창이 별도로 있었을 것으로 추정된다.

상례용 신 중에서 신목이 없이 신울로 구성된 '혜(鞋)'가 있다. 혜는 시신에게 신기는 습신과 염의(殮衣)로 넣어준 신으로 나뉜다. 습신에 대해『상례비요(喪禮備要)』(1621년) 또는『사례편람(四禮便覽)』(18세기) 등의 예서(禮書)에는 남성은 리(履) 또는 흑리(黑履)로, 여성은 채혜(彩鞋)로 기록되어있다. 여성 습신은 남성 습신과 달리 색상의 구속이 없었음이 확인된다. 여성 습신에 대한 구체적인 설명이 없어 '리'와 '혜'의 형태적 차이는 확인이 어려우나 신울만 있는 것은 동일하다. 또한『사례편람』의 흑리도(黑履圖)에는 끈과 끼울 수 있는 고리가 묘사되어 습구로 사용한 '리'의 형태를 유추할 수 있으나 이외에도 다양한 모양의 습신이 출토되고 있다. 출토 혜의 유형은 첫째, 명주 또는 무문단 겉감에 종이 배접을 하여 간단하게 만든 수의 전용 습신이 가장 많다. 둘째, 생전에 신었던 신을 습신으로 이용한 경우이다. 출토 신 중에 이익정 묘 출토 운혜(雲鞋)나 청송심씨 묘 출토 수혜(繡鞋)처럼 습신으로 신었더라도 신의 모양새와 짜임새가 정교하여 실생활에서 신었던 신으로 추정되는 유물이 있다. 정태제 묘 출토 운혜의 경우는 전체가 비단으로 만들었고 두터운 밑창이 부착된 완형의 신이다.『상례비요』습구(襲具)에서는 남성용은 흑주(黑紬)에 배접해서 만들라고 한 반면, 여상(女喪)의 경우 만약 항상 신던 채혜가 있으면 습(襲)에 사용한다[若女喪有常著彩鞋則用之云]고 한 것으로 보아 생전의 신을 습신으로 착용했을 것이라 추정된다. 셋째, 일상의 신의 겉모양을 형식적으로 본떠 만든 사례가 있다. 간혹 신코와 뒤축에 구름무늬 장식을 했더라도 정교함이 덜한 습신이 발견되기도 한다. 문화유씨와 청주한씨가 그 예이다. 넷째, 일상의 신을 염의로 넣어주는 경우이다. 강릉김씨 묘 출토 가죽신 2점이나 함풍이씨의 초혜(草鞋)와 같이 습신은 별도로 있으면서 소렴 또는 보공에 신을 넣어준 경우가 있다. 이 신들의 특징은 임시로 만든 습신과는 비교되지 않을 정도로 모양새나 쓰임새가 매우 정교하여 일상의 신으로 추정된다.

이상과 같이 조선 시대 분묘에서 출토된 신은 시대가 앞선 유물이기 때문에 전통신을 연구하는 데 매우 귀한 자료이다. 습신 중에서 모양새와 짜임새가 매우 정교한 유물은 실생활에서 신던 신으로 평가되고 있으며, 염의로 넣어준 신 또한 망자가 살아있던 시대의 신 문화를 알 수 있는 귀한 자료이다.

참고문헌

『國朝五禮儀』(1474). 『樂學軌範』(1493).
『喪禮備要』(1621). 『상례언해』(1623).
『상례쵸언해』(연대미상). 『가례언해』(1632).
『家禮輯覽』(1685). 『四禮便覽』(18세기).
『六典條例』(1867). 『廣禮覽』(1893).
『신구주해현토 四禮儀節』(1893).

광주광역시립민속박물관(2013). 『400년전 우리옷 이야기』.
경기도박물관(2004). 『용인출토 청송심씨 정이공파 심수륜묘 출토 복식』.
경기도박물관(2005). 『영안김씨 묘 출토복식』.
경기도박물관(2007). 『안동김씨 문온공파 김확 합장묘 출토복식』.
경기도박물관(2010). 『파주 심지원 묘 및 신도비 유적-발굴 조사 보고서 제28책』.
공주대학교박물관(2006). 『청양 안심리 복식.지류 유물』.
단국대학교 석주선기념박물관(2007). 『한국복식』 제25호.
박성실 외(2002). 『한국의 수의 문화』. 도서출판 신유.
안동대학교박물관(2000). 『안동 정상동 일선문씨와 이응태 묘 발굴조사 보고서』.
유화경(2009). 「密昌君 李樴墓 出土 靴의 복제 연구」. 단국대학교 대학원 석사학위 논문.
이명은(2011). 「염습의를 통해 본 별내유적 회묘 출토 복식연구」. 『남양주 별내 조선시대 회묘 발굴성과 학술대회』. (재)한백문화재연구원.
이명은 외(2010). 「최진 일가 묘 출토 유물의 구성법에 관한 연구」. 『중치막 자락에 깃든 사연』. 옛길박물관 엮음. 문경시.
이은주 외(2005). 『17세기의 무관 옷 이야기』. 민속원.
이화여자대학교 담인복식미술관(2016). 『조선시대의 신』.
장인우(2015. 11). 「기록과 실물을 통해 본 조선시대 습신(履.鞋)-김원택 일가 출토 습신 중심」. 『服飾』 제65권 8호. 한국복식학회.
조선희(2007). 『화혜장』. 민속원.
조선희(2013. 12). 「조선시대 습신에 관한 연구」. 『한복문화』 제16권 3호. 한복문화학회.
채정민(2011). 「출토유물 보존 처리」. 『수원 이의동 안동 김씨묘 출토복식 조사보고서』. 수원박물관.

Many clothing was excavated from the tombs of the noble class of the Joseon Dynasty who died hundreds of years ago, since a lot of clothing were used to put on and wrap around the corpse during the process of funerals. The clothing put in the coffin are classified into *Sueui* and *Yeomeui* according to the method and order of their usage. The clothes put directly on the body are called Sueui, which refers to the items used to cover or wrap up the corpse from the head to toe. Along the clothing used in the funeral service, shoes were excavated as well. As for the type of shoes, most were *Seup-ssin* and some were for *Yeomeui*. The form of the shoes was Hwa, which means high-cut boots and other types were Hye meaning the low-cut shoes.

The *Seup-ssin* for men varied depending on the funeral costumes. Men wore mainly black *Dallyeong* (traditional formal attire with a round collar for noblemen) in the early and middle Joseon Dynasty. However, in the latter times of the Joseon Dynasty, *Simeui* had been used as the top of the funeral costume. *Heukhwa* (meaning black Hwa) were found where *Dallyeong* were used for a funeral costume. Since the Hwa were the shoes worn along with the *Dallyeong*, it is estimated as the reason in which the Hwa were made of black or dark blue satin. Except for the sole, Hwa consisted of a shoe-neck and outer rim of the shoe, which also divided into the part for the top of the foot and that for the rear heel. Although the black Hwa in the tomb of *Milchang* Prince was very elaborately made with a quilted surface, the black Hwa found in the tomb of *Tamreung* Prince and the tomb of Nam *Oseong* were very simple and rough. They were found with a single layer remaining, since the vegetable fibers have diminished and disappeared over hundreds of years of burial. Only the animal fibers, such as leather, remains.

Among shoes for funeral rites, there were the Hye, shoes with a low-cut. The Hye was classified as *Seup-ssin*, shoes for the deceased and dressed on to the corpse. Regarding *Seup-ssin*, the ritual manuals titled Sangrye Biyo (喪禮備要, 1621) and *Sarye Pyeonram* (四禮便覽 18th century) described that men's shoes were Ri or *Heukri*(meaning 'black Ri') and women's shoes were *Chaehye* (meaning 'colorful Hye'). It was confirmed that women's *Seup-ssin* had no restriction in color, unlike men's *Seup-ssin*. Since there remains no explanation on historical records on women's *Seup-ssin*, it is difficult to verify the difference in the appearance of Ri and Hye. By external observation, they were identical in being low-cut. In the drawing titled *Hyeukrido* (黑履圖) in Sarye *Pyeonram*, the strings and rings for insertion of the strings were described. Based on this, it is assumed the form of Ri was also used as funeral attire. Furthermore, other various forms of *Seup-ssin* were excavated.

The most common form of *Seup-ssin* was overall simple. *Seup-ssin* was made by pasting together *hanji*(traditional Korean paper) to silk or patternless silk. The second most common *Seup-ssin*, were the shoes in which the deceased had worn during their lifetime. Like *Unhye* (Hye with cloud patterns) excavated in the tomb of Lee *Ikjeong*, *Seup-ssin* was suspected to have been worn in ordinary life based on the form and delicate weaving technique. Regarding Unhye from the tomb of Jeong *Taeje*, the shoes were entirely made of silk with a thick sole. According to the equipment for funeral described in the *Sangrye-Biyo*, men's shoes were made by pasting Korean papers to black silk, women's *Chehye* (colorful shoes) were used, from which we could assume that indeed daily shoes were used for *Seup-ssin*[若女喪有常著彩鞋則用之云]. Moreover, there were types of *Seup-ssin* in which they were rough replicas of the shoes worn daily by the deceased. For example, the decoration of cloud patterns on the toe and heel of the shoes were evident but lacked in elaboration. Another type of *Seup-ssin* could also be daily shoes which were used as *Yeomeui*. Just as the two pairs of leather shoes excavated from the tomb of Kim of the *Gangnueng* clan, or straw Hye from the tomb of Lee of the Hampoong clan, these were shoes for *Soryeom* (short process of body cleansing) or filling the empty space in the coffin. The characteristics of these shoes are very delicate in its appearance and usage, compared to the Seup-ssin which were made roughly for temporal use. These *Seup-ssin* for temporal use were made big and simple by pasting *hanji* (traditional Korean papers) onto cloth with rough sewing.

The shoes excavated from the tombs of the Joseon Dynasty are extremely valuable materials for the research of Korean traditional shoes, in which their design and construction were ahead of their times. Among *Seup-ssin*, the ones with delicate weaving and appearance were regarded as those that were used in daily life. Shoes for *Yeomeui* were also valuable resources for the studying the shoe culture of the deceased during the time in which they were alive.

전통 신의 모양새와 짜임새

Style and Artistry of Traditional Korean Shoes

기획총괄 | 박경식
행정지원 | 조한석, 이지영
전시진행 | 이명은, 채정민, 오호석, 기수연
보조진행 | 차미희, 한광순, 정말숙, 박양희, 박민주, 박이지, 김선형, 이소영
보존처리 | 채정민
편집진행 | 이명은, 성두현
유물설명 | 이명은, 박승원, 황진영
영문번역 | 노희승 Angela Heeseung Noh
영문감수 | 김민지 Minjee Kim
일러스트 | 황진영, 차미희
사진촬영 | 서헌강
디 자 인 | 디자이너운 Designer Woon
펴 낸 이 | 김수복
기 획 | 김남필
제 작 | 성두현
마 케 팅 | 김민배
엮 은 곳 | 단국대학교석주선기념박물관
전 화 | 031) 8005-2390 **팩스** | 031) 8021-7157
펴 낸 곳 | 단국대학교출판부
등 록 | 1968. 2. 27 : No. 제03-00095호
주 소 | 경기도 용인시 수지구 죽전로 152
전 화 | 031) 8005-2404 **팩스** | 031) 8021-7154

2020년 11월 15일 인쇄
2020년 11월 20일 발행

[값 32,000원]

Published by Dankook University Press

Printed in Korea

| ISBN 978-89-7092-766-4 93380

자료제공 |
경기도박물관, 고려대학교박물관, 광주역사민속박물관, 국립고궁박물관, 국립대구박물관, 국립민속박물관, 대전시립박물관, 불교 중앙박물관, 소수서원 소수박물관, 서울대학교 규장각 한국학연구원, 서울역사박물관, 숭실대학교 한국기독교 박물관, 안동대학교박물관, 안동시립민속박물관, 온양민속박물관, 이화여자대학교박물관, 전주대학교박물관, 충북대학교박물관, 충청남도역사문화연구원(윤완식 기탁), 해남 대흥사, 신성수

단국대학교(김미정, 김아람, 박양희, 유지유, 정말숙, 차미희, 한광순)